安徽省高等学校十二·五规划教材
安徽省高职高专护理专业规划教材

卫 生 法 学

（第二版）

（可供护理、助产、医学检验技术、口腔医学技术、影像医学技术、康复治疗技术、医学营养、医学美容技术等高职医学技术类专业使用）

主　编　方龙山
副主编　李　强　吴以兵
编　者（以姓氏笔画为序）
方龙山（安徽人口职业学院）
李　强（安徽省淮北卫生学校）
吴以兵（宣城职业技术学院）
余　靖（安徽医学高等专科学校）
胡义钦（安徽人口职业学院）
陶高清（安庆医药高等专科学校）

东南大学出版社
SOUTHEAST UNIVERSITY PRESS
·南京·

内 容 提 要

本书内容由三部分组成。第一部分论述了卫生法学及卫生法的基本概念、卫生法律关系、卫生法的制定与实施、卫生行政复议和卫生司法救济法律制度等卫生法学基础知识；第二部分论述了我国的执业医师法、母婴保健法、食品安全法、疾病预防与控制、公共卫生监督与管理、人口与计划生育法以及医疗事故处理条例等法律法规；第三部分简要介绍了生殖技术、器官移植、基因工程、脑死亡立法和安乐死等现代医学发展中的法律问题。

本书可供护理、助产、医学检验技术、口腔医学技术、影像医学技术、康复治疗技术、医学营养、医学美容技术等高职医学技术类专业使用。

图书在版编目（CIP）数据

卫生法学 / 方龙山主编 . 2 版. —南京：东南大学出版社，2015.7（2019.7重印）
 ISBN 978-7-5641-5895-8

Ⅰ.①卫… Ⅱ.①方… Ⅲ.①卫生法－法的理论－中国－高等职业教育－教材　Ⅳ.①D922.161

中国版本图书馆 CIP 数据核字（2015）第 153103 号

卫生法学（第二版）

出版发行	东南大学出版社
出 版 人	江建中
社　　址	南京市四牌楼2号
邮　　编	210096
经　　销	江苏省新华书店
印　　刷	江苏徐州新华印刷厂
开　　本	787mm×1 092mm　1/16
印　　张	14.75
字　　数	369千字
版 印 次	2015年7月第2版　2019年7月第3次印刷
书　　号	ISBN 978-7-5641-5895-8
印　　数	7001—9000册
定　　价	42.00元

* 本社图书若有印装质量问题，请直接与营销部联系，电话：025-83791830。

随着社会经济的发展和医疗卫生服务改革的不断深入,对护理人才的数量、质量和结构提出了新的更高的要求。为加强五年制高职护理教学改革,提高护理教育的质量,培养具有扎实基础知识和较强实践能力的高素质、技能型护理人才,建设一套适用于五年制高职护理专业教学实际的教材,是承担高职五年制护理专业教学任务的各个院校所关心和亟待解决的问题。

在安徽省教育厅和卫生厅的大力支持下,经过该省有关医学院校的共同努力,由安徽省医学会医学教育学分会组织的安徽省五年制护理专业规划教材编写工作,于2005年正式启动。全省共有十余所高校、医专、高职和中等卫生学校的多名骨干教师参加了教材的编写工作。本套教材着力反映当前护理专业最新进展的教育教学内容,优化护理专业教育的知识结构和体系,注重护理专业基础知识的学习和技能的训练,以保证为各级医疗卫生机构大量输送适应现代社会发展和健康需求的实用性护理专业人才。在编写过程中,每门课程均着力体现思想性、科学性、先进性、启发性、针对性、实用性,力求做到如下几点:一是以综合素质教育为基础,以能力培养为本位,培养学生对护理专业的爱岗敬业精神;二是适应护理专业的现状和发展趋势,在教学内容上体现先进性和前瞻性,充分反映护理领域的新知识、新技术、新方法;三是理论知识要求以"必需、够用"为原则,因而将更多的篇幅用于强化学生的护理专业技能上,围绕如何提高其实践操作能力来编写。

本套教材包括以下30门课程:《卫生法学》《护理礼仪与形体训练》《医用物理》《医用化学》《医用生物学》《人体解剖学》《组织胚胎学》《生理学》《病理学》《生物化学》《病原生物与免疫》《药物

学》《护理心理学》《护理学基础》《营养与膳食》《卫生保健》《健康评估》《内科护理技术》《外科护理技术》《妇产科护理技术》《儿科护理技术》《老年护理技术》《精神科护理技术》《急救护理技术》《社区护理》《康复护理技术》《传染病护理技术》《五官科护理技术》《护理管理学》和《护理科研与医学文献检索》。本套教材主要供五年制高职护理专业使用,其中的部分职业基础课教材也可供其他相关医学专业选择使用。

　　成功地组织并出版这套教材是安徽省医学教育的一项重要成果,也是安徽省长期从事护理专业教学的广大优秀教师的一次能力的展示。作为安徽省高职高专类医学教育规划教材编写的首次尝试,不足之处难免,希望使用这套教材的广大师生和读者能给予批评指正,也希望这套教材的编委会和编者们根据大家提出的宝贵意见,结合护理学科发展和教学的实际需要,及时组织修订,不断提高教材的质量。

卫生部科技教育司副司长　孟群

2006年2月6日

第2版前言

本书第二版基本框架与第一版保持一致,全书内容由三部分组成。第一部分论述了卫生法学及卫生法的基本概念、卫生法律关系、卫生法的制定与实施、卫生行政复议和卫生司法救济法律制度等卫生法学基础知识;第二部分论述了我国的执业医师法、母婴保健法、食品安全法、疾病预防与控制、公共卫生监督与管理、人口与计划生育法以及医疗事故处理条例等法律法规;第三部分简要介绍了生殖技术、器官移植、基因工程、脑死亡立法和安乐死等现代医学发展中的法律问题。

本书作为安徽省五年制护理专业规划系列教材之一,以科学、适度、够用为原则,力求观点正确,内容精炼,体系完整。第二版修订重点做了三方面的工作,其一,对第一版内容进行了删减,力求简明扼要,使教师易教,学生易学;其二,对第一版中存在的错误进行了修正,确保内容正确,用语规范;其三,删除了我国已废止的卫生法律法规教学内容,增加了新颁布并生效的卫生法律法规教学内容。此外,每章后附一篇拓展阅读材料,帮助学生加深对教材基本知识的理解。

本书第二版修订工作从2014年10月启动,全书由主编统改、定稿。在修订过程中,得到了安徽省教育厅、安徽省卫生和计划生育委员会的指导,各参编单位、东南大学出版社均给予了大力支持,同时,我们还参阅并引用了近年来专家学者有关卫生法学的论著,在此一并致谢。

方龙山

2015年5月

前 言

卫生法学是研究卫生法律规范及其发展规律的一门学科。从医学角度看,卫生法学属于理论医学范畴;从法学角度看,卫生法学则属于应用法学范畴。我国的卫生法学是我国社会主义法学体系的重要组成部分,它对于调整和保护人们的生命健康权益、促进我国医药卫生事业的发展具有重要作用。

本书以我国现行有效的卫生法律、法规为依据,首先论述了卫生法学及卫生法的基本概念、卫生法律关系、卫生法的制定与实施、卫生行政复议和卫生司法救济法律制度等卫生法学基础知识;其次,阐述了我国的执业医师法、母婴保健法、食品安全法、疾病预防与控制、公共卫生监督与管理、人口与计划生育法以及医疗事故处理条例等等法律法规;最后,还简要介绍了生殖技术、器官移植、基因工程、脑死亡立法和安乐死等现代医学发展中的法律问题。

本书作为安徽省五年制护理专业规划系列教材之一,以科学、适度、够用为原则,力求观点正确,内容精炼,体系完整。

本书编写工作从2005年初启动到2005年12月底交稿,历时近1年。全书由主编统改、定稿。在编写过程中,得到了安徽省卫生厅、安徽省教育厅、安徽省人口与计划生育委员会的具体指导,各参编单位也给予了大力支持。同时,我们还参阅并引用了近年来专家学者有关卫生法学的论著,在此一并致谢。

由于编写人员水平有限,差错之处在所难免,恳请读者批评指正。

方龙山
2005 年 12 月

目 录

绪 论

第一章 卫生法概述

第一节 卫生法的概念、调整对象和作用 ………………………… 8
第二节 卫生法的特征和基本原则 ………………………………… 11
第三节 卫生法历史与发展 ………………………………………… 14
第四节 卫生法的渊源和主要内容 ………………………………… 17
第五节 卫生法律关系 ……………………………………………… 19

第二章 卫生法的制定与实施

第一节 卫生法的制定 ……………………………………………… 25
第二节 卫生法的实施 ……………………………………………… 27
第三节 卫生违法和卫生法律责任 ………………………………… 30
第四节 卫生行政执法 ……………………………………………… 32
第五节 卫生行政法制监督 ………………………………………… 37

第三章 卫生行政复议法律制度

第一节 概述 ………………………………………………………… 40
第二节 卫生行政复议的管辖、主体和期限 ……………………… 43
第三节 卫生行政复议的受理、审查与决定 ……………………… 45

第四章 卫生司法救济法律制度

第一节 卫生司法救济概述 ………………………………………… 49
第二节 卫生行政诉讼 ……………………………………………… 50
第三节 卫生民事诉讼 ……………………………………………… 53
第四节 卫生刑事诉讼 ……………………………………………… 58
第五节 卫生行政赔偿 ……………………………………………… 61

第五章 医疗卫生机构及组织管理法律制度

第一节 医疗机构管理法律制度 …………………………………… 65
第二节 卫生监督机构管理法律制度 ……………………………… 74
第三节 疾病预防控制机构管理法律制度 ………………………… 75

目 录

第四节 医学会管理法律制度 …………………………………… 77
第五节 红十字会法 …………………………………………… 78

第六章 医疗卫生技术人员管理法律制度

第一节 执业医师法 …………………………………………… 85
第二节 护士管理法律制度 …………………………………… 90
第三节 执业药师管理法律制度 ……………………………… 92
第四节 乡村医生从业管理法律制度 ………………………… 94
第五节 其他卫生技术人员管理法律规定 …………………… 95

第七章 医疗事故处理法律制度

第一节 医疗事故及其分类 …………………………………… 99
第二节 医疗事故的处理 ……………………………………… 101
第三节 医疗事故的鉴定 ……………………………………… 104
第四节 医疗事故的法律责任 ………………………………… 109

第八章 精神卫生法律制度

第一节 精神卫生法律制度概述 ……………………………… 113
第二节 国外精神卫生立法 …………………………………… 115
第三节 我国精神卫生法制建设 ……………………………… 116
第四节 精神疾病患者涉法能力的司法鉴定 ………………… 119

第九章 健康相关产品的卫生法律制度

第一节 食品安全法 …………………………………………… 122
第二节 保健食品法律制度 …………………………………… 124
第三节 转基因食品的法律制度 ……………………………… 126
第四节 药品管理法 …………………………………………… 127
第五节 血液管理法律制度 …………………………………… 131
第六节 化妆品卫生监督法律制度 …………………………… 132
第七节 医疗器械、器材和生物材料管理的法律制度 ……… 134

第十章 疾病预防与控制法律制度

第一节 传染病防治法 ………………………………………… 138

目　录

第二节	国境卫生检疫法	142
第三节	职业病防治法	145
第四节	传染性非典型肺炎防治管理法律制度	147
第五节	性病、艾滋病防治法律制度	150
第六节	结核病防治法律规定	152
第七节	地方病防治法律规定	154

第十一章　公共卫生监督与管理法律制度

第一节	突发公共卫生事件应急法律制度	156
第二节	学校卫生法律制度	161
第三节	放射卫生防护法律制度	163
第四节	公共场所卫生管理法律制度	164
第五节	生活饮用水卫生管理法律制度	165
第六节	爱国卫生法律制度	166

第十二章　母婴保健法律制度

第一节	母婴保健法概述	169
第二节	婚前保健和孕产期保健	171
第三节	保健机构及保健工作管理的法律规定	173

第十三章　人口与计划生育法律制度

第一节	人口与计划生育法概述	176
第二节	我国计划生育的法律规定	178
第三节	计划生育技术服务	180

第十四章　环境污染防治法律制度

第一节	环境污染防治概述	183
第二节	我国环境污染防治的相关法律规定	184
第三节	医疗废物管理法律制度	191

第十五章　中医药与民族医药法律制度

第一节	中医药法律制度	198

目 录

第二节 民族医药的法律规定 …………………………………… 201
第三节 医疗气功管理的法律规定 ………………………………… 202

第十六章 现代医学发展中的法律问题

第一节 生殖技术 …………………………………………………… 207
第二节 器官移植 …………………………………………………… 211
第三节 基因工程 …………………………………………………… 215
第四节 脑死亡立法 ………………………………………………… 218
第五节 安乐死 ……………………………………………………… 219

主要参考文献 …………………………………………………………… 224

绪 论

一、卫生法学的概念和性质

卫生法学是研究卫生法律规范及其发展规律的一门法律学科。卫生法学是自然科学和社会科学相互交融,并随着生物-心理-社会医学模式的出现而发展起来的一门新兴的边缘学科。从医学角度看,卫生法学属于理论医学的范畴;从法学角度看,卫生法学则属于应用法学范畴,是在现代卫生立法发展和不断完善的基础上建立起来的一个新的部门法学。卫生法学具有如下性质:

(一)阶级性

马克思主义的法学理论认为,法律是阶级社会的产物,始终存在于阶级社会。法律是由掌握国家政权阶级的物质生活条件决定的,表现掌握国家政权阶级意志的,经国家制定或认可并由国家强制力保证实施的行为规范的总和。其目的在于确认、维护和发展有利于统治阶级的社会关系和社会秩序,实现统治阶级的统治。在阶级的社会里,卫生知识为谁服务,向着什么方向发展,卫生资源配置以及卫生法的制定等方面,都具有阶级性和受一定的政治因素的制约。因此,卫生法学具有阶级性。

(二)社会性

这是指卫生法学具有像医药卫生知识一样广泛的社会应用性的特征。作为制定法律的国家,不仅具有为统治阶级服务的作用,而且还担负着管理社会的职能。因此,法律也就不仅具有阶级性,而且也具有社会性。前者表现为执行政治职能,即为实现阶级专政,调整各个阶级的关系,维护统治阶级的统治秩序。后者表现为执行社会职能,即管理社会生产、公共事务和维护公共秩序等。卫生法学的一个重要目的,就是要宣传卫生法律知识,增强全体公民的卫生法制观念,促进卫生事业健康发展,从而提高人民群众的健康水平。依法管理卫生事业,既是卫生事业发展的根本保证,也是促进社会经济协调发展的必要条件,体现了卫生法学的社会性。

(三)科学性

这是指卫生法律规范具有表现客观事物规律的性能并形成自己的科学体系。这些客观规律不仅包括法律调整对象的内在规律,也包括法律规范本身固有的规律。立法者只有遵循这些客观规律,将这些规律表现在法律当中,所制定并发布施行的法律才有可能实现立法者预期的目的。完全违背客观规律的法律,在实施中将成为一纸空文;部分违背客观规律的法律,则必定降低它在调整社会生活中的功能。在卫生法律规范中,相当大的部分内容是由技术程序、操作规范、卫生标准等构成的,这些内容是对在医药卫生理论和实践中长期积累的知识和经验的总结,并逐步形成自己的科学体系。这些都体现了卫生法学的科学性。

(四)综合性

这是指卫生法学具有多学科相互融通的特征。卫生法学的综合性,在内容上,它需要从卫生的各个领域、各个方面以及各种不同类型的卫生组织管理活动中,概括和抽象出对医药卫生事业具有普遍指导意义的法制思想、原理和方法;在方法上,它需要综合运用现代自然科学技术和社会、人文科学的研究成果,阐述卫生法学的基本理论,探讨卫生司法实践中出现的新问题,从而用法律手段促进卫生事业的发展,保护人民群众的身心健康。同时,卫生法学不仅涉及法学基础理论,而且与行政法学、民法学、刑法学等都密切相关。

(五)时代性

这是指卫生法学深受市场经济和现代科技的影响。首先,医药卫生事业怎样适应市场经济以及如何建立市场经济条件下的医疗、预防、保健体系,怎样公平分配卫生资源,如何创造一个有利于人类健康的公共生存环境等,这都是卫生事业发展所面临的重大课题。其次,从生殖技术、克隆技术到脑死亡、安乐死,从器官移植到基因工程,从传染病的预防和生物恐怖袭击到突发公共卫生事件的应急处理等,都将会产生诸多法律问题。这些问题的提出和解决,都集中体现了卫生法学的时代性。

二、卫生法学的研究对象

卫生法学的研究对象是卫生法律现象及其发展规律。主要研究卫生法的产生及其发展规律,卫生法的调整对象、特征、基本原则以及卫生法律体系;研究卫生法的制定和实施;研究卫生法学和相关学科的关系;研究卫生法律制度和司法实践;研究如何运用卫生法学理论来解决卫生改革和现代医学发展中的法律问题等。

随着社会的不断进步和科技的飞速发展,健康在人们的实际生活和生产劳动过程中的作用也受到越来越多的关注。这就为全面地、系统地研究卫生活动中的客观规律和一般方法提供了必要的条件和基础,从而使卫生法学的研究不断得到充实和发展。有学者将卫生法学的研究对象分为以下几个层面:

(一)卫生法的本质

用马克思主义的法学观点研究卫生法,揭示卫生法的本质,把握其发展规律。尽管不同的历史时期、不同的国家所制定出的卫生法有很大差异,但是,它们都有共同和相通之处。因此,我们应当在批判地继承古今中外卫生法学优秀成果的基础上,在与国际卫生法学接轨的同时,建立具有中国特色的卫生法学体系。

(二)卫生法的理论

研究卫生法的观念、学说和原理,卫生法与经济政治和社会进步的关系等理论问题。科学理论对实践具有指导作用,我国卫生法制水平在很大程度上受到卫生法学理论研究和公民的卫生法制观念、卫生法律意识的制约。因此,要建立具有中国特色的卫生法制体系,必须加强卫生法的理论研究。

(三)卫生法的实践

研究卫生法的活动现象,包括卫生法的制定、适用和遵守,卫生法律关系,卫生法律关系主体权利和义务的实际运用等。在实践活动中,应严格按照立法原则和立法程序制定卫生法,形成较为完备的卫生法律体系;通过卫生法的适用和遵守,使卫生法律规范在卫生活动中得以实现;调整好卫生法律关系主体依据卫生法所形成的以一定权利义务为内容的社会关系。在卫生司法及相关实践中,逐步形成一个公平而有序的环境。

三、卫生法学的内容体系

卫生法的内容涉及医药卫生预防保健工作的各个方面,随着医学科学技术的飞速发展,医学的外延在不断扩大,卫生法的内容也在逐渐增加。由于我国没有一部统一的卫生法典,所以卫生法只是国家有关医药卫生法律规范的总称。因此,要建立卫生法学的体系,就必须从众多的卫生法律规范中归纳和总结出一般性问题而加以研究。

因为卫生法学是一门新兴学科,发展还很不成熟,所以,对卫生法学应有怎样的内容体系这一问题,卫生法学专家仍持有不同的观点。根据现有的研究成果,我们将卫生法学内容体系分为以下三部分:

(一)卫生法学基础知识

包括绪论、卫生法概述、卫生法的制定与实施、卫生行政复议法律制度和卫生司法救济法律制度。主要阐述卫生法学的概念、性质及研究对象,卫生法学与相关学科的关系,学习卫生法学的目的、意义和方法。卫生法的基本理论,卫生法的产生和历史发展,卫生法的地位和作用,卫生法的基本原则,卫生法律关系,卫生法的表现形式,卫生法的制定和实施,卫生行政复议,卫生司法救济等。

(二)我国相关的卫生法律法规阐述

主要阐述我国现行的卫生法律制度,主要包括:医疗卫生机构及组织管理法律制度;医疗卫生技术人员管理法律制度;医疗事故处理法律制度;精神卫生法律制度;健康相关产品的卫生法律制度;疾病预防与控制法律制度;公共卫生监督与管理法律制度;母婴保健法律制度;人口与计划生育法律制度;环境污染防治法律制度;中医药与民族医药法律制度等。

(三)现代医学发展中的法律问题

简要介绍了现代医学发展中的相关法律问题,包括生殖技术、器官移植、基因工程、脑死亡立法和安乐死等。

四、卫生法学与相关学科的关系

(一)卫生法学与卫生科学

卫生科学的发展促进了许多法律、法规的产生。随着卫生立法的大量涌现,使卫生法逐步形成自己的结构和体系,并从原有的法律体系中脱离出来,构成一个新的法律部门。卫生法学也就在此基础上成为一个新的独立学科。同时卫生科学知识及其研究成果被运用到立法过程中,使法律的内容更加科学化。

卫生法律为卫生发展创造了良好的社会环境,通过卫生法律可以决定卫生发展的方向,保证国家卫生战略的实施,规定卫生机构的设置、组织原则、权限、职能和活动方式等,控制现代医学可能异化带来的社会危害。同时国家以适应卫生特点的法律来调整卫生活动领域中的社会关系,并不断探索现代医学发展引起的新的法律问题。

(二)卫生法学与医学伦理学

医学伦理学是用伦学理论和原则来探讨和解决医疗卫生工作中医患关系行为的学科,它以医德为研究对象。其特点是,随着医疗卫生事业的发展,医学已从医生与病人间一对一的私人关系,发展为以医患关系为核心的社会性事业,因而要考虑双方的收益和负担的分配以及分配是否公正的问题。此外,由于生物医学技术的广泛应用,医疗费用的高涨等,现代医学伦理学更多地涉及病人、医务人员与社会价值的交叉或冲突,及由此引起的伦理学难题。例如,古代医学的传统和某些国家规定不许堕胎,但妇女在生育上要求行使自主决定权和世界人口爆炸对节育的社会需要,这就产生了针锋相对的矛盾。

卫生法律规范和医德规范都是调整人们行为的准则,它们的共同使命都是调整人际关系,维护社会秩序和人民利益。两者的联系表现在:卫生法体现了医德的要求,是培养、传播和实现医德的有力武器;医德也体现了卫生法的要求,是维护、加强和实施卫生法的重要精神力量。所以,卫生法和医德相互渗透,互为补充,相辅相成。

然而,卫生法与医德又是有区别的:首先,在表现形式上,卫生法是拥有立法权的国家机关依照法定程序制定的,一般都是成文的;医德一般是不成文的,存在于人们的意识和社会舆论之中。其次,在调整的范围上,医德调整的范围要宽于卫生法,凡是卫生法所禁止的行为,也是医德所谴责的行为。但违反医德的行为不一定要受到卫生法的制裁。再次,在实施的手段上,卫生法的实施以国家强制力为保证,通过追究法律责任来制止一切损害人体健康的行为。医德主要依靠社会舆论、人们的内心信念、良心和传统习俗来维护人体健康。

(三)卫生法学与卫生政策学

卫生政策学是以卫生政策的制定和贯彻落实为研究对象的一门学科。卫生政策是指党和国家在一定历史时期内,为实现一定卫生目标和任务而制定的行为准则。卫生法和卫生政策都是建立在社会主义经济基础之上的上层建筑,在本质上是一致的,体现了广大人民群众的意志和利益,都具有规范性,是调整社会关系的行为准则。两者的联系主要表现在:卫生政策是卫生法的灵魂和依据,卫生法的制定要体现卫生政策的精神和内容;卫生法是实现卫生政策的工具,是卫生政策的具体化、规范化和法律化。

(四)卫生法学与卫生管理学

卫生管理学是研究卫生管理工作中普遍应用的基本管理理论、知识和方法的一门学科。卫生管理的方法有多种,法律方法仅是其中的一种。所谓卫生管理中的法律方法,是指运用卫生立法、司法和遵纪守法教育等手段,规范和监督卫生组织及其成员的行为,以使卫生管理目标得以顺利实现,即通常说的卫生法制管理。所以,卫生法律规范是卫生管理工作的活动准则和依据。卫生管理工作中的法律方法和其他方法的不同点在于它具有较强的强制性,一方面表现为对于违反卫生法律规范的人给予制裁,另一方面表现为对人们行为的约束。

五、学习卫生法学的方法和意义

(一)学习卫生法学的方法

1. 理论联系实际的方法　卫生法是一门应用理论学科,具有很强的实践性。因此,必须认真学习卫生法学的基本知识和基本理论,了解国内外卫生事业的发展动态。同时,紧密结合我国卫生体制改革和卫生法制建设的实践,将卫生法学理论和卫生法学实践有机地结合起来。在此基础上,增强自己的卫生法律意识,规范自己的行为,为增进人民群众的健康服务。

2. 历史分析的方法　法是人类社会发展到一定历史阶段的产物。它同一定历史阶段的经济、政治、文化、宗教等社会意识形态紧密相关。因此,学习卫生法学,应坚持历史分析的方法,深入研究卫生法律产生和发展的基础。从动态的角度揭示卫生法发展的一般规律。

3. 比较分析的方法　比较分析的方法是探求某事物与他事物的共同点和不同点的学习方法。通过纵向比较，我们可以知道古今卫生法律规范的演变，从而批判地继承其优秀成果。通过横向比较，我们可以了解世界其他国家的卫生法律制度以及国际卫生立法情况。从而批判地学习其优秀成果。只有这样，才能逐步建立起具有中国特色的社会主义卫生法学。

(二)学习卫生法学的意义

1. 依法治国，建设社会主义法治国家的需要　实行依法治国，必须加强法制宣传教育。卫生事业是社会主义事业的重要组成部分，依法管理卫生事业是实现依法治国，建设社会主义法治国家的重要内容。只有加强法制宣传教育，包括卫生法制教育，不断提高广大干部群众的法制观念和法律意识，才能实现依法治国，建设社会主义法治国家的目标。必要的法律知识和较高的法律意识，是今后一切合格的社会主义事业建设者必备的素质。所以，大学生学习法律知识，包括卫生法律知识，是依法治国，建设社会主义法治国家的需要。

2. 发展卫生事业的需要　我国的卫生事业，以为人民健康服务为中心，正在逐步适应社会主义市场经济体制的建立，适应医学模式由生物医学模式向生物－心理－社会医学模式的转变，适应广大人民群众不断增长的多层次卫生需求的转变。我国的社会主义卫生事业将成为重要的社会保障体系，成为人人都需要的、群众受益并承担一定社会福利职能的社会公益事业。为实现这一目标，卫生事业逐步走向法制管理的轨道。不仅卫生机构的设置，各类医务人员的执业要进行法制管理，而且医务人员的行医行为、病人的求医行为和遵医行为都要纳入法制管理的轨道。正因为如此，对于卫生技术人员和医学生来说，学习卫生法学可以调整自己的知识结构，拓宽自己的治学领域，了解与自己从事的工作密切相关的卫生法律规范，明确自己在医药卫生工作中享有的权利和承担的义务，增强卫生法律意识，正确履行岗位职责，为保护人民群众身体健康，促进卫生事业的发展做出自己的贡献。

3. 提高卫生执法水平的需要　我国社会主义卫生事业的重要功能之一，是社会公共卫生管理。卫生行政执法是政府管理全社会卫生的基本方式，是实现预防战略，保护人体健康的基本手段。卫生行政执法水平的高低，不仅关系到改善社会公共卫生状况，提高社会卫生水平和人民生活质量的问题，而且关系到规范市场经济秩序，优化投资环境、促进经济发展的问题。因此，提高卫生执法水平，必须要有一支既有丰富的专业知识，又熟悉自己执法范围的卫生法律法规，乃至了解整个卫生法律体系基本情况的高素质的卫生行政执法队伍。而学习卫生法学理论，将有助于卫生行政执法人员更好地做到依法行政，有法必依，执法必严，违法必究，不断提高卫生行政执法水平。

4. 维护公民健康权利的需要　健康权作为一项基本人身权利，受到国际法和各国法律的普遍保护。我国《民法通则》第九十八条规定，公民享有生命健康权。生命健康权包括生命权、身体权、健康权。健康权是生命健康权的重要组成部分。侵害生命健康权的侵权行为通常也分为三种情形：侵害生命权，即致人死亡；侵害身体权，即伤害身体完整性；侵害健康权，即损害健康，致人患病。对广大公民来说，通过学习和了解卫生法学基本知识，逐步养成法律意识，树立卫生法制观念，不仅知道自己依法享有哪些权利，而且可以在自己的健康权利受到不法侵害时，正确运用法律武器来维护自己的合法权益。同时，对健康权有一个全面、科学、系统的认识，从而提高遵守卫生法律规范的自觉性。

1. 卫生法学的性质有哪些?
2. 卫生法学的研究对象是什么?
3. 学习卫生法学的意义有哪些?

拓 展 阅 读

法的价值

  法的价值又称为法律的价值,第一种使用方式是指法律在发挥其社会作用的过程中能够保护和增加的价值。例如,人身安全、财产安全、公民的自由、社会的公共福利、经济的持续发展、善良风俗的维持,环境的保护与改善等都是其体现,还有秩序、自由、效率和正义更是这层意义上的法的价值的根本体现。这种价值是法追求的理想和目的,因此又称为法的"目的价值"。第二种使用方式是指法的"形式价值",它是指法律在形式上应当具备的那些值得肯定或好的品质。比如任何一种法律都应该具有逻辑严谨、简明扼要、明确性等特征。

  1. 法的价值体系 法的价值体系可以看成是一组组相关价值所组成的系统,它是由不同而又相联系的几种法的价值类型组成。按照不同的标准,从不同的角度,可以将法律价值进行如下分类:

  (1) 个体价值、群体价值:法律的个体价值就是个体对法律的需求以及法律对个体的实际效应,一般包括个人自由、平等、权利、人格尊严等。所谓法律的群体价值是指某一社会群体对法律的需求以及法律对该群体的实际效应。法律价值应当是多元的,在阶级对立的社会中,法律所体现的只能是统治阶级的法律价值追求。

  (2) 法律的正价值、无价值(或零价值)和负价值:这是按照法律价值追求与法律的实际效应关系来分的。广义的价值包括法的正价值和法的负价值,其中负价值是指法对主体需要实现的阻碍和破坏作用,零价值是指法律对一定主体既无益也无害,而狭义的法的价值仅指法的正价值,即法的有益性、有用性。

  (3) 其他分类:法律价值还可按功能和性质分为目的性法律价值和工具性法律价值;而按历史阶段分为奴隶制法律价值、封建制法律价值、资产阶级法律价值和社会主义法律价值;按法律对主体的应用形式分为物质价值和精神价值等。

  2. 法的价值种类 法的价值种类主要有三种:自由、秩序、正义。自由是指法通过制度的保障,使主体的行为任意化。有法律才有自由。秩序被认为是工具性的价值,这里强调的是秩序是社会生活的基础和前提。正义强调的是社会生活中主体的平等和公正。正义是法的基本标准。

  3. 法的价值冲突 由于社会生活的多元化,价值形式之间会发生冲突和矛盾。如,自由和秩序的冲突。将学校隔离起来,以避免学生大范围地感染疾病,就是通过限制自由来保证社会的秩序。法的价值冲突是客观存在的。冲突的解决需要一种利益衡量和价值衡量。要注意以下三个原则：

（1）价值位阶原则（价值排序原则）：指在不同位阶的法的价值发生冲突时，在先的价值优于在后的价值。法律位阶，是指由立法体制决定的，不同国家机关制定的规范性法律文件在法律渊源体系所处的效力位置和等级。比如，我国法律位阶，从高到低可分为：宪法、基本法、普通法、法规、行政规章。所以在不同位阶的法的价值发生冲突时，高位阶的法律效力优于低位阶的法律效力。当法的价值发生冲突时首先适用位阶基本原则，从高到低依次是：自由、正义、秩序。

（2）个案平衡原则：这是指在处于同一位阶上的法的价值之间发生冲突时，必须综合考虑主体之间的特定情形、需求和利益，以使得个案的解决能够适当兼顾双方的利益。公共利益并不一定都高于个人利益，而是结合具体情形寻找两者之间的平衡点。

（3）比例原则：比例原则是指为保护某种较为优越的法的价值需侵害另一种权益时，不得逾越此目的所必要的程度。换句话说，即使某种价值的实现必然会以其他价值的损害为代价，也应当使被损害的价值减低到最小限度。紧急避险的价值平衡属于比例原则。

（方龙山）

第一章 卫生法概述

第一节 卫生法的概念、调整对象和作用

一、卫生法的概念

卫生法是指由国家制定或认可,并由国家强制力保证实施的旨在调整和保护人体生命健康活动中形成的各种社会关系的法律规范的总和。卫生法有狭义和广义之分。狭义的卫生法,又称形式意义上的卫生法,是指国家立法机关按照法定程序所制定的以卫生法典命名的卫生法。广义的卫生法,又称实质意义上的卫生法,是指调整卫生社会关系的法律规范的总和,或泛指一切卫生法律规范。一个国家可以没有卫生法典,但是不能没有实质意义上的卫生法。我国还没有制定出卫生法典,但已经有涉及面广、内容丰富的实质意义上的卫生法。作为卫生法学研究对象的卫生法,通常是实质意义上的卫生法,它既包括以卫生法典形式表现出来的卫生法律规范,也包括以其他法律、法规、规章、司法解释等形式表现出来的卫生法律规范。本书所称的卫生法,如果没有作出特别说明,皆指广义的卫生法。

二、卫生法的调整对象

卫生法的调整对象是国家卫生行政机关、医疗卫生机构及组织、企事业单位、个人、国际组织之间及其内部因预防和治疗疾病,改善人们生产、学习和生活环境及卫生状况,保护和增进人体健康而产生的社会关系。它涉及多组织(卫生行政机关、医疗卫生机构及组织、企事业单位等)、多群体(上述组织的相关工作人员、公民个人等)、多内容(医疗卫生机构及组织管理、医疗卫生技术人员管理、生命健康权益保护、特殊人群健康保护、健康相关产品管理监督、疾病预防与控制、公共卫生监督与管理、环境污染防治、中医药及民族医药、现代医学科学与立法等)。所以,卫生法的调整对象具有多层次、多侧面和纵横交错的特点。一般来说,卫生法主要调整以下七个方面的社会关系:

(一)卫生组织关系

卫生组织是指各级卫生行政部门和各级各类医疗卫生机构及组织。国家通过用法律条文的形式将各级卫生行政部门和各级各类医疗卫生机构及组织的法律地位、组织形式、隶属关系、职权范围以及权利义务等固定下来,形成合理的管理体系和制度。通过这一活动,国家才能有效地对卫生工作进行有序地组织和领导,医疗卫生机构及组织才能保证他们在法律规定的范围内从事相应的卫生活动。目前,在我国,医疗卫生机构及组织主要是指各类医疗机构、卫生监督及疾病控制机构、血站、医学会及医学协会、红十字会等。

（二）卫生管理关系

在现代社会，卫生是一项重要的社会事业，是社会生活的重要组成部分。卫生管理是国家从社会生活总体角度进行的全局性的统一管理，是国家行政管理的重要内容和职责，对于维护公民健康权利，保障医疗市场正常运营，稳定卫生秩序具有重要意义。具体来说，卫生管理就是国家卫生行政机关根据国家法律规定，对卫生工作进行的计划、组织、控制、指挥、协调和监督等活动，以达到控制和消灭疾病，提高人民健康水平。在卫生管理活动中，国家卫生行政机关与其他国家机关、企事业单位、社会团体以及公民形成的权利义务关系，为卫生法所调整。卫生管理关系是一种纵向的行政法律关系，它既可以表现为卫生行政隶属关系，如卫生行政机关和医疗卫生机构及组织的医政管理关系；也可以表现为卫生行政职能管辖关系，如卫生管理中的行政许可关系、行政处罚关系、行政赔偿关系、行政复议关系、卫生纠纷与诉讼关系等。

（三）卫生服务关系

这是指卫生行政机关、医疗卫生机构及组织、有关企事业单位、社会团体和公民向社会公众提供的医疗预防保健服务、卫生咨询服务、卫生设施服务等活动。卫生服务关系是一种横向的社会关系，它表现为提供服务和接受服务的平等主体之间的民事权利与义务关系。

（四）医疗卫生技术人员管理关系

医疗卫生技术人员承担着防病治病、救死扶伤、保障健康、维护卫生秩序的重要职责。他们的素质直接影响到卫生法立法目的的实现。所以，必须通过制定相应的法律法规，运用法律手段，加强卫生技术人员队伍的建设，提高他们的职业道德素质和业务素质；同时，也要依法保障他们的合法权益。医疗卫生技术人员管理，主要是指对执业医师、护士、药师、卫生监督人员及其他卫生技术人员等人力资源进行合理配置和管理。

（五）生命健康权益保护关系

生命健康权是指人的机体组织和生理功能的安全受到法律保护的权利。公民健康权是公民人身权的一种，也是公民的一项基本权利。保护人体的健康权和公民的生命权是一切卫生立法和卫生工作的最终目的和落脚点。所以，生命健康权益保护关系理应属于卫生法调整的范畴。生命健康权益保护的范围较广，包括：生育权利、医患权益的保护、医疗保障、初级卫生保健、特殊人群健康权益保障、疾病预防与控制、环境污染防治与人体健康的关系等。

（六）现代医学与生命科学技术关系

现代医学与生命科学技术的不断发展，给人类带来巨大利益的同时，也向法律提出了新的挑战。卫生法不仅要调整与生命健康相关的法律关系，而且对于现代医学与生命科学技术发展中的许多新问题，也要予以规范和调整。如生殖技术中的若干问题、脑死亡及安乐死的立法问题、器官移植的捐赠和商品化问题等。

（七）国际卫生关系

这是指由我国参加的国际公约和国际条例，并得到我国法律许可的有关国际共同遵守的，我国承诺的卫生法律关系。

三、卫生法的作用

法的作用就是法对人们行为和社会生活的影响。按照法作用于人们的行为和社会关系之间的区别，可分为法的规范作用和社会作用。

（一）卫生法的规范作用

从总体上来说，卫生法是通过禁止性规范、义务性规范和授权性规范这三种基本的规范形式来规范人们的行为,以保证卫生法规范作用的实现。禁止性规范是指要求行为人不为一定行为、抑制一定行为的法律规范;义务性规范是指规定人们必须作出一定的肯定的行为,承担一定积极义务的法律规范;授权性规范是指这种法律规范本身既不规定人们必须作出某种行为,也不禁止人们作出某种行为,而是赋予行为人可以作出某种行为或要求他人作出或不作出某种行为的权利。卫生法的规范作用可以概括为指引、预测、评价、教育和强制作用。

1. 指引作用　是指卫生法对个人行为所起的引导作用。它是指卫生法律规范通过设定上述三种基本的规范形式和行为模式引导人们如何行为,从而把社会主体的活动纳入到法律范围内。

2. 预测作用　是指人们根据卫生法,可以预先估计到卫生法对社会主体行为的影响和后果,从而合理作出自己的行为。预测作用的对象是人们相互的行为,包括国家机关的行为。人们只有在与他人发生关系的情况下才会进行行为预测,预测他人的行为与自己行为的关系,预测自己行为对他人的影响,预测自己行为及他人行为的法律后果等。

3. 评价作用　是指卫生法作为人们对他人行为的评价标准所起的作用。通过这种评价,影响人们的价值观念和是非标准从而达到指引人们的行为的效果。卫生法的评价可分为两大类,即专门的评价和社会的评价。所谓专门的评价是指经法律专门授权的国家机关、组织及其成员对人的行为所作的评价。其特点是代表国家,具有国家强制力,能产生法律约束力,故可称为效力性的评价。社会的评价是指普通主体以舆论的形式对他人行为所作的评价,其特点是没有国家强制力和约束力,是人们自发的行为,因此又可称为舆论性的评价。

4. 教育作用　是指卫生法通过其本身的存在以及运作产生广泛的社会影响,教育人们实施正当行为的作用。卫生法的教育作用,一方面是指通过把国家或社会对人们行为的基本要求凝结为固定的行为模式而向人们灌输占支配地位的意识形态,使之内化于人们的心中,并借助人们的行为进一步广泛传播。另一方面是指通过法律的运作而对本人和一般人今后的行为发生影响:一是对违法行为的制裁不仅对违法者本人起到教育作用,而且可以教育人们今后再作出此类行为将受到同样的惩罚;二是对合法行为的鼓励、保护,可以对一般人的行为起到示范和促进作用。

5. 强制作用　是指卫生法以国家强制力制止恶行,并迫使不法行为人作出赔偿、补偿或予以惩罚以维护法律秩序的作用。卫生法的强制作用通常包括三个方面:第一,强制社会主体作出某种行为或抑制某种行为,强制作为与不作为的主体都为义务人,如强制纳税、强制隔离治疗等;第二,强令对他人或社会遭受的损失予以赔偿或补偿,如侵权行为人必须对被害人予以赔偿等;第三,对违法者予以制裁。制裁的形式是多种多样的,如行政法中的警告、罚款、拘留等,刑法中的管制、拘役、有期徒刑、无期徒刑、死刑等,民法中的恢复名誉、赔礼道歉、停止侵害、排除妨碍、赔偿损失等。

（二）卫生法的社会作用

卫生法的社会作用大体可归纳为两个方面:一是卫生法实现阶级统治的作用。在这方面,卫生法主要是与其他法一起综合为现时的统治阶级服务;二是卫生法实现社会卫生事务管理的作用,其最终的目的是保护人的身体健康和完满的社会适应能力。虽然这两方面的作用在具体的法律中有不同程度的体现,但从总体上说,这两方面的作用是一致的。具体说来,卫生法的社会作用主要体现在以下四个方面:

1. 贯彻党和国家的卫生政策,保证国家对卫生工作的领导　国家对社会的管理方式是多种多样的,首先是制定国家政策,其中包括制定卫生政策,用以规范各级政府的卫生工作和人们的卫生行为。但是,仅仅有卫生政策是不够的,因为卫生政策并不具备法律规范的属性,还需要通过卫生立法,使党和国家的卫生政策具体化、法律化,成为具有相对稳定性、明确规范性和国家强制性的法律条文。卫生行政部门和司法机关可以根据卫生法律规范的规定,坚持依法行政,切实保护公民和社会组织的合法权益,从人治走向法治;公民和社会组织也可以对照卫生法律规范的规定,判断和约束自己的卫生行为,自觉改变不良卫生习惯,使党和国家的卫生政策通过法律这一强制措施得以落实;同时,对一切危害公共卫生和人体健康的行为,也有了明确的界限与裁量标准,并能依法受到应有的惩处。

2. 保障公民生命健康　卫生工作的目的是防病治病,保护人类健康。为了保证这一目的的实现,从事卫生工作的人员,必须增强卫生法制观念,严格遵守卫生技术规范,各司其职,各负其责。但是,如果不用法律规范来规范这些卫生活动,或者这些规范不能为卫生工作者切实遵循,那么卫生工作的目的是无法实现的。卫生法就是国家围绕并实现这一目的而制定的行为规范的总和。特别是把现代卫生工作中的许多卫生标准、卫生技术规范和操作规程变成了具有国家强制力的法律规范,使公民的生命健康权从法律上得到有效保障。

3. 促进经济发展,推动医学科学的进步　卫生法保护人体的生命健康,也就是最终保护生产力,为经济建设发挥巨大的推动和促进作用。医学的存在是卫生立法的基础,卫生法的制定与实施是保证和促进医学发展的重要手段。我国颁布许多卫生法律、法规和规章,使医疗卫生事业逐步从传统的"人治"演变为现代法治管理,为医学科学的进步和发展起着强有力的法律保障作用。二十世纪以来,现代医学取得了令人瞩目的成果,给人类带来了巨大的利益,使人类自身素质有了改善和提高。但与此同时,它也使人类不断面临着严重的危机和问题,如人口危机、环境资源危机、医源性疾病、医学的滥用(如兴奋剂、细菌战)等,医学的进步还向法律提出了一系列新的课题,如试管婴儿、精子库、器官移植、变性手术、克隆技术等。因此,必须用法律这一具有国家强制力的手段来控制、规范并促进医学沿着造福于人类的方向发展。

4. 促进国际卫生交流和合作　随着世界经济发展和对外开放扩大,我国与国外的友好往来日益增多,涉及的医疗卫生事务更加宽泛和复杂。为了预防传染病在国家间传播,维护我国主权,保障彼此间权利和义务,我国颁布了《国境卫生检疫法》、《外国医师来华短期行医暂行管理办法》等一系列涉外的卫生法律、法规和规章。为了推动世界卫生事业的发展,我国政府正式承认《国际卫生条约》,参加缔结了《麻醉品单一公约》和《精神药物公约》等。在卫生立法上,我国还注意与有关的国际条例、协约、公约相协调,既维护国家主权,保护人体生命健康,又履行国际义务。有关这方面的卫生法律法规,有利于促进国家间卫生交流与合作,有利于我国卫生事业对外开放的健康发展,有利于促进人类卫生事业的发展。

第二节　卫生法的特征和基本原则

一、卫生法的特征

卫生法的特征是指卫生法与其他部门法相比所具有的不同特点。主要表现在:

(一) 广泛性和综合性

这是指卫生法调整内容的广泛性和调整对象的综合性以及其渊源体系的多元性。首先,我国卫生法调整的内容非常广泛,它几乎涉及了社会生活的各个领域和方面。如医疗卫生机构及组织管理、医疗卫生技术人员管理、生命健康权保护、健康相关产品管理、疾病预防与控制、公共卫生管理、环境污染防治、现代医学科学与立法等;第二,卫生法调整对象的综合性,它既包括卫生行政关系,也包括卫生民事关系和卫生刑事关系;第三,卫生法的渊源体系具有多元性,我国卫生法既包括卫生法律、卫生行政法规、卫生规章、国家卫生标准、卫生技术规范和操作规程、国际卫生条约、地方性卫生法规,也包括宪法、基本法律、其他法律和行政法规中有关卫生的条款等;第四,卫生法的调节手段具有多样性,它既采用纵向的行政手段调整医疗卫生行政管理活动中产生的社会关系,又采用横向的民事关系调整卫生服务活动中的权利义务关系。

(二)调节手段的多样性

卫生法调整内容的广泛性和调整对象的多样性、综合性,决定了其调节手段具有多样性。卫生法的基本任务,是经由各种卫生规范与制度,确保医疗卫生的正常发展,进行医疗卫生事业的有效管理,从防病治病进而维护人类的生命健康,以及惩处在医疗卫生活动中发生的危害人的生命健康的违法行为。如为对医疗卫生事业有效管理,必须借助卫生法律法规中具有行政法功能的各种规定;为解决医疗卫生活动中产生的各种侵害财产或非财产的侵权行为,必须借助民法的有关规定;为解决医疗过失或其他危害人的生命健康等犯罪行为,必须借助刑法的规定予以惩处。

(三)科学性和技术规范性

卫生法是调整人们各种卫生活动的法律规范,它的许多具体内容是依据医学、药物学、卫生学、生物学等自然科学的基本原理和研究成果制定的。特别是在科学技术日益发达的今天,当代科技成果广泛引入医学领域,使得人类对生命科学探索进入了全新的境界,从而为卫生立法与执法奠定了坚实的科学基础。同时,医学科学在探索人类健康和生命的过程中,充满着难以预料的风险,需要一定的社会条件作保证,其中包括法律的保护和导向作用。因而,卫生法与现代科学技术的紧密结合,体现了卫生法的科学性;同时,卫生法保护的是公民生命健康这一特定的对象,这就必然要将大量的技术性规范法律化,即卫生法将直接关系到公民生命健康安全的卫生标准、卫生技术规范和操作规程、科学工作方法、程序等确定下来,成为技术性规范。医疗技术成果是卫生法的立法依据,也是卫生法的实施手段。把遵守技术性规范确定为法律义务,使公民的生命健康权得到切实保障。因而,卫生法的科学性和技术规范性,一方面要求人们要了解卫生法的具体内容,另一方面要求人们要具有一定的医学知识,否则,就无法熟悉卫生法,遵守卫生法和适用卫生法。

二、卫生法的基本原则

卫生法的基本原则是指体现在各种卫生法律、法规中的,对调整保护人体生命健康而发生的各种社会关系具有普遍指导意义的准则。它贯穿于卫生立法、卫生司法和卫生守法等一切卫生活动中。从广义上讲,民主原则、社会主义原则等是整个社会主义法制的原则,当然也是卫生法的基本原则。从狭义上讲,卫生法的基本原则是指卫生法所特有的原则。卫生法究竟应包含哪些基本原则,这在立法上并无明确规定,理论上说法也不一致。通常认为,卫生法的基本原则至少包括下列几项:

(一)卫生保护原则

卫生保护是实现人的健康权利的保证,也是卫生保健制度的重要基础。卫生保护原则有两方面的内容。第一,人人有获得卫生保护的权利。任何人不分种族、民族、性别、职业、出身、财产状况、受教育程度、宗教信仰等,都有权获得卫生保护。这就意味着要在全国范围内合理配置卫生资源,而不能完全由市场机制来调节,以保证人人都能获得卫生保护。第二,人人有获得有质量的卫生保护的权利。这一权利要求卫生保护的质量应达到一定的专业标准,它包括药品、医疗器械、卫生人员的医疗质量等。一般来说,患者本人并不能判断卫生保护质量的优劣,因此政府必须运用多种措施加以规范和监督,从而保证人们能够真正获得有质量的卫生保护。

(二)预防为主的原则

预防为主是我国卫生工作的根本方针,它是卫生立法及司法必须遵循的一条重要原则。预防和治疗,是医疗卫生保健工作的两大基本组成部分,是有机联系、不可缺一的两个方面。在这两个方面中,预防显得尤为重要。因此,卫生工作要坚持"预防为主,综合治理"的方针,正确处理防病和治病的关系,把防疫工作放在首位,坚持防治结合,预防为主。如果重视预防工作,加大医疗卫生基本设施建设力度,彻底改变不良卫生习惯,严格把住生产、工作、学习、生活等环节的医疗卫生质量要求,就可以控制和减少疾病。预防工作是一项综合性的系统工程,必须增强全体公民预防保健意识,明确医疗卫生防疫工作是全社会及全体公民的共同责任。我国在医疗卫生管理及立法中一直坚持"预防为主"的原则,先后制定并发布了许多有关预防接种、妇幼保健、传染病防治、国境卫生检疫、环境污染防治(包括大气、噪声、水、海洋等)以及食品卫生、药品管理等法律法规,并建立了相应的机构和制度。近年来,又发布了有关艾滋病防治、传染性非典型肺炎防治等传染病的管理、预防的法规。刑法中也对危害公民生命健康的行为进行了规范,如规定了非法采集供应血液罪、传播性病罪等。这些法律、法规及规章都体现了"预防为主"的基本原则。

(三)公平原则

公平原则是指以利益均衡作为价值判断标准来配置卫生资源,以便使每一个社会成员都能获得卫生保健。它是社会进步、文明的体现。在法律上,尽管人人都享有平等的使用卫生资源的权利,但事实上,个人能够使用的卫生资源却要受到卫生资源配置的制约。因此,如何解决卫生资源的合理配置问题是卫生法的一个重要课题。这就要求我们必须将公平作为卫生资源配置的基础。当然,这里所说的公平并不是指人人都能获得相同的卫生服务,而是指人人能够获得尽可能好的卫生服务并且相互间差别有逐步缩小的趋势。要达到这一目标,政府必须采取经济、行政、法律等措施来保证人民群众获得基本的卫生服务,缩小不同地区、社会各阶层间的差别。所以,从这个意义上说,公平不是一个静态的、有限的目标,而是一个动态的、逐步完善的过程。

(四)保护社会健康原则

保护社会健康原则,本质上是协调个人健康利益与社会健康利益的关系,它是世界各国卫生法公认的目标。社会健康利益是一种既涉及个人利益但又不专属于任何人的社会整体利益,对社会整体利益的保护有可能导致对个人权利的限制。这就要求个人在行使自己的权利时,不得损害社会健康利益。由于社会健康的日益重要,使国家在社会经济生活中的卫生介入不断增加。如对患有某些疾病的人,法律规定不得参加接触直接入口食品的工作;为控制吸烟,国家干预烟草的生产、广告和销售,并禁止在某些公共场所吸烟等。

(五)患者权利自主原则

所谓患者权利自主原则,是指患者自己决定和处理卫生法所赋予的患者权利。20世纪

70年代以来,卫生法发生了一个新的变化,即许多国家越来越重视患者权利的保护问题,有的还制定了专门的患者权利保护法,如荷兰、美国等。现代医学已经不再是医生与病人二者之间的简单关系,而是一项复杂的社会关系。医学始终具有自然与社会、医学与人文、技术与人道双重属性;同时,医务人员和医院与病人的合理要求常常有距离。进行维护病人权利的讨论和研究就显得很有必要。目前,我国虽然还没有专门的患者权利保障法,但是,我国现行的卫生法律、法规都从不同的角度对患者的权利,如医治权、知情权、同意权、隐私权、参与权、申诉权、赔偿请求权等都作了明确、具体的规定。

第三节 卫生法历史与发展

研究中外卫生法的历史与发展,就是以古今中外的卫生法律为研究对象,研究它们的产生和发展过程及其规律,研究不同历史时期、不同阶级社会的卫生法律特点,并通过比较和借鉴,发展社会主义卫生法学理论,以期更好地指导实践。

一、外国卫生法的产生与发展

在世界各国的法律中,早就有与医疗卫生有关的法律规范。公元前3000年左右,古埃及就颁布了有关卫生的法令,这些法律对于公共卫生和清洁居室、屠宰食用动物和正常饮食、性关系、掩埋尸体、排水以及处罚违纪医生、严禁弃婴等都有明确的规定。公元前2世纪的古印度的《摩奴法典》规定,医生出现医疗事故,处以罚金,其数目大小依病人的等级而定。公元前450年,古罗马的《十二铜表法》规定,医生疏忽而使奴隶死亡要赔偿。《科尼利阿法》规定,医生使病人致死,罚以放逐或斩首;还规定医生给人春药、堕胎,则处以流放或没收部分财产,如病人因之死亡,则将施术者处死刑。1140年,西西里国王罗格尔二世曾下令,"为了避免王室臣民因一些经验不足的医生治疗的危险,对于未经政府考试证明已经修完了一定医学课程的医生,禁止开业。"这是欧洲历史上最早由官方颁布的关于医生资格及活动等方面的规定,以约束医生,保护病人,同时又给医生和病人以法律上的保障,只是各国各地依政府体制状况而不尽相同。古巴比伦第六代国王汉穆拉比在位时所制定的《汉穆拉比法典》,不但是一部世界最古老、最完整的奴隶制法典,而且还是一部论述详细、内容准确的医药卫生法典。《汉穆拉比法典》共282条,其中记载医药的条文40条款,约占整个条文的七分之一。内容涉及公共卫生、食品保洁、医事组织、医疗事故赔偿制度等卫生法规和当时社会的卫生法治思想。

公元5世纪,西罗马帝国灭亡,欧洲封建国家先后兴起,在这一时期,各国逐渐加强了卫生立法,不仅法律所规定、调整的范围有所扩大,内容涉及公共卫生、医事制度、食品和药品管理、学校管理、卫生检疫等,而且也开始出现专门的成文卫生法规。如13世纪法国的排特烈二世制定发布的《医生开业法》、《药剂师开业法》。此后,欧洲其他国家亦相继发布类似的法规。如英国在1540年制定了管理药品的法规,并编撰一系列药典,如1499年《佛罗伦萨药典》、1546年《纽伦堡药典》与1618年《伦敦药典》,这些都对促进药品管理有相当大的作用。

17世纪中叶的英国革命,18世纪的美国革命和法国革命,使资产阶级在西方国家取得了政权,从此,资本主义制度代替了封建主义制度。近代西方国家卫生立法的发展,与资本主义社会经济发展和科学技术的进步有着密切关系,制定了许多专门性的卫生法规。英国1601年制定的《伊丽莎白济贫法》是最早的现代资产阶级卫生立法,影响最久,达300余年。19世纪以后,英国专门性的卫生法律、法规不断制定。如1848年又制定了《卫生法》《医疗法》,1859年公布了《药品食品法》,1878年颁布了《全国检疫法》,以后又逐步制定了《助产士法》《妇幼保健法》等。日本从1874年开始建立卫生制度,制定了《医务工作条例》,1925年颁布《药剂师法》,1933年颁布《医师法》,1942年颁布了著名的《国民医疗法》,1948年制定了《药事法》等。美国纽约市1866年通过了《都会保健法案》,1878年美国颁布了《全国检疫法》,1902年美国制定了有关生物制品的法规,1906年颁布了《纯净食品与药物法》,1914年制定了《联邦麻醉剂法令》等。

第二次世界大战后,卫生立法在各国受到普遍的重视。在各国的宪法中都明确规定公民享有健康保护权。进入20世纪60年代以后,卫生立法得到了迅速发展,在社会生活中的作用越来越重要。世界上许多国家都把卫生立法作为贯彻实施国家提出的医疗卫生方针政策,实现医疗卫生领域重大战略目标的主要手段。虽然各国政治、经济、历史、文化传统有所差异,但都根据各自国家不同时期的任务和存在的卫生问题,加强了卫生立法。其主要内容涉及公共卫生、疾病防治、医政管理、药政管理、医疗保健、健康教育、精神卫生等诸多方面。

二、中国卫生法的产生与发展

我国卫生法历史发展和我国一般法的历史发展是基本同步的。奴隶社会的卫生法是我国卫生立法的启蒙时期。我国古代有关卫生法律规范的产生,最早可追溯到殷商时代,但因年代久远,史料散失,多数已无从考证。《左传》中有"男女同姓,其生不蕃"的记载,反映古代对繁衍健康后代的认识和重视。周代建立了我国最早的医事管理制度,包括司理医疗的机构、病历书写、死亡报告和医生考核制度等。据《周礼》记载,当时,医生已是一种官职,并有专业分工。医师为众医之长,其职责是"医师掌医之政令,聚毒药以供医事。"在宫廷中,医生分为:食医(营养)、疾医(内科)、疡医(外科)、兽医。在管理方面,建立了世界上最早的关于病历书写和死亡报告制度。此外,在个人卫生、环境卫生和预防保健等方面也作出了一些规定,如对死者要埋葬,隔离麻风病人等。

封建社会的卫生法是我国卫生立法逐步发展和渐趋完善时期。我国两千多年的封建社会,尽管封建王朝兴衰更替,但是都比较重视制定卫生法规和建立比较完备的卫生管理制度。从秦代起,封建社会有了比较系统的法典,如《秦律》《汉律》。有关医疗卫生方面的规定也在这些法典中出现。在医疗机构的设置上,秦代在中央政府中设有太医令巫,掌管医疗政令。《秦律》规定了禁止杀婴、堕胎等。到了汉代,开始对医和药分别设官管理,并为适应战争需要,建立军医制度。从两晋经隋唐至五代,我国封建社会的近700年上升时期,伴随着封建法典的不断完善和医学的发展,卫生管理制度逐步完善。《唐律》是世界上封建社会中最系统和最严密的法典之一,其中有关于医疗卫生方面的律令。如医生不能欺诈病人,"诸医违方诈疗疾病而取得财物者,以盗论"。禁止同姓结婚,"同姓为婚者,各徒3年"等。《唐律》还对官方征用医师的考试和录用、医校的设置等作了规定。宋代颁布了《安剂法》,规定医务人员人数及升降标准,这是我国最早的医院管理条例。宋代的法律规定,庸医伤人致死应依法处之;凡利用医疗诈取财物者,以匪盗论处。值得一提的是,宋代法医学有了迅速发展。宋慈所著的《洗冤集录》成为死伤断狱的法典,后世法医著作大多以它为蓝本。元代法律中涉及医疗卫生的条文也较多。到了明代,《大明会典》规定,医家要世代行医,不许妄行变动;太医院的医师必须是医家子弟经过考试录用;对使用毒药杀人、庸医杀人应予处罚。明代开始，制定了记录详细、项目完整、层次固定的病案格式。清王朝建立后，先是因沿明代法典，后制定了《大清律》。在《清朝通典》中对太医院的职责、医师的升补告退等作了具体规定。对庸医和失职人员，清《新清律》规定了非常具体明确的认定标准和处刑方式。在传染病方面，清政府就天花和其他一些疾病的防治发布命令，如对天花患者，政府设有"种痘局"进行管理。"京师民有痘者，令移居出城，杜传染"。太平天国时期，创办了我国近代历史上第一所医院。

"中华民国"时期的卫生法是我国卫生立法专门化、具体化时期。中华民国仿效西制设国务院卫生行政管理部门负责全国医疗卫生工作，认真制定了卫生行政大纲和涉及卫生行政、防疫、公共卫生、医政、药政、食品卫生和医学教育等多方面内容的一系列法规，卫生管理制度日趋完备。"中华民国"时期，国民政府发布了《解剖规则》，规定"警官及检察官对于病变尸体，非解剖不能确知其致死亡之由者，得指派医生执行解剖。"这是我国最早实行解剖尸体的法定条文。

新民主主义革命时期的卫生法是中国共产党在革命根据地为保证革命战争的胜利，保护革命根据地人民的生命安全和健康而制定的，在中国卫生法制史上揭开了崭新的一页。

中华人民共和国的成立，标志着我国的卫生立法工作进入了一个新的历史时期。特别是党的十一届三中全会以来，社会主义民主和法制建设得到加强，卫生立法工作有了重大发展。1982年《中华人民共和国宪法》有关发展国家医疗卫生事业，保护人民健康的规定，为新时期的卫生立法指明了方向，提供了依据。随着社会主义市场经济体制的逐步形成与完善和医疗卫生事业改革的不断深化，卫生法制建设的重要性和迫切性日益显著，并为卫生立法工作创造了良好的环境。卫生立法取得了突破性的进展，进入了卫生法空前发展和繁荣的新时期。

目前，我国由公共卫生、健康相关产品、卫生机构和专业人员的监督管理三方面组成的具有中国特色的社会主义卫生法律体系已初步形成。

三、国际卫生法

国际卫生法是调整国家（包括类似国家的政治实体以及由国家组成的国际组织）之间在保护人体生命健康活动中所产生的各种关系的有拘束力的原则、规则和规章、制度的总称。国际卫生法的特点是：其法律关系主体是国家或国际组织；制定者是国家或国家集团，一般不需要特别的立法机构和专设的部门；其实施和监督除依靠国家外，有时也依靠临时的国际专业小组或委员会，但却没有强制执行的外力来保证它的实施。

世界卫生组织自1948年成立后，积极地在国与国之间进行了医学和医疗卫生立法的交流协作，其各专家委员会与特设小组把制定国际医疗卫生公约、协约、规则，食品、生物制品、药品的国际标准，以及诊疗方法的国际通用规范和原则，作为其主要工作内容；随着高新医学技术的不断出现和医疗卫生经济的发展，生死观念和文化的变化，越来越多的特殊法律问题需要认真对待，需要在国际间寻找共同的理解和认知。世界卫生组织除进行较广泛深入的卫生法理学研究和向发展中国家提供卫生立法咨询外，还制定了一系列单行国际医疗卫生法规和与医疗卫生相关产品的国际标准，订立了多项有价值的国际公约、条约和世界性医学原则。这些具有国际法性质的宣言和文件，虽然发端于医学伦理学思想和人类共同的道德追求，但却说明了各国医学界对于这些领域和课题在后医学时代的认识中，在医学道德应用的实践中所表现出的一种新的科学和卫生法律文化精神。

第四节　卫生法的渊源和主要内容

一、卫生法的渊源

法的渊源是指法的表现形式,是指法律规范由何种国家机关创制并表现为何种法律文件形式。

卫生法的渊源,是指卫生法律规范的各种具体表现形式。我国卫生法的渊源主要有以下几种:

(一)宪法

宪法是国家的根本大法,是国家最高权力机关通过法定程序制定的具有最高法律效力的规范性法律文件。它不仅是国家一切立法的基础,也是制定各种法律、法规的依据。我国宪法中有关保护公民生命健康的医疗卫生方面的许多条款,就是我国卫生法的渊源之一,是制定卫生法的重要依据,并在卫生法律体系中具有最高的法律效力。整个卫生法的制定和实施,都是由它们而来,都不得与它们相抵触,否则,抵触部分无效。

(二)卫生法律

在日常用语中,"法律"这个词有广义和狭义之分。广义的"法律"泛指一切法律规范;狭义的"法律",在我国专指由国家立法机关(即全国人民代表大会及其常务委员会)制定颁布的规范性文件。作为卫生法的表现形式之一的卫生法律就是指的这种狭义的法律。它又可以分为两类:一类由全国人民代表大会制定的法律称为基本法律;另一类由全国人大常委会制定的除基本法律之外的其他法律。目前,在我国,还没有由全国人民代表大会制定的卫生基本法律或称卫生法典。所以,狭义的卫生法律由两部分组成,一部分即由全国人大常委会制定的直接关于医疗卫生、维护人民健康方面的专门法律,如《食品安全法》《药品管理法》《国境卫生检疫法》《传染病防治法》《红十字会法》《母婴保健法》《献血法》《执业医师法》《职业病防治法》《人口与计划生育法》等。另一部分是由全国人民代表大会及其常务委员会制定的其他部门法中有关医疗卫生、维护人民健康的规定或条款,如我国《刑法》规定了在医疗卫生、维护人民健康方面所禁止的行为以及对实施了这种行为造成严重社会危害的人的刑罚;《婚姻法》规定了禁止结婚的身体条件等。

(三)卫生行政法规

卫生行政法规是以宪法和卫生法律为依据,针对某一特定的调整对象而制定的。它有两种类型:第一种是国家最高行政机关即国务院制定的,如《医疗事故处理条例》;第二种是由国务院卫生行政管理部门提出法规草案,经国务院批准,由国务院卫生行政管理部门发布的,如《艾滋病监测管理的若干规定》。卫生行政法规它既是卫生法的渊源之一,也是下级卫生行政部门制定各种卫生行政管理规章的依据。

(四)地方性卫生法规

地方性卫生法规是指省、自治区、直辖市、省会所在地的市以及经国务院批准的较大的市的人大常委会,根据国家授权或为贯彻执行国家法律,结合当地实际情况,依法制定和批准的有关医疗卫生方面的规范性文件。地方性卫生法规在推进本地区卫生事业的发展,为国家卫生立法积累经验等方面具有重要意义。

（五）卫生规章

卫生规章是卫生法律和法规的补充。从制定的程序和发布的形式看有三种类型：第一种是国务院卫生行政管理部门制定发布的，如《护士管理办法》；第二种是由国务院卫生行政管理部门与其他部门联合制定发布的，如《精神疾病司法鉴定暂行规定》；第三种是由各省、自治区、直辖市以及各省、自治区人民政府所在地和经国务院批准的较大的市的人民政府，根据卫生法律，在其职权范围内制定和发布的有关地区卫生管理方面的规范性文件，也称为地方性卫生规章。

（六）卫生自治条例与单行条例

卫生自治条例与单行条例是指民族自治地方的人大依法在其职权范围内根据当地民族的政治、经济、文化的特点，制定发布的有关本地区医疗卫生行政管理方面的法律文件。

（七）卫生标准、规范和规程

由于卫生法具有技术控制和法律控制的双重性质，因此，卫生标准、卫生技术规范和操作规程就构成了卫生法律体系中一个重要的组成部分。这也是由卫生法的特征所决定的。这些标准、规范和规程可分为国家和地方两级。前者由国务院卫生行政管理部门制定颁布，后者由地方政府卫生行政部门制定颁布。值得注意的是，这些标准、规范和规程的法律效力虽然不及法律、法规，但在具体实施的过程中，它们的地位又是相当重要的。因为卫生法律、法规只对社会医疗卫生管理中的一些问题作了原则规定，而对某种行为的具体控制，则需要依靠标准、规范和规程。所以这些经法律法规确认的卫生标准、技术性规范和操作规程，都是我国相应卫生法律的组成部分。

（八）国际卫生条约

国际卫生条约是指由我国与外国缔结的或者由我国加入并生效的国际法规范性文件。它可由全国人大常委会决定同外国缔结卫生条约或卫生协定，或由国务院按职权范围同外国缔结卫生条约或协定。这种国际卫生条约虽然不属于我国国内法的范畴，但其一旦生效，除我国声明保留的条款外也与我国国内法一样，对我国产生约束力，是我国卫生法的渊源，如《国际卫生条例》《麻醉品单一公约》《精神药品公约》等。

二、卫生法的主要内容

卫生法涉及医疗卫生预防保健工作的各个方面。随着医学科学技术的飞速发展，卫生法的外延也在不断扩大。这里所说卫生法的主要内容是指我国现行各种卫生法律法规文件中所涉及的具体内容和范围。按照卫生法律法规文件的内容性质进行归类，卫生法大致可分为以下几个方面的内容：

（一）医疗卫生机构及组织管理方面

主要包括：医疗机构管理、卫生监督及疾病控制机构管理、血站管理、医学会及医学协会管理等法律规定，如《医疗机构管理条例》《血站管理办法》《中外合资、合作医疗机构管理暂行办法》等。

（二）医疗卫生技术人员管理方面

主要包括：执业医师管理、护士管理、药师及药剂师管理、卫生监督人员管理、其他卫生技术人员管理等法律规定，如《执业医师法》《护士管理办法》等。

（三）生命健康权益保护方面

主要包括：医疗事故处理、人口与计划生育、医疗保障、初级卫生保健等法律规定，如

《医疗事故处理条例》《人口与计划生育法》《计划生育技术服务管理条例》等。

（四）特殊人群健康保护方面

主要包括：母婴保健、精神疾病患者保护治疗、未成年人保护、残疾人保障、老年人权益保障等法律规定，如《母婴保健法》《残疾人保障法》《未成年人保护法》《老年人权益保障法》等。

（五）健康相关产品的卫生管理监督方面

主要包括：食品安全、药品管理、血液及血液制品管理、化妆品管理、保健用品管理、医疗器械器材和生物材料管理等法律规定，如《食品安全法》《药品管理法》《献血法》《血液制品管理条例》等。

（六）疾病预防与控制方面

主要包括：传染病防治、国境卫生检疫、职业病防治、地方病防治、性病及艾滋病防治、结核病防治等法律规定，如《传染病防治法》《国境卫生检疫法》《职业病防治法》等。

（七）公共卫生管理方面

主要包括：突发公共卫生事件应急处理、学校卫生监督、放射卫生防护监督、公共场所卫生监督、生活饮用水及爱国卫生等法律规定，如《突发公共卫生事件应急条例》《学校卫生工作条例》《放射工作卫生防护管理办法》《放射性同位素与射线装置放射防护条例》《公共场所卫生管理条例》《生活饮用水卫生监督管理办法》等。

（八）环境污染防治方面

主要包括：大气污染防治、水污染防治、环境噪声污染防治、固体废物污染防治、医疗废物管理等法律规定，如《大气污染防治法》《水污染防治法》《环境噪声污染防治法》《固体废物污染环境防治法》《医疗废物管理条例》等。

（九）中医药与民族医药管理方面

主要包括：中医医疗机构管理、中药管理、民族医药管理、气功医疗管理等法律规定，如《中医医疗机构管理办法（试行）》《中医药条例》《医疗气功管理暂行规定》等。

第五节　卫生法律关系

一、卫生法律关系的概念和特征

（一）卫生法律关系的概念

卫生法律关系是指由卫生法所调整的国家机关、企事业单位和其他社会团体之间，它们的内部机构以及它们与公民之间在医疗卫生管理监督和医疗卫生预防保健服务过程中所形成的权利义务关系。

（二）卫生法律关系的特征

卫生法律关系是法律关系的一种，和其他法律关系一样，卫生法律关系也具有三大特征：即法律关系是以法律规范为前提而形成的社会关系；法律关系是以法律上的权利与义务为纽带而形成的社会关系；法律关系是以国家强制力作为保障手段的社会关系。但是，卫生法律关系还有其自身的特点。

首先，从法律关系形成的目的和过程看，卫生法律关系是在卫生管理和医疗卫生预防保健服务过程中，基于保障和维护人体健康而结成的法律关系。其他法律关系也有一定的形成目的和过程,但均不以人体健康这一特定事物为直接目的,也不是在医疗卫生行政管理和医疗卫生预防保健服务这一特定活动中形成的。

其次,从法律关系形成的依据看,卫生法律关系是由卫生法所确认和调整的社会关系,必须以相应的卫生法律规范的存在为前提。

再次,从法律关系参加者的具体情况及行为性质看,卫生法律关系是一种纵横交错的法律关系。所谓纵横交错,是指其中既有国家管理活动中的领导和从属关系,又有各个法律关系主体之间的平等的权利义务关系。纵向卫生法律关系,是指国家有关机关在实施医疗卫生管理监督过程中,与企事业单位、社会组织和公民之间发生的行政法律关系。主要由行政基本法和有关卫生行政法律、法规调整。而这种关系又有社会管理和单位内的内部管理之分。横向卫生法律关系,是指医疗卫生预防保健单位及医疗企业同国家机关、企事业单位、社会组织和公民之间,在提供医疗卫生服务与商品的过程中所发生的民事权利义务关系。主要是民法、消费者权益保护法、产品质量法和有关卫生法律、法规所调整的对象和范围。在这种关系中,双方当事人的地位完全平等,既享有一定的权利又承担一定的义务,而且双方当事人所享有的权利义务是对等的。

最后,卫生法律关系的主体具有特殊性。卫生法是一个专业性很强的部门法,这就决定了卫生法律关系主体的特殊身份,即通常是卫生行政部门和从事卫生工作的组织。卫生行政部门和从事卫生工作的组织是卫生法律关系中最主要的主体。卫生行政部门与医疗卫生机构及组织之间的关系,是最主要的卫生法律关系。卫生行政部门既可以与其他国家机关、企事业单位、社会团体发生卫生法律关系,也可以与自然人发生卫生法律关系。医疗卫生机构及组织既可以与国家机关、企业事业单位、社会团体发生卫生法律关系,也可以与自然人发生卫生法律关系。还有卫生行政部门之间、医疗卫生机构及组织之间也可以发生卫生法律关系。

二、卫生法律关系的构成要素

法律关系的构成要素是指任何法律关系应由哪几个方面组成,如果缺乏其中某一个方面,该法律关系就无法形成或继续存在。卫生法律关系同其他法律关系一样,也是由主体、客体和内容三个方面的要素构成。

(一) 卫生法律关系的主体

卫生法律关系的主体是指卫生法律关系的参加者,亦即在卫生法律关系中享有权利并承担义务的当事人。主体是卫生法律关系产生的先决条件,是客体的占有者、使用者和行为的实践者,没有主体和主体的活动,也就不能产生卫生法律关系。在我国,卫生法律关系的主体包括国家机关、企事业单位、社会团体和公民。

1. 国家机关　大致有三种情况:一是各级卫生行政部门及其卫生监督机构以卫生监督管理机关的身份,在依法对其管辖范围内的国家机关、企事业单位、社会团体、公民个人行使其卫生行政管理与监督职能中结成卫生行政法律关系;二是各级各类国家机关因需要医疗卫生预防保健服务,而同提供医疗卫生预防保健服务的企事业单位结成卫生服务法律关系;三是各级卫生监督管理机关之间、各级卫生监督管理机构与同级政府之间、各级卫生行政部门与法律授权承担公共卫生事务管理的事业单位之间、各类卫生监督管理机关与其卫生监督执法人员之间,分别以领导与被领导、管理与被管理的身份结成内部的卫生管理关系。

2. 企事业单位　大致有两种情况:一是它们以卫生行政管理相对人的身份,同有管辖权的卫生监督管理机关结成卫生行政法律关系;二是提供医疗卫生预防保健服务的企事业单位,一方面以提供者的身份,同需求这种服务和产品的国家机关、企事业单位、社会团体、公民个人结成卫生服务法律关系;另一方面以管理者的身份,同本单位的职工结成内部的卫生管理关系。

3. 社会团体　可分为医疗卫生社会团体和一般社会团体。医疗卫生社会团体如中国红十字会、中华医学会等,它们在卫生法律关系中的地位和作用类似于医疗卫生事业单位,他们在为社会提供卫生咨询和医疗预防保健服务工作时,即参与了卫生法律关系,成为卫生法律关系的主体。

4. 公民　公民是卫生法律关系中重要的主体,可以参与多种卫生法律关系。其作为卫生法律关系的主体有两种情况:一种是以特殊身份成为卫生法律关系的主体,如医疗机构内部工作人员管理关系中的医疗机构工作人员;另一种是以普通公民身份参加卫生法律关系成为主体,如医疗服务关系中的病人。对于依法个体行医的公民,其地位和作用类似于医院,他与病人发生卫生服务关系,同时接受当地医疗卫生行政机关和其他主管机关的管理和监督。

此外,居住在我国的外国人和无国籍人,也可以成为我国卫生法律关系的主体。

(二) 卫生法律关系的内容

卫生法律关系的内容是指卫生法律关系的主体依法所享有的权利和承担的义务。这里的"权利",就是卫生法律、法规和规章对双方当事人所赋予的实现自己意志的可能性。它可以表现为权利人有权作出符合法律规定的某种行为,或不为一定行为,以实现自己的意志;也可以表现为权利人有权要求对方依法作出某种行为,或不为一定行为,以满足自己的意志。这里的"义务",就是卫生法律、法规和规章对双方当事人所规定的必须分别履行的责任。它包含两层含义:一是义务人必须依法按照权利人的要求作出一定的行为,或不为一定行为,以便实现权利主体的某种利益;二是义务主体负有的义务是在卫生法规定的范围内为一定的行为或者不为一定行为。这些权利和义务都同样受到国家法律的保护。

(三) 卫生法律关系的客体

卫生法律关系的客体是指卫生法律关系主体的权利和义务所指向的对象。它包括:

1. 公民的生命健康权利　世界卫生组织把健康定义为"健康不仅是没有疾病和症状,而且是一种个体在身体上、心理上和社会适应性的完好的状态"。保护公民的生命健康权,是我国社会主义民主和法制的根本原则之一。我国的卫生法律、法规明确地规定了公民的生命健康权是卫生法律关系的重要保护客体。

2. 行为　这是指卫生法律关系主体中权利主体行使权利和义务主体履行义务所进行的活动,如申请许可、卫生审批医疗服务等。行为可分为合法行为和违法行为两种,合法行为依法受法律保护,违法行为将引起法律责任和法律制裁。

3. 物　主要包括进行各种医疗和卫生管理工作过程中需要的生产资料和生活资料,以满足人民群众对医疗保健的需要,如药品、食品、化妆品、医疗器械等。

4. 智力成果或精神产品　这是主体从事智力活动所取得的成果,属于精神财富,如医疗卫生科学技术发明、专利、学术论著等。

三、卫生法律关系的产生、变更和消灭

卫生法律关系有一个从产生到终止的演变过程。产生是指卫生法律关系主体间形成了权利与义务关系;变更是指卫生法律关系的主体、内容或客体发生了变化;消灭是指卫生法律关系主体间的权利与义务关系完全终止。引起法律关系产生、变更和消灭的条件,一是法律规范,二是法律事实。法律规范为人们的行为设定了一定的模式,使法律关系当事人享有

权利和承担义务具有可能性,但仅有这种可能性是不够的,因为它并不能必然引起法律关系的产生、变更和消灭,只有在同时具备一定的法律事实,法律上所规定的权利、义务关系才能体现为实际的权利、义务关系。

所谓法律事实,一是法律关系主体以其主观意愿表现出来的行为,即法律行为;二是不以法律关系主体主观意志为转移的客观现象,即法律事件。

(一)法律行为

法律行为是卫生法律关系产生、变更或消灭的最普遍的法律事实。按照法律是否符合法律规范规定的要求,法律行为可以分为合法行为和违法行为两种。合法行为是指卫生法律关系主体实施符合卫生法律规范,能够产生行为人预期后果的行为,合法行为为我国法律所确认和保护。违法行为是指卫生法律关系主体实施卫生法律规范所禁止的、侵犯他人合法权益的行为。违法行为不能产生行为人预期的法律后果,是无效行为并为法律所禁止,同时必须承担相应的法律责任。

(二)法律事件

法律事件是指不以当事人的意志为转移的客观现象,可分为两类:一类是自然事件,如病人因非医疗因素死亡而终止医患法律关系,作为卫生行政相对人的企事业单位因强烈地震、严重失火等自然灾害而被迫停业;另一类是社会事件,即来自当事人主观意志之外的诸如医疗卫生政策的重大调整、卫生法律的重大修改、政府卫生行政措施的颁布实施、司法机关和行政执法机关对双方当事人争议的司法判决和行政决定等,从而导致卫生法律关系的产生、变更或消灭。

1. 什么是狭义的卫生法?什么是广义的卫生法?
2. 卫生法的基本原则有哪些?
3. 我国卫生法的渊源有哪些?
4. 简述卫生法律关系的构成要素。
5. 什么是法律行为?什么是法律事实?

拓 展 阅 读

当代中国法律部门

1. **宪法** 宪法作为一个法律部门,在当代中国的法律体系中具有特殊的地位,是整个法律体系的基础。宪法部门最基本的规范,主要反映在《中华人民共和国宪法》这样的规范性文件中。除了宪法这一主要的、居于主导地位的规范性法律文件外,宪法部门还包括主要国家机关组织法、选举法、民族区域自治法、特别行政区基本法、法官法、检察官法、授权法、立法法、国籍法等附属的较低层次的法律。

2. 行政法　行政法是调整国家行政管理活动中各种社会关系的法律规范的总和。它包括规定行政管理体制的规范、确定行政管理基本原则的规范、规定行政机关活动的方式、方法、程序的规范，规定国家公务员的规范等。我国一般行政法方面的规范性文件较少，主要有行政复议法、行政处罚法、国家赔偿法、行政监察法、政府采购法、公务员法等。特别行政法方面有食品安全法、药品管理法、治安管理处罚法等。

3. 民法　民法是调整作为平等主体的公民之间、法人之间、公民和法人之间等的财产关系和人身关系的法律。我国民法部门的规范性法律文件主要由民法通则和单行民事法律组成。民法通则是民法部门的基本法。单行民事法律主要有合同法、物权法、侵权责任法、担保法、婚姻法、继承法、收养法、商标法、专利法、著作权法等。此外，还包括一些单行的民事法规，如著作权法实施条例、商标法实施细则等。

4. 商法　在明确提出建立市场经济体制以后，商法作为法律部门的地位才为人们所认识。商法是调整平等主体之间的商事关系或商事行为的法律。从表现形式看，我国的商法包括公司法、证券法、票据法、保险法、企业破产法、海商法等。商法是一个法律部门，但民法规定的有关民事关系的很多概念、规则和原则也通用于商法。从这一意义讲，我国实行"民商合一"的原则。

5. 经济法　经济法是调整国家在经济管理中发生的经济关系的法律。作为法律部门的经济法是随着商品经济的发展和市场经济体制的逐步建立，适应国家宏观经济实行间接调控的需要而发展起来的一个法律部门。经济法这一法律部门的表现形式包括有关企业管理的法律，如全民所有制工业企业法、中外合资经营企业法、外资企业法、中外合作经营企业法、乡镇企业法等；有财政、金融和税务方面的法律、法规，如中国人民银行法、商业银行法、个人所得税法、税收征收管理法等；有关宏观调控的法律、法规，如预算法、统计法、会计法、计量法等；有关市场主体、市场秩序的法律、法规，如产品质量法、反不正当竞争法、消费者权益保护法等。

6. 劳动法与社会保障法　劳动法是调整劳动关系的法律，社会保障法是调整有关社会保障、社会福利的法律。这一法律部门的法律包括有关用工制度和劳动合同方面的法律规范，有关职工参加企业管理、工作时间和劳动报酬方面的法律规范，有关劳动卫生和劳动安全的法律规范，有关劳动保险和社会福利方面的法律规范，有关社会保障方面的法律规范，有关劳动争议的处理程序和办法的法律法规等。劳动法与社会保障法这一法律部门的主要规范性文件包括劳动法、工会法、矿山安全法、安全生产法等。

7. 自然资源与环境保护法　自然资源与环境保护法是关于保护环境和自然资源、防治污染和其他公害的法律，通常分为自然资源法和环境保护法。自然资源法主要指对各种自然资源的规划、合理开发、利用、治理和保护等方面的法律。环境保护法是保护环境、防治污染和其他公害的法律。这一法律部门的规范性文件，属于自然资源法方面的，有森林法、草原法、渔业法、矿产资源法、土地管理法、水法、野生动物保护法等；属于环境保护方面的，有环境保护法、海洋环境保护法、水污染防治法、大气污染防治法、环境影响评价法等。

8. 刑法　刑法是规定犯罪和刑罚的法律，是当代中国法律体系中一个基本的法律部门。在人们日常生活中，刑法也是最受人关注的一种法律。刑法这一法律部门中，占主导地位的规范性文件是刑法，一些单行法律、法规的有关条款也可能规定刑法规范,如文物保护法中有关文物犯罪的准用性条款的内容。

9. 诉讼与非诉讼程序法　诉讼与非诉讼程序法是规范解决社会纠纷的诉讼活动与非诉讼活动的法律规范总称。我国已制定了刑事诉讼法、民事诉讼法、行政诉讼法。此外,还针对海事诉讼的特殊性,制定了海事诉讼特别程序法。诉讼程序法,是有关各种诉讼活动的法律,它从诉讼程序方面保证实体法的正确实施,保证实体权利、义务的实现。诉讼法这一法律部门中的主要规范性文件为刑事诉讼法、民事诉讼法和行政诉讼法。同时,我国还制定了仲裁法、劳动争议仲裁法等非诉讼程序法。律师法、监狱法等法律的内容也大体属于这个法律部门。

10. 军事法　有关军事管理和国防建设的法律、法规,包括《兵役法》《国防法》《解放军军官军衔条例》《军事设施保护法》《中国人民解放军现役军官服役条例》《中国人民解放军现役士兵服役条例》《香港特别行政区驻军法》以及《军人抚恤优待条例》等。军事法是调整国防建设和军事方面法律关系的法律规范的总和。

（方龙山）

第二章 卫生法的制定与实施

第一节 卫生法的制定

一、卫生法制定的概念和依据

(一) 卫生法制定的概念

卫生法的制定（又称卫生立法）是指特定的国家机关依照法定权限和法定程序制定、修改或废止规范性卫生法律文件的一种专门性活动。卫生法的制定可以从广义和狭义上去理解。狭义的卫生法的制定仅指最高国家权力机关依照法定权限和法定程序制定、修改或废止卫生法律的特定活动。在我国专指全国人民代表大会及其常务委员会依照法定权限和法定程序来制定、修改或废止卫生法律的活动。广义的卫生法的制定是指有关的国家机关依照法定权限和法定程序，制定、修改或废止各种具有不同法律效力的规范性文件的活动。既包括国家权力机关制定的卫生法律，也包括国家行政机关、地方权力机关、地方人民政府等制定卫生法规、规章和其他规范性法律文件的活动。

(二) 卫生法制定的依据

1. 宪法是卫生法制定的法律依据　宪法是国家的根本大法，是治国安邦的总章程。宪法规定，国家发展医疗卫生事业，发展现代医药和我国传统医药，鼓励和支持农村集体经济组织、国家企事业组织和街道组织举办各种医疗卫生设施。开展群众性的卫生活动，保护人民健康。宪法对医疗卫生事业的性质、任务和活动原则的规定，从国家根本大法上保证了人人享有卫生保健的权利，并成为卫生法制定的依据。

2. 卫生方针、政策是卫生法制定的政策依据　卫生方针、政策是党和国家在一定历史阶段，为实现卫生事业的目标而提出的行为准则。它在卫生法调整的社会关系中具有特别重要的作用，必然成为卫生法制定的重要依据。卫生方针、政策一旦上升为国家意志，变成国家法律，则成为全体公民、法人遵行的行为准则。

3. 我国现阶段的社会物质生活条件是卫生法制定的客观依据　马克思主义法理学认为，法是属于社会意识形态、上层建筑。法的内容是由一定社会物质生活条件决定的。具体讲，要受到人口因素、地理环境因素以及物质生活资料的生产方式，包括生产力和生产关系等的制约。现实社会的物质生活条件是卫生法制定的重要客观基础。卫生法的制定必须客观地反映这一基础，才能使卫生法所调整的卫生法律关系更趋科学化。

4. 医药卫生的客观规律是卫生法制定的科学依据　这一依据是由卫生法固有的特征所

决定的。卫生事业在相当程度上是在现代自然科学及其应用科学技术高度发展的基础上展开的。医学、药物学、卫生学、生物学等自然科学有其客观的规律。为了使卫生法有效地达到调整和保护人体健康的目的,就必须服从于医学等自然科学的基本规律。因而,把医学、药物学、卫生学、生物学等自然科学的一些基本规律作为卫生法制定的科学基础就具有必然性。

二、卫生法制定的基本原则

卫生法制定的原则是指卫生立法主体进行卫生立法活动必须遵循的基本行为准则,是卫生立法的依据和指导思想在卫生立法实践中的具体化和实践化。根据《中华人民共和国立法法》的规定,卫生立法活动必须遵循以下基本原则:

（一）遵循宪法的基本原则

宪法是国家的根本大法,它集中体现和反映了全国各族人民的根本利益和共同愿望。因此,一切法律、法规、规章都必须遵循宪法的基本原则,更不得与宪法相抵触。卫生立法遵循宪法的基本原则,最根本的是要以经济建设为中心,坚持四项基本原则,坚持改革开放。从而保障和实现我国宪法所确定的公民的卫生权益。

（二）从我国实际出发与借鉴外国有益经验相结合的原则

实事求是,从实际出发的原则,是关于立法路线的原则,是辩证唯物主义的思想路线在立法工作中的运用和体现。卫生法的制定,最根本的就是从我国的医药卫生国情出发,深入实际,调查研究,正确认识我国国情,充分考虑到我国社会经济基础、生产力水平、各地的卫生条件、人员素质等状况,科学、合理地规定公民、法人和其他组织的权利和义务、国家机关的权力与责任。坚持一切从实际出发,也应当注意在充分考虑中国国情,体现中国特色的前提下,适当借鉴、吸收外国卫生立法的有益经验,注意与国际接轨。

（三）贯彻党的卫生方针和政策,促进卫生事业发展的原则

党的卫生方针和政策是党和国家对我国卫生事业的基本要求,也是我国卫生事业发展的根本保障。卫生法的作用之一就是将党的卫生方针和政策条文化、具体化、规范化,以促进卫生事业的发展。

（四）原则性与灵活性相结合的原则

原则性是指在卫生立法中必须坚持决定卫生法的性质、根本任务、方向以及有关卫生法律体系的科学性与和谐性统一的原则。灵活性是指在整体上坚持以上原则的前提下,在特定情况和条件下允许在一定范围内和程度上作灵活变通的规定,在立法上留有适度的余地。我国在卫生法的制定中,既将卫生法律的立法权高度集中在权力机关,又允许各地区、各部门制定一些与卫生法律不相抵触,又适用各地区、部门特点的法规、规章和文件。

（五）依照法定的权限和程序的原则

国家机关应当在宪法和法律规定的范围内行使职权,立法活动也不例外。这是社会主义法治的一项重要原则。依法进行立法,即立法应当遵循法定权限和法定程序进行,不得随意立法。

三、卫生法制定的机关

我国的立法机关及其权限是由宪法、立法法及其他相关立法制度严格规定的:①全国人民代表大会和全国人民代表大会常务委员会行使国家立法权。具体是:全国人大有权制定宪

法和法律；人大常委会有权制定和修改除应当由全国人民代表大会制定的法律以外的其他法律；②国务院有权根据宪法和法律，规定行政措施、制定行政法规、发布决定性的命令，改变或者撤销各部、各委员会发布的不适当的命令、指示和规章，改变或者撤销地方各级卫生行政机关的不适当的决定和命令；③国务院各部、各委员会根据法律和国务院的行政法规、决定、命令，在本部门的权限内，发布命令、指示和规章；④地方各级人大及其常委会是地方性卫生法规的制定机关，在不与宪法、法律、法规相抵触的前提下，制定和公布地方性卫生法规；⑤地方人民政府是地方性卫生规章的制定机关，根据辖区的具体情况和实际需要，在不与宪法、法律、行政法规、地方性法规相抵触的前提下，制定和颁布地方性卫生规章；⑥民族自治地方的人民代表大会有权依照当地的民族特点，制定有关卫生方面的自治条例和单行条例。

四、卫生法制定的程序

《中华人民共和国立法法》分别对全国人民代表大会立法程序和全国人民代表大会常务委员会立法程序作了明确的规定。卫生立法程序并无特别的程序。有关国家机关制定、修改和废止规范性法律文件的法定步骤和方式，其主要内容包括法律案提出、审议、通过和公布，并强调在立法中做到：①常委会审议法律案一般实行三审制，即一般应当经三次人大常委会会议审议后再交付表决；②列入常务委员会会议议程的法律案，由法律委员会根据常务委员会组成人员、有关的专门委员会的审议意见和各方面提出的意见，对法律案进行统一审议；③进一步在立法中发扬民主，走群众路线；④常委会在分组审议的基础上，可以召开联组或全体会议进行讨论和辩论；⑤法律案在审议中如果有重大问题需要进一步研究，可以暂时不付表决，交法律委员会和有关的专门委员会进一步审议；⑥法律案因存在较大意见分歧而搁置审议两年以上的，该法律案即为废案。

第二节　卫生法的实施

一、卫生法实施的概念

卫生法的实施是指通过一定的方式使卫生法律规范在社会实际生活中贯彻与实现的活动。卫生法的实施过程，是把卫生法的规定转化为主体行为的过程，是卫生法作用于社会关系的特殊形式。卫生法的实施，包括卫生执法、卫生司法、卫生守法和卫生法制监督四个方面。

卫生执法，是指政府及其工作人员严格依法行政，依法管理社会卫生事务。卫生司法是指司法机关严格执法、公正办案，维护法律的严肃性和权威性，确保卫生法律规范的统一实施，做到有法必依、执法必严、违法必究，使卫生法律规范得以实现。卫生守法即卫生法的遵守，是指通过法制教育，增强全体公民的卫生法律意识，提高全民法律素质，尤其是增强公职人员的法制观念和依法办事能力。一切公民、法人和其他组织都自觉遵守卫生法律规范，并运用法律武器维护自身合法权益，调整卫生社会关系，同各种违法行为作斗争，从而实现卫生法律规范效力。卫生法制监督是指通过权力机关的监督、党的监督、国家行政机关的监督、司法机关的监督、社会监督，保证卫生法律规范的实现。

二、卫生法的适用和效力范围

（一）卫生法的适用

卫生法的适用有广义和狭义之分。从广义上讲，卫生法的适用是指国家专门机关、组织及其工作人员依据法定的职责和程序,将卫生法律规范运用到具体场合中的专门活动。它包括各级卫生行政机关、法律法规授权组织、受委托组织,依法进行的卫生行政执法活动和司法机关依法处理有关卫生违法和犯罪案件的司法活动。从狭义上讲,卫生法的适用仅指司法活动。卫生法的适用是卫生法实施的一种重要形式,是保证卫生法律规范得以实现的重要手段,是卫生法制的一项重要内容。卫生法的适用是一种国家活动,不同于一般公民、法人和其他组织实现卫生法律规范的活动。它具有以下特点:

1. 权威性　卫生法的适用是卫生行政机关,法律、法规授权组织,受委托组织和司法机关在法定职权范围内实施卫生法律规范的专门活动,其他任何组织和个人都不具有从事此项活动的资格。

2. 强制性　卫生法的适用是以国家强制力为保证,使卫生法律规范在社会生活中得到实现的活动,对有关机关及组织依法作出的决定,任何当事人都必须执行,不得违抗。

3. 程序性　卫生法的适用,是严格按照法定程序进行的活动。

4. 专业性和科学性　卫生法的适用,既要以卫生法律、法规为准绳,又必须以相应专业卫生科学技术和卫生标准为依据。

5. 要式性和规范性　卫生法的适用一般都要以适用有关法律的相应文书表示出来。如卫生许可证、行政处罚决定书、判决书等。每一种文书都具有其特定的规范要求和效力。卫生法在适用中要求遵循:正确、合法、及时三个基本原则。"正确"是指在适用卫生法律时,事实要清楚,证据要确实,定性要准确,处理要适当。"合法"是在处理违反卫生法律规范案件时,必须在法律授权范围内行事,既要符合实体法的要求,又不能违反程序法的规定。"及时"则是在正确、合法的前提下,在法定的期限内办理完案件。以上三个原则,在卫生法的适用中是相互联系,缺一不可的。

(二)卫生法的效力范围

卫生法的效力范围是指卫生法的生效范围或适用范围,即卫生法的时间效力、空间效力、对人的效力和对事的效力。

1. 卫生法的时间效力　卫生法的时间效力指卫生法生效的时间范围,包括开始生效和终止生效的时间,以及对法律颁布以前的事件和行为该法律是否有效,即法的溯及力问题。

(1)卫生法的生效:我国卫生法开始生效的时间有以下三种情况:第一,在法律、法规和规章的条文中明确规定其颁布后的某一具体时间生效。其目的是为法律的具体操作提供一个准备时间。我国现行的十部卫生法律大多属此类情况。第二,在法律、法规和规章的条文中明确规定自公布之日起生效。第三,在法律、法规和规章的条文中没有规定生效时间,则均以颁布之日为生效之时。

(2)卫生法的失效:即卫生法的废止。我国卫生法的失效有以下三种情况:第一,新法颁布施行后,相应的旧法即自行失效;第二,新法取代旧法。在新法条文中明确宣布旧法废止;第三,立法机关通过发布专门的决议、通令等,对某些适用期已过,同现行政策不符的卫生法律、法规、规章明令废止。

(3)卫生法的溯及力:卫生法的溯及力即某一法规对它生效以前的事件和行为是否可以适用,如果适用,就具有溯及力,反之就没有溯及力。我国卫生法原则上没有溯及力,即采取法不溯及既往的原则。但为了更好地保护公民、法人和其他组织的权利和利益而作的特别规定除外。

2. 卫生法的空间效力　卫生法的空间效力是指卫生法生效的地域范围,即卫生法在哪些地方具有拘束力。它依立法机关的不同而有区别：

（1）在主权管辖的全部范围内生效：全国人民代表大会及其常务委员会制定的卫生法律、国务院制定的卫生法规、国务院卫生行政管理部门等国务院部委制定的卫生规章，除有特别规定外，适用于我国全部领域，包括领土、领海、领空以及延伸意义上的部分。如我国驻外使、领馆，航行或停泊于境外的我国船舶和飞机。

（2）在特定的区域范围内生效：如地方性卫生法规和规章，只在发布机关管辖的行政区域内生效；某些国家发布的法规和规章，是针对特定区域发布的，明文规定在某特定区域范围内生效。

3. 卫生法对人的效力　卫生法对人的效力是指卫生法律、法规、规章适用于哪些人，或者说对哪些人有效的问题。我国卫生法对人的效力，有三种情况：

（1）对卫生法律规范空间效力范围内的所有人均有效，包括中国公民、外国人和无国籍人。

（2）对空间效力范围内某种具有特定职能的公民、法人和组织有效。如《执业医师法》《护士管理办法》《医疗机构管理条例》只分别适用于医师和医疗机构。

（3）对空间效力范围内的某些人适用或不适用，由卫生法律、法规、规章明文规定。如《医疗机构管理条例》第53条规定："外国人在中国境内开设医疗机构的管理办法，由国务院卫生行政部门另行制定"。

三、卫生法的解释和遵守

（一）卫生法的解释

卫生法的解释是指对卫生法律的内容、含义、概念、术语等所作的必要的说明。法律的解释有多种形式，可以依据不同标准进行分类，每种法律解释对于法的适用都有不同的作用和意义。按照法律解释的主体和效力不同，可以将卫生法的解释分为正式解释和非正式解释。

1. 正式解释　正式解释也称法定解释、有权解释。它是指特定的国家机关依据宪法和法律所赋予的职权，对卫生法有关的法律条文所进行的解释，包括立法、司法和行政解释。

（1）立法解释：是指依法有权制定卫生法律、法规和规章的立法机关，对有关卫生法律、法规和规章条文所作的进一步解释。立法解释常见的有三种形式：将解释的内容作为本卫生法律条文的一部分；通过颁布专门的解释性文件对某一卫生法规作出的补充规定，常见的有《补充规定》等；通过卫生法草案说明报告解释卫生法。

（2）司法解释：是指司法机关依法对卫生法适用工作中的问题如何具体应用法律所作的解释。常见的有审判解释、检察解释。

（3）行政解释：是指国家行政机关在依法行使职权时，对有关法律、法规如何具体应用问题所作的解释。它有两种情况：国务院和国务院卫生行政管理部门对不属于审判和检察工作中的其他法律问题如何具体应用问题所作的解释；省、自治区、直辖市人民政府主管部门对地方性规范如何具体应用的问题所作的解释。这种解释仅在所辖区内生效。

2. 非正式解释　非正式解释也称无权解释、无效解释或非官方解释，是指社会团体或公民按照个人的理解和认识，对卫生法所作的解释，可分为学理性解释和任意解释。

（1）学理性解释：是指在教学、科研以及法制宣传活动中对法律规范所作的解释。这种解释在法律上没有任何约束力，不能作为适用法律上的根据。但是它对于正确理解和适用法律、规范，推动卫生法学发展，有着十分重要的意义。

（2）任意解释：是指一般公民、当事人、辩护人、代理人对法律所作的理解和说明。它对执法机关正确适用法律规范，防止工作中出现偏差，具有一定的参考价值，但不受它的约束。

（二）卫生法的遵守

卫生法的遵守是指一切国家机关和武装力量、政党、社会团体、企事业单位以及全体公民服从法律，依法办事。它是法制的重要环节，是法治的必然要求，也是卫生法得以实施的重要方式。

1. 卫生法遵守的主体　卫生法遵守的主体，既包括一切国家机关、社会组织和全体中国公民，也包括在中国领域内活动的国际组织、外国组织、外国公民和无国籍人。

2. 卫生法遵守的范围　卫生守法的范围极其广泛。从形式上讲，主要包括宪法、卫生法律、卫生行政法规、地方性卫生法规、卫生自治条例和单行条例、卫生规章、特别行政区的卫生法、我国参加的世界卫生组织的章程、我国参与缔结或加入的国际卫生条约、协定等。对于卫生法适用过程中，有关国家机关依法作出的、具有法律效力的决定书，如人民法院的判决书、调解书，卫生行政部门的卫生许可证、卫生行政处罚决定书等非规范性文件也是卫生法的遵守范围。

3. 卫生法遵守的内容　卫生法的遵守不是消极、被动的，它既要求国家机关、社会组织和公民依法承担和履行卫生义务，承担卫生职责，又包含国家机关、社会组织和公民依法享有权利、行使权力。依法行使权利和履行义务是卫生法遵守中不可分割且相互联系的两个方面内容。

第三节　卫生违法和卫生法律责任

一、卫生违法的概念与构成

卫生违法是卫生法律关系主体实施的一切违反卫生法律规范的行为。构成卫生违法必须具备以下四个条件：

1. 客观上存在违反卫生法规定的行为　这种行为必须是客观存在并对社会产生一定的作用和影响，单纯的思想意识活动没有转为客观行为，则不是违法。另外，行为人实施卫生违法行为的表现形式多种多样，按照其方式不同，法理上将违法行为归纳为两种基本表现形式，即作为和不作为。作为是行为人以积极的活动实施的违反禁止性规范的危害行为，即不应为而为；不作为是行为人以消极的活动不去实施法律要求其必须实施且能够实施的行为，即应为而不为。

2. 行为必须具有一定的社会危害性　违法行为必须是在不同程度上侵犯了卫生法所保护的社会关系和社会秩序的行为，具有一定的社会危害性。这种危害性既可能是已经发生了的危害结果，也可以是一种潜在的威胁或危害；可以是具体的，也可以是抽象的。

3. 卫生违法必须是行为人有主观过错的行为　这种主观过错可以是故意，也可以是过失。故意是指明知自己的行为会发生危害社会的后果，却希望或放任这种结果的发生。过失是指因为疏忽大意，应当预见而没有预见到危害结果的发生或虽然预见到危害结果的可能发生，但由于过于自信认为能够避免却最终未能避免危害结果的发生。如果某种行为客观上虽然造成了危害社会的后果，但行为人主观上既无故意也无过失，就不能认定为卫生违法。

4. 卫生违法的主体必须是具有法定责任能力的主体 这些主体包括公民、法人和其他组织。如果是一个未达到法定责任年龄或不能辨别自己行为能力的人实施的行为,就不能构成卫生违法。

二、卫生法律责任的概念和特点

（一）卫生法律责任的概念

卫生法律责任是指卫生法所确认的违反卫生法律规范的行为主体,对其违反卫生法律规范的行为,所应承担的带有强制性、制裁性和否定性的法律后果。

（二）卫生法律责任的特点

1. 以存在违法行为为前提 卫生法律责任是与违反卫生法律规范行为相联系的。只有在构成违反卫生法律规范的前提下,才可能追究行为主体的法律责任。

2. 由法律明确规定 违反卫生法律规范的行为很多,但不一定都要承担法律责任。只有那些在法律规范中作了明确规定的违法行为,行为主体才能被追究法律责任。

3. 具有国家强制性 卫生法律责任同其他法律责任一样也具有国家强制性。违法主体拒绝承担法律责任的,国家强制力将强制其承担相应的法律责任。

4. 由专门机关追究 卫生法律责任必须由国家授权的专门机关在法定的职权范围内依法予以追究。其他任何组织和个人都不能行使这种职权。

三、卫生法律责任的种类

根据违反卫生法律规范的性质以及承担法律责任的方式不同,可将卫生法律责任分为行政责任、民事责任、刑事责任三种。

（一）行政责任

违反卫生法的行政责任,是卫生法律关系主体违反卫生法所确立的卫生行政管理秩序,尚未构成犯罪,所应承担的具有惩戒或制裁性的法律后果,主要包括行政处罚和行政处分两种形式。

1. 卫生行政处罚 是指卫生行政机关或法律法规授权组织,在职权范围内依据法律规定的内容和程序对违反卫生行政管理秩序的公民、法人和其他组织,实施的一种惩戒或制裁。根据我国卫生法律的规定,卫生行政处罚常用的形式有:警告、罚款、没收违法所得、没收非法财物、责令停产停业、暂扣或吊销有关许可证等。

2. 卫生行政处分 是指行政机关或企事业单位依照行政隶属关系,对违反卫生行政管理秩序、违反政纪或失职人员给予的行政制裁。根据《国家公务员条例》及有关法律、法规规定,行政处分的种类主要有:警告、记过、记大过、降级、降职、撤职、留用察看和开除等形式。行政处罚与行政处分虽然都属于行政责任,但它们是两个不同的概念和两种不同的法律制度,其主要区别在:第一,主体不同:行政处罚由相关的专门机关实施;而行政处分则由所隶属的机关决定。第二,性质不同:行政处罚是外部行为,多属违法;而行政处分属于内部行为,多为失职。第三,法律救济不同:对受到行政处罚不服,可以申请行政复议或者提起行政诉讼;而对受到行政处分不服的,只适用内部申诉途径。

（二）民事责任

卫生民事责任是指卫生法律关系主体因违反卫生法律规范而侵害了公民、法人或其他组织合法权益,所应承担的以财产为主要内容的法律责任。卫生民事责任的构成必须同时具备损害的事实存在,行为的违法性,行为人有过错,损害事实与行为人的过错有直接的因果关系等要件。民事责任的特点是主要是财产责任,在法律允许的条件下,民事责任可以由当事人协商解决。我国《民法通则》规定的承担民事责任的形式有:停止侵害,排除妨碍,消除危险,返还财产,恢复原状,修理、重做、更换,赔偿损失,支付违约金,消除影响恢复名誉,赔礼道歉等10种。卫生法所涉及的民事责任以赔偿损失为主要形式。

(三)刑事责任

违反卫生法的刑事责任是指行为主体实施了犯罪行为,严重地侵犯了卫生管理秩序及公民的人身健康权而依刑法应当承担的法律后果。犯罪是具有严重社会危害性、刑事违法性和应受刑罚惩罚的行为,卫生违法行为符合犯罪构成要件时即构成犯罪。依据刑法理论,构成犯罪必须具备以下四个要件:

1. 犯罪客体 必须是我国刑法所保护的为犯罪行为所侵犯的社会关系或各种合法权益。

2. 犯罪客观方面 是指犯罪活动的客观外在表现,包括危害行为、危害结果、危害行为与结果之间的因果关系、实施危害行为的时间、地点、方法等方面。

3. 犯罪主体 是指达到法定刑事责任年龄、具有刑事责任能力、实施严重危害社会行为的自然人或法人。

4. 犯罪的主观方面 是指犯罪主体对自己实施的犯罪行为引起的危害结果所持的心理态度。它由故意或过失、犯罪的目的和动机等因素组成。

我国刑罚分为主刑和附加刑。主刑有:管制、拘役、有期徒刑、无期徒刑、死刑;附加刑有:罚金、剥夺政治权利、没收财产。附加刑也可以独立适用。对于犯罪的外国人,还可以独立或附加适用驱逐出境。

第四节 卫生行政执法

一、卫生行政执法的概念和特征

卫生行政执法是指国家卫生行政机关、法律法规授权的组织依法执行、适用法律,实现国家卫生管理的活动。卫生行政执法是卫生行政机关进行卫生事业管理、适用卫生法律法规的最主要的手段和途径。

国家行政机关行使职权、实施行政管理时依法所作出的直接或间接产生行政法律后果的行为,称为行政行为。行政行为可以分为抽象行政行为和具体行政行为。抽象行政行为是指行政机关针对不特定的行政相对人制定或发布的具有普遍约束力的规范性文件的行政行为。具体行政行为是指行政机关对特定的、具体的公民、法人或者其他组织,就特定的具体事项,作出有关该公民、法人或者组织权利义务的单方行为。卫生行政执法即指具体卫生行政行为。卫生行政执法有如下特征:

(一)执法的主体是特定的

卫生行政执法的主体只能是卫生行政管理机关,以及法律、法规授权的组织。不是卫生行政主体或者没有依法取得执法权的组织不得从事卫生行政执法。

(二)执法是一种职务性行为

卫生行政执法是执法主体代表国家进行卫生管理的活动,是行使职权的活动,即行政主体在行政管理过程中,处理行政事务的职责权力。因此,执法主体只能在法律规定的职权范围内履行其责任,不得越权或者滥用职权。

(三) 执法对象是特定的

卫生行政执法行为针对的对象是特定的、具体的公民、法人或其他组织。特定的、具体的公民、法人或其他组织称为卫生行政相对人。

(四) 执法行为的依据是法定的

卫生行政机关作出具体行政行为的过程,实际上也是适用法律的过程。卫生行政执法的依据只能是国家现行有效的卫生法律、法规、规章以及上级卫生行政机关的措施、发布的决定、命令、指示等。

(五) 执法行为是单方法律行为

在卫生行政执法过程中,执法主体与相对人之间所形成的卫生行政法律关系,是领导与被领导、管理与被管理的行政隶属关系。卫生行政执法一般都以执法主体自己的单方意思表示即可成立,无需得到相对人的请求或同意。卫生行政执法行为成立的唯一条件是其主体、内容、程序的合法性。

(六) 执法行为必然产生一定的法律后果

卫生行政执法行为是确定特定人某种权利或义务,剥夺、限制其某种权利,拒绝或拖延其要求行政执法主体履行某种法定职责等。因此必然会直接或者间接地产生相关的权利义务关系,产生相应的、现实的法律后果。

二、卫生行政执法原则和执法主体

(一) 卫生行政执法原则

1. 依法行政原则　依法行政是指卫生行政执法机关应严格依照法律的规定执法,它是依法治国原则在卫生行政执法活动中的具体表现,是卫生行政执法活动的最基本原则。这一原则要求卫生执法主体必须在法定职权范围内,严格依照卫生法律、法规规定的内容和程序执法。这一原则对于保障卫生行政机关正确行使职权,限制卫生行政权力的滥用,维护卫生行政机关的清正廉洁,防止腐败,切实维护国家和人民的利益方面具有十分重大的意义。

2. 公平合理原则　卫生行政执法要贯彻公平合理原则,这是现代法治社会对卫生行政执法提出的一个要求,也是市场经济对卫生执法的必然要求。市场经济要求主要用法律手段进行卫生行政管理,在行政执法过程中做到适宜、恰当、合情、公正,充分体现在适用法律上一律平等;对不适当、不合理的执法行为应通过法定程序予以及时纠正;禁止滥用自由裁量权,坚持法律原则和法律精神,维护卫生行政执法的权威和尊严。

3. 效率原则　效率原则是指在依法行政的前提下,最大限度地发挥卫生执法机关的功能,取得最大的行政执法效益。要按照依法行政的原则,理顺和完善卫生管理体制。建立结构合理、行为规范、执法有力、办事高效的卫生执法新体制。

(二) 卫生行政执法主体

卫生行政执法主体是指依法享有国家卫生行政执法权力,以自己的名义实施卫生行政执法活动并独立承担由此引起的法律责任的组织。卫生行政执法的主体是组织而非个人。尽管具体的执法行为是由行政机关的工作人员来行使,但是工作人员不是行政执法主体。在某些情况下,卫生行政机关依法委托其他单位或组织行使执法权力,但受委托的单位或组织并不以自己的名义进行执法,执法后果也仍然由卫生行政机关承担,因此受委托的单位或组织也不是卫生行政执法主体。

根据执法主体资格取得的法律依据不同，卫生行政执法主体可以分为职权性执法主体和授权性执法主体两种。职权性执法主体是指根据宪法和行政组织法的规定，在机关依法成立时就拥有相应行政职权并同时获得行政主体资格的行政组织。职权性执法主体只能是国家行政机关，包括各级人民政府及其职能部门以及县级以上地方政府的派出机关。授权性执法主体是指根据宪法和行政组织法以外的单行法律、法规的授权规定而获得行政执法资格的组织。也就是说，授权性执法资格的获得，是根据宪法和行政组织法以外的单行法律、法规，其职权的内容、范围和方式是专项的、单一的、具体的，必须按照授权规范所规定的职权内容去行使。具体地讲，我国卫生行政执法主体主要有以下单位和机构：

1. 卫生计生行政机关　国家卫生计生行政机关是指国务院卫生计生行政主管部门；地方卫生计生行政机关，即县以上人民政府卫生计生行政主管部门。国务院卫生计生行政管理部门在国务院领导下主管全国卫生计生行政工作。地方卫生计生行政机关在本级人民政府和上级卫生计生行政机关的双重领导下主管本辖区的卫生计生行政工作。

2. 药品监督管理机关　药品监督管理机构是一个独立的卫生行政执法机关。1998 年 6 月，国务院组建了国家药品监督管理局，成为国务院直接领导下负责药品包括医疗器械、卫生材料、医药包装材料的研究、生产、流通、使用等进行行政监督和技术监督管理的卫生行政执法主体。其主要职责是：依法制定药品管理法律法规并监督实施；拟定、修订和颁布药品法定标准；注册药品，负责药品的再评价、不良反应监测、临床试验等；核发药品生产、经营、制剂许可证；监督检定药品质量；审核药品广告；依法监管特殊药品、器械；制定执业药师资格认定制度，指导药师资格考试和注册工作等。

3. 国境卫生检疫机关　国家出入境检验检疫局是隶属于海关总署的国务院直属机构，也是我国卫生行政执法的主体之一。主要负责执行《国境卫生检疫法》，对出、入境人员和工具等进行卫生检疫查验、传染病监测和卫生监督；对进口食品进行口岸卫生监督检验；对违反国境卫生检疫法的行为实施处罚。

4. 法律、法规授权的其他组织　现实生活中，法律法规授权的卫生执法组织，主要是各级卫生防疫机构。根据法律、法规的授权，县级以上卫生防疫机构承担重要的卫生执法活动，依法享有独立的监督检查权、处罚权等。例如，依据有关的法律、法规授权，各级卫生防疫机构可以对公共场所实施卫生监督检查并处罚。

5. 联合执法主体　根据有关单行法律、法规规定，由国务院卫生行政管理部门会同其他部门如公安机关、工商管理机关等共同进行卫生行政执法时，这些部门、机关就成为联合执法主体，或者称为共同执法主体。

三、卫生行政执法的种类与形式

卫生行政执法行为可分为两大类：一是制定卫生行为规范的抽象行政行为，它是我国卫生行政机关为执行卫生法律、法规，在其职权范围内发布规范性文件的行为。二是具体的卫生行政行为，即卫生行政执法主体在职权范围内，依照卫生法律、法规的内容和程序，单方面改变特定管理相对人的权利和义务的行政执法活动，这是卫生行政执法主体的主要行政行为。具体的卫生行政行为有以下几种主要方式：

（一）卫生行政许可行为

卫生行政许可行为，是卫生行政执法主体，根据管理相对人的申请，依法准许相对人从事某种生产经营活动的行为。通过许可赋予申请人可从事某种活动的权利。卫生许可的方式,主要颁发"卫生许可证"。卫生许可制度是我国进行卫生事务管理的一项重要措施。对哪些事务实行卫生许可制度,如何申请、卫生审查及颁发、吊销"卫生许可证"必须由法律、法规作出明确的规定。

(二)卫生行政处理

卫生行政处理,是指卫生行政执法主体,依职权对涉及特定相对人的权益的卫生行政事务进行处理或裁定的一种具体行政行为,如对医疗事故或事件的行政处理。

(三)卫生行政监督检查

卫生行政监督检查是指卫生行政执法主体为实现行政管理职能,对个人、组织是否遵守卫生法律规范和具体卫生行政处理决定所进行的监督检查。主要包括预防性监督(设计审查、施工监督、竣工验收)和经常性卫生监督(查阅证照、察看卫生状况、操作情况、个人卫生状况、询问、采样等)两类,也可分为定期卫生监督检查和不定期卫生监督检查。

(四)卫生行政强制措施

卫生行政强制措施是卫生行政执法主体为了预防、制止危害社会行为的产生而采取的限制个人或组织行为或财产的行动。行政强制措施必须由法律、法规严格限定,当危害得到制止或消除后,卫生行政强制措施必须立即停止。如卫生行政执法主体认为某食品可能导致食物中毒,即可依据食品安全法对该食品予以临时封存。经检验,属于可能导致食物中毒或被污染的食品,则予以销毁,不能导致食物中毒或未被污染的食品,予以解封。卫生行政强制措施按照不同的对象,可以分为限制人身自由行政强制措施和对财产予以查封、扣押、冻结等行政强制措施。按照不同的性质,可以分为行政处置和行政强制执行。行政处置是在紧急情况下采取的强制措施,如强制隔离;行政强制执行是在行政相对人拒不履行义务时采取的强制措施,如强行划拨。

(五)卫生行政处罚

卫生行政处罚是卫生行政执法主体依法惩戒违反卫生行政管理秩序的个人、组织的一种行政法律制裁。在卫生法律责任一节中已经阐述过行政处罚的概念、法律特征、种类以及与行政处分的区别,这里不再重复。现就卫生行政处罚的其他有关问题作一简要介绍。

1. 法律依据 为了规范行政处罚的设立和实施,保障和监督行政机关有效实施行政管理,维护公共利益和社会秩序,保护公民、法人或者其他组织的合法权益,1996年3月17日八届全国人大第4次会议通过了《中华人民共和国行政处罚法》。为了保障卫生行政机关正确行使行政处罚职权,根据行政处罚法和有关卫生法律、法规规定,1997年6月19日国务院卫生行政管理部门发布了《卫生行政处罚程序》。

2. 处罚程序 卫生行政处罚的程序就是指卫生行政处罚时所必须遵循的方法、步骤和次序的总和。我国行政处罚法为规范行政处罚行为,设定了三种作出行政处罚决定的程序,即简易程序、一般程序和听证程序。严格说来,听证程序并不是与简易程序、一般程序并列的第三种程序,而是一般程序中的一个中间环节。但一般程序中未必都要经过听证这一环节,简易程序中根本就不包括听证这一环节,所以就把听证程序作为一种特别的程序来对待。

(1)一般程序:一般程序亦称普通程序,是指卫生行政机关实施行政处罚的基本工作规程,是相对特殊程序而言的。一般行政处罚程序应经过以下基本过程:①立案。案件的来源主要有卫生监督、监测发现的,社会举报的,上级交办或有关部门移送的。对前述来源的案件应进行审查、分类,对其中有危害后果和明确违法人、有事实依据,属于卫生行政处罚和本机关管辖的应当立案查处。立案后,行政机关应交两名以上人员承办,承办人与案件或当事人有利害关系的应当回避。②调查、取证。调查取证须由两名以上执法人员参加,并出示执法证件。对涉及国家或商业秘密、个人隐私的,执法人员应当保守秘密。调查时应当制作询问笔录或现场检查笔录,被询问人或被检查人应当签名。调取的证据应当是原件、原物,确有困难的也可调取复制品,但需注明"与原件(物)相同",由提交人盖章。证据可能灭失或以后难以取得时,可采取登记保存措施。③决定。调查终结后,承办人应当写出包括有案由、案情、违法事实等具体内容的调查报告,并对案件的定性、处理等进行合议,根据认定的事实,依据有关法律规定提出处理意见,对需要处罚的应告知当事人有陈述和申辩的权利,当事人要求陈述和申辩的,卫生行政机关应当充分听取当事人的陈述和申辩,理由成立的应当采纳。行政处罚由行政机关负责人审核批准决定,对重大复杂的案件,应当由卫生行政机关负责人集体讨论决定。④制作行政处罚决定书,依法定形式送达当事人。

(2) 简易程序:简易程序是相对一般程序而言的,主要是指对一些情节简单、处罚较轻的案件,实施现场处理的程序。适用简易程序的案件是:事实清楚、证据确凿、依法予以警告或对公民处 50 元以下罚款,对法人处 1 000 元以下罚款。给予现场处罚的应填写规定格式,加盖卫生行政机关印章的当场行政处罚的决定书,执法人员应当在决定书上签名或盖章。决定后七日内应当向所属卫生行政机关备案。

(3) 听证程序:听证程序是《中华人民共和国行政处罚法》规定的一种特殊的行政处罚必经程序。听证是指卫生行政机关,在作出行政处罚决定前,由该机关中相对独立的机构及工作人员主持,听审由该机关调查取证人员和行为人作为双方当事人参加,对案件有关问题进行的质证、辩论,听取意见、获取证据,进一步查明事实的法定必经程序。

听证虽然是国际上较普遍实行的一种必要行政程序,但是根据我国实际情况,行政处罚法规定对三类行政处罚决定前应告知当事人有申请听证的权利,一是拟给予较大数额的罚款;二是拟责令停产停业;三是拟吊销许可证或执照。对此,一旦当事人申请,行政机关就必须举行听证。如果没有告知权利或当事人依法申请听证,行政机关拒绝举行听证,则行政处罚就不能成立。

3. 执行 卫生行政处罚的执行是指有权机关依法强制执行卫生行政处罚决定的法律制度。根据我国行政处罚法及有关卫生法的规定,具体内容主要为:

(1) 当事人对卫生行政处罚不服,在行政复议和行政诉讼期间,行政处罚不停止执行,法律另有规定的除外。但有下列情形之一的,也可以停止执行:实施卫生行政处罚的机关认为需要停止执行的;被处罚的当事人申请停止执行,人民法院认为该行政处罚决定的执行会造成难以弥补的损失,并且停止执行不损害公共利益,裁定停止执行的;法律、法规规定停止执行行政处罚。

(2) 作出罚款决定的行政机关应当与收缴罚款的机构分离,这样有利于控制行政机关为谋取自身的利益而"滥罚",也有利于维护行政相对人的合法权益。

(3) 当事人应当在处罚决定的期限内,履行处罚决定。逾期不履行的,卫生行政机关可以每日按罚款数额的 3% 加处罚款或申请人民法院强制执行。

行政处罚决定履行或者执行后,承办人应当制作结案报告,并将案件有关材料整理归档保存。

第五节　卫生行政法制监督

一、卫生行政法制监督的概念

卫生行政法制监督在广义上是指国家机关、政党、企事业单位、社会团体和公民个人等依照法律规定和法定程序,对卫生法在社会中实施情况所进行的监察与督促。在狭义上则是专指具有法定监督权的国家机关依照法定职权和程序对卫生法的实施所实行的监察与督促。卫生行政法制监督在现实中多采用广义的概念。卫生行政法制监督对于依法治国,完善卫生法制,促进卫生法的实施,保护公民、法人和其他组织的合法权益具有重大的意义。

二、卫生行政法制监督的内容

卫生行政法制监督的内容就是法制监督主体之间的权利和义务。具体概括为:对各级国家权力机关所制定的卫生法律、法规的合法性和合理性进行监督;对各级卫生行政机关、授权机构、受托组织及其工作人员实施卫生法的具体行为的合法性和适当性进行监督;对卫生法执法主体在执法中是否遵纪守法进行监督。

三、卫生行政法制监督的体系

(一)国家的法制监督

国家对卫生行政法制监督包括权力监督、行政监督和司法监督三个方面。

1. 权力监督　权力监督是指各级人民代表大会及其常务委员会对卫生行政执法主体及其工作人员在卫生法的适用过程中是否依法办事进行的监督。根据《宪法》和有关法律的规定,权力监督的方式和主要内容有:卫生行政法规、规章、规定、命令等有无同宪法和法律相抵触的情况;在卫生行政管理活动中,是否做到有法可依,有法必依,执法必严,违法必究;对经选举产生的或任命的卫生行政机关的领导人的违法行为进行调查、处理;组织卫生行政执法大检查,听取卫生行政部门卫生监督情况的报告;对群众普遍关心和反映强烈的卫生问题及申诉和检举的卫生监督人员存在的问题,督促卫生行政机关采取措施,予以纠正和解决。

2. 行政监督　行政监督是卫生行政机关内部所进行的有关卫生行政法律、法规执行情况的法律监督。行政监督包括专门行政监督和一般行政监督两个部分。专门行政监督是指由国家行政机关中专门化的行政监督机构——监察部、厅、局、处所进行的法律监督。一般行政监督是指各级行政机关上下级之间、同级之间,在行政执法活动中所进行的相互监督。行政复议制度的实施、卫生行政机关的严格卫生执法和卫生行政处罚监督制度都是非常重要的行政法制监督。

3. 司法监督　司法监督是指国家司法机关依照法定程序,对卫生行政机关及其工作人员是否在执法中违法进行的监督。包括人民检察院的检察监督和人民法院的行使国家审判权,通过审理卫生行政案件,对卫生行政执法行为的合法性进行审查、评价、判决等,以此来对卫生行政机关实施监督。

(二)社会的法律监督

社会对卫生行政执法监督包括政党监督、社会团体监督、舆论监督、企事业单位及公民监督。

1. 共产党的法律监督　党对卫生行政法制监督主要体现在组织上的监督。

2. 社会团体的法律监督　社会团体主要指政协、民主党派、工会、共青团、妇联、学术团体等。它们的法律监督主要是通过两种方式得以实现：一是通过政治协商会议现实法的实施监督；二是通过法律诉讼程序进行诉讼监督。

3. 舆论的法律监督　舆论在社会生活中具有重大的意义。人们可以通过报纸、电视、广播等发表言论，实现法制监督。执法机关也可以通过舆论了解社会民众的意向，接受来自各个方面的监督。这一监督由于具有特别的优势，在卫生行政法律监督中具有重要的作用。

4. 企事业单位及公民的法律监督　企事业单位和公民是卫生行政执法中的管理相对人。卫生行政执法是否合法，直接影响其自身的权利。它们的监督形式主要有：向卫生行政机关提出建议、批评、检举；对违法的具体行政行为有权向司法机关提出诉讼和控告等。

1. 我国卫生法制定的基本原则有哪些？
2. 卫生法的实施包括哪几个方面？
3. 什么是卫生法的适用？
4. 构成卫生违法必须具备哪四个条件？
5. 卫生行政执法原则有哪些？

拓 展 阅 读

国家赔偿

国家赔偿，又称国家侵权损害赔偿，包括行政赔偿、刑事赔偿，是由国家对于行使公权利的侵权行为造成的损害后果承担赔偿责任的活动。《中华人民共和国国家赔偿法》于1994年5月12日第八届全国人民代表大会通过，根据2010年4月29日第十一届全国人民代表大会常务委员会第十四次会议《关于修改〈中华人民共和国国家赔偿法〉的决定》修正。该法第2条规定：国家机关和国家机关工作人员行使职权，有本法规定的侵犯公民、法人和其他组织合法权益的情形，造成损害的，受害人有依照本法取得国家赔偿的权利。本法规定的赔偿义务机关，应当依照本法及时履行赔偿义务。

1. 特征　国家赔偿时对国家机关及其工作人员违法行使职权或存在过错等原因行使职权的行为造成的损害承担赔偿的责任，与其他形式的赔偿责任相比，具有以下特征：

第一，国家承担责任，机关履行赔偿义务。国家赔偿的一个最显著的特点就是由国家承担法律责任，最终支付赔偿费用，由法律规定的赔偿义务机关履行具体赔偿义务，实施侵权行为的公务人员并不直接对受害人承担责任，履行赔偿义务。国家是抽象主体,不可能履行具体的赔偿义务,一般由具体的国家机关承担赔偿义务,因此,形成了"国家责任,机关赔偿"的特殊形式。不过,不能由此把国家赔偿等同于机关赔偿责任。

第二,赔偿范围有限,是一种有限赔偿责任。国家赔偿法规定了国家赔偿的范围,也明确了国家不承担赔偿责任的各种情形。

第三,赔偿方式和标准法定化。国家赔偿的主要方式是支付赔偿金,辅助方式是返还财产、恢复原状。赔偿标准因侵犯的对象和程度的不同而变化,且赔偿数额有最高限制。

第四,赔偿程序多元化。国家赔偿的另一显著特点是赔偿程序多元化,不仅行政赔偿和刑事赔偿适用不同的程序,而且同样是行政赔偿,受害人可直接向赔偿义务机关提出,也可在行政复议、行政诉讼中一并提出,还可以单独提出。

2. 修订过程

第一,在完善赔偿程序方面,有两个重大的修改。一是对于确认程序的修改,在刑事赔偿范围中,赔偿请求人向赔偿义务机关先行提出赔偿请求,赔偿义务机关应当在两个月内作出赔偿决定。如果没有按照法定期限作出赔偿决定,或者当事人对作出的赔偿决定有异议的,可以向上一级国家机关提出复议。如果对复议结果不服,还可以向人民法院的赔偿委员会提出赔偿请求,这样从程序上保障了赔偿请求人的救济权利。二是对赔偿程序方面的一些操作程序进行了完善。

第二,这次国家赔偿法明确了赔偿请求人和赔偿义务机关的举证责任,在原来的法律中是没有作出明确规定的。在赔偿案件中,有的时候双方各持一词的情况下,不明确举证责任的话,法院最后难以认定。尤其是规定了受害人在被关押期间死亡或者丧失行为能力的,规定赔偿义务机关要对损害和行为之间是否存在因果关系,应当举证,规定了这样一个加重赔偿义务机关举证责任的规定。

第三,国家赔偿法的修改对精神损害赔偿作出了明确规定。我们知道,在民事赔偿中,中国已经建立了精神损害赔偿制度。《侵权责任法》对精神损害赔偿也作出了明确的规定。在国家赔偿过程中,受害人也同样受到这种精神损害。这次修改规定,对于侵犯人身自由的情况,致人精神损害的,赔偿义务机关应该消除影响、恢复名誉、赔礼道歉,对造成严重后果的,应当支付精神损害抚慰金。

第四,对于保障国家赔偿费用的支付方面,也作了进一步完善。在国家赔偿法实施十多年的过程中,在这方面存在一些问题,主要是中国一些比较贫困的县,在财政预算中没有把国家赔偿的费用列进去。另外,在以前国务院出台的国家赔偿费用管理办法中规定,赔偿经费先由赔偿义务机关垫付,垫付之后再由国家财政进行支付。在实际运作过程中,推进的财政预算体制改革,细化了部门预算。实际上国家机关已经没有这种垫付的资金了,这样就影响了赔偿费用的支付。这次修改规定了国家赔偿的费用要列入各级财政预算,对于支付的环节,这次也规定得比较明确。赔偿请求人可以拿着相应的法律文书,如赔偿决定书、调解书直接向赔偿义务机关申请支付赔偿金,赔偿义务机关一定要在七日内向财政部门提出支付的申请,财政部门要在十五日内支付赔偿金,这样就使得赔偿费用的管理和支付更加完善。

(方龙山)

第三章 卫生行政复议法律制度

第一节 概 述

一、行政复议与行政复议法

（一）行政复议

行政复议是指公民、法人或者其他组织认为行政机关的具体行政行为侵犯其合法权益，依法向行政复议机关提出申请，受理申请的行政复议机关对具体行政行为进行审查并作出决定的法律制度。

行政复议制度设置的目的是为了防止和纠正违法的或不当的具体行政行为，监督行政机关依法行使职权，从而切实保护公民、法人和其他组织的合法权益。对于行政机关来说，行政复议是行政系统内部自我纠错、自我监督的一种重要形式；对于公民、法人和其他组织来说，行政复议是对其被侵犯权益的一种救济手段，是维护其合法权益的一种重要方式或途径。我国的行政复议有如下特征：

1. 行政复议是行政机关的一种行政行为　行政复议虽然是解决行政相对人与行政机关之间的行政争议问题，但是，行政复议机关是行政机关而不是司法机关。行政复议是行政系统内部的一种活动，所以，行政复议仍然是一种行政行为，而不是司法行为。

2. 行政复议因行政相对人的申请而启动　行政复议的发生，首先是行政相对人与行政机关之间存在因行政机关的具体行政行为而发生的行政争议；其次，行政复议是因行政相对人的申请而发生，没有行政相对人的申请，行政机关不能主动进行行政复议活动。

3. 行政复议以具体行政行为为审查对象　行政机关的行政行为有抽象行政行为和具体行政行为。抽象行政行为是指行政机关针对不特定的行政相对人做出的具有普遍约束力的行政行为。具体行政行为是指行政机关及其工作人员基于行政职权进行的、针对特定的行政相对人就特定的事项做出的、能够直接引起相对人的权利义务产生的行政行为。行政复议机关不仅审查具体行政行为是否合法，还要审查具体行政行为是否适当。

（二）行政复议法

行政复议法是指调整行政复议机关和行政相对人在行政复议活动中的权利义务关系的法律规范的总称。

随着行政权的膨胀,行政纠纷日益增多,公民的基本权利受到诸多威胁。然而,行政权的这种发展趋势又为社会发展所必需,日益复杂的社会关系需要行政权的介入。因此,现代世界各国普遍面临这样的两难选择:不扩大行政权,繁杂的现代社会秩序就无法管理;扩大行政权,公民的基本权利就可能受到威胁。面对这种两难选择,各国的普遍做法是:一方面不断扩大行政权,以维护社会的良性发展;另一方面建立各种监督制度,以防止行政权的滥用。行政复议制度在世界各国的普遍发展,正是这种现象的典型例证之一:它既反映了行政权的扩大,又体现了对行政权的监督。

1999年4月29日,第九届全国人民代表大会常务委员会第九次会议通过了《中华人民共和国行政复议法》(以下简称《行政复议法》),并于1999年10月1日起实施,同时废止1994年国务院修订颁发的《行政复议条例》。行政复议法的颁布实施,对于防止和纠正违法的或者不当的行政行为,保护公民、法人和其他组织的合法权益,保障和监督行政机关依法行使职权,促进依法行政,提高工作效率,加强廉政建设,密切政府与群众的关系,维护社会稳定,都具有重大的现实意义和深远的历史意义。

我们知道,行政机关实施管理时,有国家强制力作后盾。对于被管理的公民或其他组织来讲,行政机关是强者,而公民或其他组织则是弱者。为了解决这种强弱不平衡造成的不公正问题,国家制定了一批保护公民权益的法律,行政复议法就是其中之一。

国家要求行政机关依照法律实施管理,理应保护公民的合法权益。但行政机关也是由人组成的,在管理过程中难免会发生错误。行政复议法的主要作用就是保护行政管理相对人不受行政机关的侵害,当公民或其他组织受到行政机关不公正对待时,能及时保护其合法权益。

二、卫生行政复议的概念

卫生行政复议是指卫生行政管理相对人,认为卫生行政机关的具体行政行为侵犯其合法权益,依照法定的条件和程序,向作出具体行政行为的卫生行政机关的本级人民政府或上级卫生行政机关或法定的其他机关提出申诉,请求受理机关依法定程序对引起争议的具体行政行为进行审查,并作出决定的一种法律制度。卫生行政复议是国家的一项非常重要的行政救济制度,是解决行政争议案件的重要途径之一。卫生行政复议具有以下特征:

1. 卫生行政复议是卫生行政机关内部的活动,是上级行政机关对下级行政机关的监督管理活动。

2. 卫生行政复议是基于当事人申请而进行的活动,申请人只能是与具体行政行为有利害关系的相对人。

3. 申请卫生行政复议必须符合法定的条件,才能引起卫生行政复议的发生。

4. 卫生行政复议以卫生行政机关具体行政行为的存在为前提。卫生行政复议是对原具体行政行为进行审查,并作出决定的新的具体行政行为。

5. 卫生行政复议机关依法独立行使职权,不受任何单位和个人的非法干预。

三、卫生行政复议的原则和受案范围

(一)卫生行政复议的原则

1. 合法原则　这一原则要求承担复议职责的行政机关必须严格按照法律的规定对具体行政行为进行审查并作出裁决。合法性原则包括:履行复议职责的主体必须合法,具有承担

卫生行政复议的法定资格；审理复议案件的依据必须合法，符合行政复议法的规定；审理复议案件的程序必须合法，不能违反行政复议法规定的步骤、形式和顺序。

2. 公正原则　公正原则主要包括回避规则、辩论规则、救济规则（例如：行政复议机关撤销具体行政行为时，应当同时作出相关的补救决定）。行政复议机关履行行政复议职责，应当遵循公正原则。公正原则是一项重要原则，直接关系人民政府的形象。由于行政复议工作是在行政系统内部运作的监督工作，在实际工作中，履行行政复议职责往往会遇到种种责难和干扰，一方面，行政机关外边的人认为行政复议容易"官官相护"；另一方面，行政机关内部的人又认为干涉了本部门、本机构必要的行政管理活动。因此，行政复议机关工作人员履行行政复议职责时，必须遵循公正原则。

3. 公开原则　这一原则的具体要求是：依据公开、程序公开、情报公开（涉及国家秘密、商业秘密或者个人隐私的除外）。公开原则是行政合理性原则的核心内容，也是社会主义民主原则的体现形式。行政复议制度本身就具有很强的民主性，在整个行政复议过程中，应当保证复议申请人的权利通过公开原则的贯彻，得到实际上的保障。行政复议工作中最大的公开就是听取申请人的意见，多听听他们的陈述和申辩，必要时还可以召开听证会。群众最担心的问题是，行政复议在行政机关内部运作，能不能秉公办事，能不能依法处理。回答这个问题的最有效的方法，就是要依法公开，行政复议过程力求透明。

4. 及时原则　行政复议是一种行政活动，卫生案件涉及公民健康，所以在保证公正的前提下，应当保证行政效率，及时作出决定。及时原则包括：受理申请应当及时；作出决定应当及时；执行决定应当及时。只有这样，才能真正有效地保护行政相对人的合法权益。

5. 便民原则　便民原则要求卫生行政复议机关尽可能为复议申请人提供便利。在能够通过书面解决问题的情况下，尽量不采取给当事人带来不便的方式。复议机关在复议的一切环节和步骤上尽最大可能使行政复议制度真正成为人们保护自己合法权益的经济、实用、方便、快捷的救济手段。

6. 不适用调解的原则　行政复议不适用调解。因为行政复议审查的对象是具体行政行为的合法性和适当性。调解意味着争议双方在各自的权利义务问题上作适当让步，以便达成妥协，所以调解的前提是双方当事人对自身的权利，有完全的处分权。行政争议中的一方当事人是行政机关，行政机关的职权不同于一般的权利，行政机关对其没有处分权，既不能超越，也不能放弃。超越是越权违法，放弃是失职违法。可见行政复议审查对象的特点决定了行政复议没有调解的余地。行政行为合法适当就必须维持，不维持就不是依法行事；同样行政行为违法、失当，就必须撤销，不撤销也是不依法行事。虽然《行政复议法》没有对此作出明确规定，但行政机关对法律规定的职权没有自由处分权这是一条公理性的原则，有这条原则在，就意味着复议不适用调解。如果复议的内容涉及行政赔偿的问题，在赔偿的数量上是可以调解的。

7. 有错必纠原则　有错必纠是指复议机关发现原行政机关行政行为错误违法的，必须及时予以纠正。有权机关发现复议机关及复议人员在行政复议中有违法违纪行为的，也必须及时纠正。防止违法行政、滥用复议权现象的发生，保证行政复议制度发挥其应有的作用。

8. 保障法律法规实施原则　该原则要求行政复议活动不仅要纠正违法不当的具体行政行为，而且要保障和监督行政机关行使职权，使有关的法律法规得到忠实地执行和落实。

9. 司法最终原则　它是指行政复议活动是行政机关内部层级监督与救济的重要方式

之一,但不是最终的救济方式。当事人对行政复议决定不服的,除法律规定的例外情况,均可以向人民法院提起行政诉讼,人民法院经审理后作出的终审为发生法律效力的最终决定。该原则是确定行政复议与行政诉讼关系的重要准则。

(二)卫生行政复议的受案范围

根据法律规定,卫生行政复议仅能对卫生行政机关作出的具体行政行为进行复议,其受案范围主要有:

1. 对卫生行政机关作出的行政处罚决定不服的。
2. 对卫生行政机关采取的有关强制性措施不服的。
3. 认为卫生行政机关侵犯了其法定经营自主权的。
4. 认为符合法定条件申请有关卫生许可证(照)、资格证、资质证等证书或申请卫生行政机关审批、登记有关事项,卫生行政机关没有依法办理的。
5. 对卫生行政机关作出有关许可证、执照、资质证、资格证等证书变更、中止、撤消的决定不服的。
6. 要求卫生行政机关履行其他法定职责拒不答复的。
7. 认为卫生行政机关违法要求履行义务的。
8. 认为卫生行政机关侵害其财产权、人身权的。
9. 认为卫生行政机关的其他具体行政行为侵犯其合法权益的等。

公民、法人和其他组织认为卫生行政机关的具体行政行为所依据的下列规定不合法,在对具体行政行为申请复议时可以一并向卫生行政复议机关提出对该规定的审查申请:

(1)国务院部门的规定。
(2)县级以上各级人民政府及其工作部门的规定。
(3)乡、镇人民政府的规定。

也就是说,行政复议机关还要附带审查部分抽象行政行为,即具体行政行为所依据的行政规定,但不审查行政法规和规章。如果行政相对人认为行政法规和规章违法,应当通过其他途径解决。

第二节 卫生行政复议的管辖、主体和期限

一、卫生行政复议的管辖

卫生行政复议的管辖是指卫生行政复议机关之间受理卫生行政复议案件的权限和分工。它解决的是某个具体卫生行政争议应由哪个行政机关复议的问题。根据《行政复议法》的规定,行政复议申请人应当根据下列不同情况,向相关行政复议机关提出复议申请:

1. 对县级以上地方各级人民政府工作部门的具体行政行为不服的,可以向该部门的本级人民政府申请行政复议,也可以向上一级主管部门申请行政复议。
2. 对海关、金融、国税、外汇管理等实行垂直领导的行政机关和国家安全机关的具体行政行为不服的,向上一级主管部门申请行政复议。
3. 对地方各级人民政府的具体行政行为不服的,向上一级地方人民政府申请行政复议。
4. 对省、自治区人民政府依法设立的派出机关所属的县级地方人民政府的具体行政行为不服的,向该派出机关申请行政复议。

5. 对国务院部门或者省、自治区、直辖市人民政府的具体行政行为不服的,向做出该具体行政行为的国务院部门或者省、自治区直辖市人民政府申请行政复议。对行政复议决定不服的,可以向人民法院提起行政诉讼;也可以向国务院申请裁决,国务院依照法律规定做出最终裁决。

6. 对县级以上地方人民政府依法设立的派出机关的具体行政行为不服的,向设立该派出机关的人民政府申请行政复议。

7. 对政府工作部门依法设立的派出机构依照法律法规或者规章的规定,以自己的名义做出的具体行政行为不服的,向设立该派出机构的部门或者该部门的本级地方人民政府申请行政复议。

8. 对法律法规授权的组织的具体行政行为不服的,分别向直接管理该组织的地方人民政府、地方人民政府工作部门或者国务院部门申请行政复议。

9. 对两个或者两个以上行政机关以共同的名义做出的具体行政行为不服的,向其共同上一级行政机关申请行政复议。

10. 对被撤销的行政机关在被撤销前做出的具体行政行为不服的,向继续行使其职权的行政机关的上一级行政机关申请行政复议。

此外,有上述 6、7、8、9、10 任何一种情形的,申请人也可以向具体行政行为发生地的县级地方人民政府申请行政复议。

二、卫生行政复议的主体

(一)卫生行政复议机构

行政复议机构是指在行政机关内设置的专门负责复议工作的机构。复议机关并不是专门审理复议案件的行政机关,它要么是一级国家行政机关,要么是人民政府的一个职能部门。因此有必要在行政复议机关内设置专门的从事行政复议工作的机构,行政复议机构有以下几个特点:第一,复议机构是一个行政机关的内部工作机构,复议机构并不享有独立的行政复议权,行政复议权属于有复议管辖权的行政机关,因此,复议机构在从事行政复议审理工作时,对外不能以自己的名义进行,而应当以复议机关的名议进行;第二,复议机构的职责是审理行政复议案件,而非作出行政复议决定。复议机构承担对复议案件的具体受理、审理工作,但是不具有作出复议决定的职权,复议机构可以起草决定书,提出对复议案件的处理意见,报请复议机关批准同意后才能产生法律效力;第三,复议机构是专职的行政复议机构。复议机构不是一个兼职的机构,其工作职能就是审理复议案件,出庭应诉等与复议直接有关的工作,复议机构应有专门的从事行政复议工作的专职复议人员。

卫生行政复议机构是依法承担并履行卫生行政复议职责的工作机构。目前卫生行政复议工作大多交由卫生行政机关内的法制机构承担,主要负责受理申请、调查取证、审查和承办应诉事项等工作。

(二)卫生行政复议参加人

卫生行政复议参加人是指申请人、被申请人、第三人。具体规定为:

1. 申请人 即认为具体行政行为直接侵犯了其合法权益的公民、法人或其他组织。

2. 被申请人 即作出引起申请人不服的具体行政行为的卫生行政机关或法律、法规授权组织。

3. 第三人 即与申请人复议的具体行政行为有利害关系经复议机关批准参加复议的公

民、法人或其他组织。

三、卫生行政复议的期限

卫生行政复议的期限是指卫生行政复议的主体必须在法律规定的有效期内行使其相应的权利。主要包括：

1. 申请行政复议的申请人必须在知道具体行政行为之日起 60 日内以书面形式提出。
2. 复议机关应当在接到复议申请书 10 日内决定是否予以受理。
3. 复议机关应当在受理 7 日内将申请书副本递送被申请人。
4. 被申请人应当在收受申请书副本 10 日内作出书面答辩。
5. 申请人在申请卫生行政复议时，一并提出对有关规定的审查申请的，卫生行政复议机关对该规定有权处理的，应当在 30 日内依法处理，无权处理的，应该在 7 日内按照法定程序转送有权处理的行政机关依法处理，有权处理的行政机关应当在 60 日内依法处理。
6. 复议机关应当在收到复议申请 2 个月内作出复议决定。但法律、法规有特别规定的，应当在规定期限内作出复议决定。

第三节　卫生行政复议的受理、审查与决定

一、卫生行政复议的受理

公民、法人或者其他组织提出卫生行政复议申请，卫生行政复议机关通过对卫生行政复议申请的审查，认为符合法定条件的，应接受该行政复议申请并予以立案。我们把卫生行政复议机关的这一活动称为卫生行政复议的受理。

卫生行政复议机关收到卫生行政复议申请后，应当在 5 日内进行审查，对符合《行政复议法》规定的行政复议申请，决定受理；对不符合行政复议法规定的行政复议申请，决定不予受理，并书面告知申请人；对符合行政复议法规定，但不属于本行政机关受理的行政复议申请，应当告知申请人向有关行政复议机关提出。

卫生行政复议机关应当审查下列事项，以决定是否受理：申请人资格是否合法；是有明确的被申请人；是否有具体的复议请求和事实根据；是否属于行政复议范围以及本行政机关管辖。

公民、法人或者其他组织依法提出卫生行政复议申请，行政复议机关无正当理由不予受理的，上级行政机关应当责令其受理；必要时，上级行政机关也可以直接受理。

二、卫生行政复议审查与决定

（一）卫生行政复议的审查

卫生行政复议的审查是指卫生行政复议机关对卫生行政复议案件的事实、证据、争议焦点及理由等进行审理的过程，是连接受理和决定阶段的中间环节。它是通过法律规定的方式对申请复议的具体行政行为的合法性、适当性进行证实、确认的过程，是整个卫生行政复议程序中最关键、最复杂的阶段，也是行政复议活动的核心和基础。卫生行政复议审查的基本制度主要有：

1. 书面审查制度　书面审查，是指行政复议机关对具体行政行为进行审查时，主要基于被申请人提供的有关证据和材料，一般不再重复进行调查取证。书面审查，是各国行政复

议制度通用的审查办法,是行政复议审查的一般原则,也是行政复议区别于行政诉讼的重要方面。行政复议是行政机关的行政监督活动,应当体现行政活动的特点,贯彻并符合效率原则,防止因为繁琐的程序设计影响行政复议的及时进行。对于行政管理相对人而言,行政复议是其寻求救济的一个渠道,此后还有人民法院的司法救济渠道。因此,尽可能迅速地解决行政争议,或者尽快地向人民法院寻求救济,减少不必要的金钱和精力的消耗,更是他们的愿望。这就要求,行政复议审查制度不能不追求简便易行,而不能照搬行政诉讼的司法程序规则。从操作性上讲,书面审查对于行政复议而言也有相应的优势。行政争议中许多问题带有的很强的专业性和技术性,对于司法机关是一个障碍,需要通过开庭审查和广泛地调查取证才能澄清,而对于行政复议机关来讲则不是很大的困难。行政复议机关在审查具体行政行为时,往往不需要进行开庭审理,就可以对具体行政行为应当基于的事实和适用的法律,得出正确的判断。因此,原则上采取书面审查的办法进行行政复议,是很方便有效的制度。

2. 当事人参与制度　为保证行政复议的公正与公开,当事人依法参与行政复议。

3. 证据制度　在行政复议中,被申请人对自己作出的具体行政行为承担举证责任。在申请人方面,《行政复议法》规定,可以书面申请,也可以口头申请,申请只要讲清主要事实即可,无需承担举证责任。从理论上讲,申请人的义务仅限于法律规定,复议机关不得超出法律规定为申请人设定义务和负担。

4. 撤回复议申请制度　申请行政复议是申请人的一项权利。申请人可以依法处分自己的这一权利,撤回行政复议申请。但是这种处分自己权利的行为也可能影响他人利益和公共利益,放任违法或不当的具体行政行为。因此,申请人撤回行政复议申请是有条件的。第一,申请人撤回行政复议申请完全出于自愿;第二,申请人撤回行政复议申请必须是在复议决定做出之前并且不损害他人和社会公共利益。

5. 不停止执行制度　复议期间,不停止具体行政行为的执行。因为,在行政复议决定作出前,引起行政复议的具体行政行为仍然有效,对行政复议申请人和被申请人均具有法律约束力。

但是有下列情形之一的,行政复议期间可以停止执行:被申请人认为需要停止执行的;复议机关认为需要停止执行的;申请人申请停止执行,复议机关认为其申请要求合理,决定停止执行的;法律规定停止执行的。

(二) 卫生行政复议的决定

卫生行政复议的决定是指卫生行政复议机关受理卫生行政复议案件后,依据事实和法律,对具体行政行为的合法性与适当性以及该具体行政行为所依据的规范性文件的合法性进行全面审查,并作出行政复议决定的全过程。

根据《行政复议法》规定,行政复议机关经审理,应当按不同情况依法作出行政复议决定,并制作行政复议决定书。行政复议决定书作为复议机关对复议案件进行权威性判定的法律文书,应当具备一定的格式和内容。因此在撰写行政复议决定书时应当包括以下几方面内容:标题、编号、复议参加人的基本情况、复议原因、复议的事实、理由和法律适用、复议机关查明事实、复议决定及告知诉权、落款时间和盖章等。行政复议决定书一经送达,即具有法律效力。通常分别有以下几种行政复议决定:

1. 具体行政行为认定事实清楚,证据确凿,适用依据正确,程序合法、内容适当的,决定维持。

2. 被申请人不履行法定职责的,决定其在一定期限内履行。

3. 对主要事实不清,证据不足的;适用依据错误;违反法定程序超越或滥用职权的;具体行政行为明显不当的。决定撤销、变更或确认该具体行政行为违法。

当事人对行政复议决定不服,可以在接到复议决定书之日起15日内向人民法院提起行政诉讼。如果申请人逾期不起诉又不履行行政复议决定,就要承担被强制执行的法律后果。

对行政复议决定的强制执行一般有两种做法:一是由行政机关强制执行。行政机关强制执行,必须有法律、法规的明确授权。二是申请人民法院强制执行。我国大多数行政机关没有强制执行权,遇有当事人不履行生效的行政复议决定时,应当在规定期限内向人民法院申请强制执行。

1. 什么是行政复议?
2. 卫生行政复议的原则有哪些?
3. 什么是卫生行政复议的管辖?
4. 卫生行政复议决定包括哪几种情况?
5. 卫生行政复议审查的基本制度主要有哪些?

拓 展 阅 读

行政复议前置

行政复议前置是指行政相对人对法律、法规规定的特定具体行政行为不服,在寻求法律救济途径时,应当先选择向行政复议机关申请行政复议,而不能直接向人民法院提起行政诉讼;如果经过行政复议之后行政相对人对复议决定仍有不同意见的,才可以向人民法院提起行政诉讼。具体情形包括:

(1) 行政权属纠纷裁决案件。《行政复议法》第三十条第一款,公民、法人或其他组织认为行政机关的具体行政行为侵犯其已经依法取得的土地、矿藏、水流、森林、山岭、草原、荒地、滩涂、海域等自然资源的所有权或者使用权的(根据最高人民法院的司法解释,此处指行政机关的确权决定),应当先申请行政复议;对行政复议决定不服的,可以依法向人民法院提起行政诉讼。

(2) 纳税人、扣缴义务人、纳税担保人同税务机关在纳税上发生争议时,必须先依照税务机关的纳税决定缴纳或者解缴税款及滞纳金或者提供相应的担保,然后可以依法申请行政复议。海关纳税争议同上。

(3) 被审计单位对审计决定不服的,应当在收到审计决定之日起15日内先向上一级审计机关申请复议,不能直接向人民法院起诉,这就是审计行政复议前置的规定。

（4）经营者集中案件。对反垄断执法机构依据本法第二十八条、第二十九条作出的决定不服的，可以先依法申请行政复议；对行政复议决定不服的，可以依法提起行政诉讼。

（5）专利复审委员会复审前置。《中华人民共和国专利法》第四十一条：国务院专利行政部门设立专利复审委员会。专利申请人对国务院专利行政部门驳回申请的决定不服的，可以自收到通知之日起三个月内，向专利复审委员会请求复审。专利复审委员会复审后，作出决定，并通知专利申请人。专利申请人对专利复审委员会的复审决定不服的，可以自收到通知之日起三个月内向人民法院起诉。

（6）治安管理处罚案件。《治安管理处罚条例》已于2006年3月1日被废止，新《治安管理处罚法》修改了关于公安机关裁决前置的程序。《治安管理处罚法》第一百零二条规定，被处罚人对治安管理处罚决定不服的，可以依法申请行政复议或者提起行政诉讼。因此治安管理处罚不再需要经上级公安机关复议才能提起诉讼。

（7）工伤保险案件。国务院《工伤保险条例》已经修改，提起行政诉讼并不需要以提起行政复议为条件。

（8）价格违法行为行政处罚复议前置。经营者对政府价格主管部门作出的处罚决定不服的，应当先依法申请行政复议；对行政复议决定不服的，可以依法向人民法院提起诉讼。

（9）对国务院部门或者省、自治区、直辖市人民政府的具体行政行为不服的，向作出该具体行政行为的国务院部门或者省、自治区、直辖市人民政府申请行政复议。对行政复议决定不服的，可以向人民法院提起行政诉讼；也可以向国务院申请裁决，国务院依照本法的规定作出最终裁决。

（胡义钦）

第四章 卫生司法救济法律制度

第一节 卫生司法救济概述

一、卫生司法救济的概念与特征

(一) 概念

卫生司法救济是指卫生法律关系主体之间因国家卫生法律、法规所确定的权利与义务发生争议,而诉至人民法院,请求人民法院依法裁决,或者对违反卫生法律、法规的行为人,确定其行为是否构成犯罪并给予何种刑罚惩罚的活动。

(二) 特征

卫生司法救济作为解决卫生权利、义务争议的法律活动,具有以下几点特征:

1. 卫生司法救济是国家司法机关行使国家权力的一种专门的规范性的活动。
2. 卫生司法救济的内容和对象,主要是解决卫生法律关系主体之间有关卫生权利与义务争议的问题,确认卫生法律责任、是否构成卫生犯罪以及如何承担法律责任。
3. 卫生司法救济是保证卫生法实现的一种具体司法活动,是卫生法实现的一种过程。
4. 卫生司法救济必须由符合法定条件的国家司法机关,依照法定程序解决民事、行政争议或惩罚违反卫生法律、法规情节严重的犯罪行为。
5. 卫生司法救济是由人民法院主持,当事人与其他诉讼参与人参加,依照法定程序充分申明各自的主张,提出相应证据,由人民法院依法审理,最终作出裁判的一种活动。

二、卫生司法救济的种类

根据司法救济所要解决争议或案件的性质不同,涉及的权利、义务和内容不同,卫生司法救济分为卫生行政诉讼、卫生民事诉讼和卫生刑事诉讼三类。

(一) 卫生行政诉讼

卫生行政诉讼是指卫生行政机关及其工作人员与管理相对人之间因具体行政行为而引起的诉讼活动。解决卫生行政争议有两种方式,一种是卫生行政复议,另一种是卫生行政诉讼。前者是行政程序,后者是司法程序。

(二) 卫生民事诉讼

卫生民事诉讼是指人民法院在卫生法律关系的当事人和其他诉讼参与人参加下,依法审理和解决卫生民事权利与义务争议的活动。卫生民事诉讼是受卫生法调整的一种司法救济形式,应当遵循医学科学原理,以严格的科学态度对待有关的医学、卫生纠纷,切忌违背科学,简单处置。对待相关的医学专业问题应通过法定专门技术鉴定机构鉴定并结合案件的具体情况依法定程序作出公正处理。

(三)卫生刑事诉讼

卫生刑事诉讼是指国家司法机关在当事人和其他诉讼参与人的参加下,依照法定的程序,打击危害公共卫生的犯罪行为、证实犯罪,确定被告人是否构成犯罪以及应受何种刑罚处罚的诉讼活动。

第二节 卫生行政诉讼

一、卫生行政诉讼的概念

卫生行政诉讼是指在人民法院主持下,依司法审判程序解决卫生行政机关或法律、法规授权组织所作出的具体行政行为引起的行政争议的一种活动。卫生行政诉讼是解决卫生行政争议的又一项司法救济手段。构成卫生行政诉讼,应具备以下几个要件:

(1)原告是卫生行政管理相对人;
(2)被告是行使卫生管理权的卫生行政机关或法律、法规授权组织;
(3)主管机关是人民法院;
(4)被诉讼的客体,必须是法律规定可以向人民法院起诉的卫生行政机关的具体行政行为;
(5)必须在法定的期限内向人民法院起诉,并由人民法院受理,依法审理作出裁决。

二、卫生行政诉讼的基本原则、受案范围和管辖

(一)卫生行政诉讼的基本原则

卫生行政诉讼的基本原则,是贯穿于行政诉讼活动整个过程,调整卫生行政诉讼关系,指导和规范卫生行政诉讼行为的准则。卫生行政诉讼的一般原则有:人民法院独立行使审判权原则;以事实为根据、以法律为准绳原则;平等原则;回避原则等。但是卫生行政诉讼还有以下几项特有原则:

1. 诉讼不停止执行的原则 这是由国家行政管理的特殊性所决定的。国家的卫生行政管理活动,必须保持效率性和连续性,保持法律秩序处于稳定状态。卫生行政机关具体行政行为不能因原告的提起诉讼而停止执行。但法律另有规定的除外。

2. 复议前置原则 行政诉讼法对法院受案范围有明确的规定,不是所有卫生行政争议都可以提起行政诉讼。属于人民法院主管的行政案件,如果法律、法规规定需要先行提起行政复议的,未经行政复议人民法院不予受理。

3. 卫生行政机关负有举证责任的原则 举证责任是指当事人对自己的诉讼主张有提供证据的责任。在卫生行政诉讼中,作为被告的卫生行政机关负举证责任,其必须提供作出具体行政行为的事实依据和法律依据,否则就要承担败诉的法律后果。

4. 不适用调解原则 人民法院在审理卫生行政案件时,只能根据事实和法律规定作出裁决,不能进行调解,作为被告的行政机关也无权放弃自己的职责。但是行政诉讼在涉及行政赔偿的问题上,可以通过调解解决。

5. 合法性审查原则　人民法院在卫生行政诉讼中仅对被诉的机关作出的具体行政行为是否合法进行审查，而不对卫生行政行为是否合理进行审查，人民法院要审查卫生行政机关作出的具体行政行为是否合法的标准主要是以下几个方面：作出具体行政行为的主要证据是否确凿充分；适用法律是否正确；程序是否合法；作出具体行政行为的行政机关是否有超越职权、滥用职权的行为。

（二）卫生行政诉讼的受案范围

卫生行政诉讼的受案范围是指法律授予人民法院对哪些卫生行政案件拥有审判权。根据《行政诉讼法》的规定，结合卫生法的实际，卫生行政诉讼的受案范围主要有以下几类：

1. 不服卫生行政机关作出的行政处罚决定。
2. 不服卫生行政机关采取的行政强制措施。
3. 不服卫生行政机关对医疗事故或事件的行政处理决定。
4. 认为卫生行政机关不履行法定职责。如卫生行政机关拒绝向申请人颁发有关卫生许可证或者不予答复；卫生行政机关拒绝对医疗事故、事件作出行政处理。
5. 认为卫生行政机关利用职权，非法侵害其法定的经营权或违法要求履行义务等。

（三）卫生行政诉讼的管辖

行政诉讼的管辖是指人民法院之间受理第一审行政案件的职权划分。即人民法院在受理第一审行政案件上的分工和权限。主要分为级别管辖和地域管辖。

1. 级别管辖　级别管辖是指各级人民法院之间受理第一审行政诉讼案件的分工和权限。具体为：基层人民法院管辖第一审卫生行政案件；中级人民法院管辖对国务院各部门和省级政府具体行政行为提起诉讼的第一审卫生行政案件和辖区内重大、复杂的第一审卫生行政案件；高级人民法院负责本辖区内重大、复杂的第一审卫生行政案件；最高人民法院负责全国范围内重大、复杂的第一审卫生行政案件。

2. 地域管辖　地域管辖也称区域管辖，是指同级人民法院之间受理第一审卫生行政案件的分工和权限，也就是根据人民法院所在行政区划确定的管辖。卫生行政案件由最初作出具体行政行为的行政机关所在地人民法院管辖。经复议的案件，复议机关改变了原具体行政行为的，可由最初作出具体行政行为的行政机关所在地或复议机关所在地的人民法院管辖；对限制人身自由的行政强制措施不服的卫生行政案件，由被告或原告所在地人民法院管辖；因不动产引起的行政诉讼由不动产所在地人民法院管辖。

3. 指定管辖和移送管辖　指定管辖主要是指有管辖权的人民法院由于特殊原因不能行使管辖权或者人民法院对管辖权发生争议，协商解决不成由上级人民法院指定管辖。移送管辖主要是指已受理案件的法院，发现自己对案件没有管辖权时，应移送给有管辖权的人民法院。

三、卫生行政诉讼参加人

卫生行政诉讼参加人是指参加卫生行政诉讼的当事人和其他诉讼参与人，包括原告、被告、共同诉讼人、诉讼第三人和诉讼代理人。

（一）当事人

卫生行政诉讼的当事人是指因具体行政行为发生争议，以自己的名义到人民法院起诉、应诉或因人民法院审判需要追加到案件中来参加诉讼，并受人民法院裁定、判决约束的公民、法人和其他组织以及卫生行政机关。当事人在诉讼的不同阶段有不同的称谓。一审中称原告、被告、第三人；二审中称上诉人、被上诉人；再审案件中称申请人和被申请人；执行阶段称申请执行人、被申请执行人。

1. 原告　卫生行政诉讼的原告是指对卫生行政机关的具体行政行为不服，依照行政诉讼的规定，以自己的名义向人民法院起诉的公民、法人和其他组织。

2. 被告　卫生行政诉讼的被告是指原告起诉指控的作出具体行政行为的卫生行政机关。在卫生行政诉讼中，被告主要有以下几种情况：作出具体行政行为的卫生行政机关；具体行政行为经复议机关复议被维持的，作出原具体行政行为的卫生行政机关是被告；具体行政行为经复议机关复议，被复议机关改变的，复议机关是被告；由法律、法规授权组织作出的具体行政行为，该组织是被告；由卫生行政机关委托的组织作出的具体行政行为，作出委托的卫生行政机关是被告；两个以上卫生行政机关共同作出的具体行政行为，共同作出具体行政行为的机关是共同被告。

3. 诉讼第三人　卫生行政诉讼的第三人是指同诉讼争议的具体行政行为有法律上的利害关系，为维护自己的合法权益而参加到诉讼中来的公民、法人或其他组织。分为有独立请求权的第三人和无独立请求权的第三人。卫生行政诉讼的第三人，主要出现在对卫生行政机关处理医疗事故或事件的行政处理意见不服，而提起的行政诉讼案件。因为卫生行政机关对医疗事故或事件的行政处理行为，涉及医疗机构和患者及家属双方的权利、义务，任何一方不服提起行政诉讼，人民法院撤销该具体行政行为与否都将影响另一方的权利义务，因此可以作为第三人参加诉讼以维护自己的合法权益。

（二）代理人

卫生行政诉讼的代理人是指根据法律规定或由人民法院指定或因当事人委托，在代理权限范围内，代理当事人进行诉讼的人。

四、卫生行政诉讼的审判程序

（一）第一审程序

卫生行政诉讼的第一审程序是指人民法院审理第一审卫生行政案件诉讼程序。

人民法院审理第一审卫生行政案件应当在立案之日起 5 日内，将起诉状副本发送被告。被告应当在收到起诉状副本之日起 10 日内提交答辩状及作出具体行政行为的有关材料。被告不提交答辩状的，不影响法院审理。诉讼期间，除法律、法规规定的情形外，一般不停止具体行政行为的执行。

人民法院审理卫生行政诉讼案件应依法组成合议庭，合议庭的成员应当是三人以上的单数。

对卫生行政案件，人民法院一般应当公开审理。开庭审理是人民法院在当事人及诉讼参与人的参加下，依法定程序，在法庭上对案件进行全面审查的诉讼活动。审理前准备一般要经过：宣布开庭、告知权利、法庭调查、法庭辩论、最后陈述等程序。庭审中卫生行政机关负有举证责任。

人民法院对卫生行政案件的审查，主要是审理具体行政行为的合法性，包括审查卫生行政机关作出具体行政行为的职权和行使行政职权的性质、种类、方式等是否合法；审查具体行政行为的内容是否合法，即具体行政行为所依据的事实是否真实存在，适用的法律、法规是否正确。

（二）第二审程序

我国行政诉讼实行的是两审终审制，也就是一个案件经过两级人民法院审理即告终结，是指卫生行政诉讼的当事人不服第一审人民法院的判决、裁定，可以依法提出上诉，由第二审人民法院对该案进行审理所适用的程序。

第二审程序从当事人提出上诉开始。卫生行政诉讼的当事人对判决不服提起上诉的期限为15日，对裁定提出上诉的期限为10日。均自判决、裁定送达之日起计算。无论当事人上诉提出的理由是什么，二审人民法院均对一审判决进行全面的审查。第二审判决，是终审判决。判决书一经送达即产生法律效力。当事人无论是否申诉，都必须执行判决。

（三）判决

卫生行政诉讼的判决是指受理案件的人民法院审理卫生行政案件后就卫生行政诉讼当事人的实体权利义务部分所作出的决定。

卫生行政诉讼的判决主要有以下四种情况：

1. 具体行政行为证据确凿，适用法律、法规正确，符合法定程序的，判决维持卫生行政机关的具体行政行为。

2. 具体行政行为有下列情形之一的，判决撤销或部分撤销卫生行政机关的具体行政行为，并可判决被告重新作出具体行政行为：主要证据不足；适用法律错误；违反法定程序；超越职权；滥用职权。

3. 对卫生行政机关应当依法履行法定职责，而不履行或拖延履行的，判决卫生行政机关在一定期限内履行其法定职责。

4. 卫生行政机关的具体行政行为，显失公正的，可以判决变更卫生行政机关的具体行政行为。

（四）裁定

卫生行政诉讼的裁定是指受理案件的人民法院，对案件的程序、事项所作的决定。卫生行政诉讼的裁定主要适用以下范围：不予受理、驳回起诉、管辖异议、移送或指定管辖、财产保全、先予执行等。

（五）执行

卫生行政案件的执行是指人民法院依照法定程序，对已经发生法律效力的法律文书，在负有义务的一方当事人拒不履行义务时，根据权利人的申请，强制其履行法律文书确定的义务的活动。当行政机关是权利人时，可以向人民法院申请强制执行或者依法强制执行。

第三节　卫生民事诉讼

一、卫生民事诉讼的概念、特点和基本原则

（一）概念

卫生民事诉讼是指人民法院在卫生法律关系的当事人和其他诉讼参与人参加下，依法审理和解决卫生民事权利与义务争议的活动。卫生民事诉讼是由人民法院按民事诉讼程序进行审理、解决与卫生有关的争议的司法救济活动。

（二）特点

卫生民事诉讼是由卫生法调整的社会关系主体之间发生卫生纠纷而产生的诉讼。因此也不能完全用解决一般民事纠纷的方式来解决卫生民事纠纷。其主要特点有：

1. 卫生民事诉讼是平等的卫生法律关系主体因与卫生有关的活动中发生争议而产生的诉讼。如医疗活动、预防、保健或公民生命健康权、药品、食品卫生、化妆品卫生、职业病防治、学校卫生、计划生育等有关的民事纠纷所产生的诉讼。

2. 卫生民事诉讼的依据除了相关的法律法规外,还有医学诊疗护理常规和其他自然科学相关规范。

(三)卫生民事诉讼的基本原则

卫生民事诉讼是诸多民事诉讼活动的一种特殊类型,其本质上仍然是民事诉讼活动。因此,在整个诉讼活动中,应当遵循《中华人民共和国民事诉讼法》规定的基本原则,主要有:

1. 人民法院独立行使审判权。

2. 以事实为根据,以法律为准绳。

3. 当事人民事诉讼权利平等。

4. 人民法院调解。

5. 两审终审。

6. 公开审判。

7. 合议。

8. 回避。

9. 使用民族语言、文字辩论。

10. 当事人处分自己的民事权利和诉讼权等。

11. 人民检察院法律监督。

12. 支持受害人向人民法院起诉等原则。

由于卫生民事诉讼活动所解决的纠纷是与卫生法调整的范围和卫生活动紧密相关的民事纠纷,必然涉及卫生法特别规定和诸多医药卫生科学领域的问题,因此在卫生民事诉讼活动中,除必须遵循上述基本原则外,还应特别注意以下几点:

(1)卫生民事诉讼中,必须遵循医学科学原理,以严格的科学态度对待有关的医学、卫生问题,切忌简单从事、违背科学。

(2)对医学专业问题应通过专门技术鉴定机构鉴定。

(3)遵循卫生法特别规定,注意卫生纠纷的特殊性,不能简单套用一般的民事法律规定处理卫生民事纠纷案件。

二、卫生民事诉讼的种类、管辖和参加人

(一)卫生民事诉讼的种类

1. 医疗纠纷的民事诉讼 医疗纠纷是医患双方对诊疗行为是否存在过错以及过错行为与损害结果是否存在联系有争议而产生的纠纷。医疗纠纷的民事诉讼是患者一方认为医疗单位对其诊疗活动存在失误,侵害了他的健康权益和财产权,向人民法院起诉而引起的民事诉讼。

医疗纠纷民事诉讼当事人是医患关系的双方,其原告一般为患者一方或死亡患者的家属,被告是医疗机构或个体从业医生。在医疗机构内直接从事医疗行为的医务人员,仅是法人单位的工作人员,不具有独立被告资格。其诉讼请求既可以是人身损害和经济损失的赔偿又可以是精神损害的赔偿。由于医疗纠纷案件不仅涉及法律问题,还涉及医学科学问题、医疗管理问题、职业道德问题等,是难以用一般的诉讼程序解决的案件。根据《最高人民法

院关于民事诉讼证据的若干规定》,在医疗纠纷民事诉讼案件中,举证责任由医疗机构承担,实施举证责任倒置。

2. 医疗欠费的民事诉讼　医疗欠费的民事诉讼是指患者在医疗机构住院接受抢救、治疗以后,拖欠或拒付医疗机构的医疗费用,由医疗机构为原告提起的民事诉讼。其被告有两种情况:对自费患者,被告是患者或其家属;对享有公费或劳保医疗待遇的患者,被告是患者所在单位,也可以将患者列为共同被告人或第三人。此类民事诉讼往往是因为对医疗行为的合法性存在争议,患者拒付医疗费而产生的民事诉讼。但由于欠付医疗费用属于契约关系或债权债务关系,人民法院一般列为债务纠纷案件进行处理,适用普通的民事诉讼程序。

3. 违反食品安全法的民事诉讼　食品生产经营单位违反《食品安全法》,出售不符合卫生标准的食品,造成食品中毒和食源性疾患,给食用者造成损害而引发的卫生民事诉讼,是生产经营者与消费者之间发生的诉讼案件,可以适用消费者权益保护法的有关规定,按一般民事案件的诉讼程序审理。但此类案件的定性,必须由卫生行政部门,按照《食品安全法》的有关规定,对食物中毒和食源性疾患作出确认。有些情况下,需要通过专家的鉴定才能定论。只有在确认的前提下,人民法院才有可能顺利解决案件。

4. 违反药品管理法的民事诉讼　违反药品管理法,生产、经营、使用假劣药,或者其他违反药品管理法的行为造成公民权益损害的卫生民事诉讼。主要有:生产、销售、使用假劣药损害公民健康权,甚至造成死亡或残疾的民事诉讼;生产、销售、使用假劣药影响治疗效果或造成公民财产损失的民事诉讼;私自进行新药临床试验和验证引发的民事诉讼;其他违反药品管理法行为引起的民事诉讼。

此类民事诉讼的原告一般是患者,被告情况比较复杂,有可能是医疗单位、个体开业医生、药品生产或经营企业,有时也可能是医务人员个人或其他违法人员。医务人员个人成为被告主要是在未经所在单位同意的情况下,利用职务上便利,私下从事违反药品管理法行为引发的诉讼,使其个人成为被告。此类民事诉讼一般是在卫生行政部门执法活动中,确定了某一违法案件后引发的,也有在医疗纠纷的诉讼中转化成此类诉讼的。

5. 违反传染病防治法规的民事诉讼　违反公共卫生民事诉讼有违反传染病防治法,造成传染病流行或其他传染病感染,造成公民健康权损害的民事诉讼。较多情况是医疗单位造成的院内感染或者有关单位对传染病毒株菌液处理不善引起的;也有少数案件是由于传染病患者违反传染病防治法的规定故意或者过失地造成他人损害而引起的纠纷。也有违反职业卫生法律规范,造成职业中毒事故引起的民事诉讼。

6. 违反医疗保健、计划生育管理法规的民事诉讼　有违法行医行为引发的民事诉讼,主要指未经批准擅自从事医疗活动或医疗单位未经批准擅自扩大诊疗业务范围,擅自设点而造成就诊人身体损害或延误治疗或造成其他经济损失引起的民事诉讼;生产经营其他不符合卫生要求的与健康有关的产品,造成公民、法人或其他组织人身和财产损失而引起的民事诉讼;违反献血法和其他血液有关管理法规,采供不合格血液或擅自采供血等造成公民身体伤害,或输血意外反应,输血性疾病等引起的民事诉讼;违反其他公共卫生法律规范,造成公民、法人或其他组织健康权和财产损失的诉讼;违法实施免疫或其他预防措施,发生免疫接种反应或事故引起的民事诉讼;计划生育技术问题或计划生育并发症等问题引起的民事诉讼;违反母婴保健法、女职工保护规定和妇幼保健法规等引起的民事诉讼。

7. 其他有关纠纷的民事诉讼　主要是医学、卫生科技合作或技术引进、转让中因技术合同方面的纠纷,以及在医学科学研究过程中发生的技术成果所有权问题等引起的民事诉讼;

卫生改革、卫生产业等工作运转过程中,发生的与卫生资源等有关的经济纠纷引起的民事诉讼等。

(二)卫生民事诉讼的管辖

卫生民事诉讼管辖是指上下级人民法院之间以及同级人民法院之间受理第一审卫生民事案件的权限和分工。我国民事诉讼法,根据有利于当事人进行诉讼,有利于人民法院的审判工作,有利于多数案件解决在基层,有利于维护国家主权的原则,对管辖问题作了明确规定。主要分为级别管辖、地域管辖、移送管辖和指定管辖。

1. 级别管辖 级别管辖是指上下级法院受理一审案件的分工。我国《民事诉讼法》规定:基层人民法院,即区(县)一级人民法院,受理普通的卫生民事案件。中级人民法院管辖重大涉外案件、本辖区有重大影响的案件和最高人民法院确定的由中级人民法院管辖的案件。如:诉讼标的大,案情复杂,或者人数多等。最高人民法院授权各地高级人民法院对管辖分工作具体规定。高级人民法院管辖本辖区有重大影响案件。最高人民法院管辖在全国范围内有重大影响的案件和认为应当由本院审理的其他案件。

2. 地域管辖 地域管辖是指同级人民法院之间受理一审民事案件的分工。《民事诉讼法》规定:一般由被告所在地人民法院管辖;特别情况由原告所在地人民法院管辖,如被告不在我国领域内居住的,被告正在劳教或监禁的;合同纠纷由被告或合同履行地人民法院管辖或合同中约定的人民法院管辖;侵权诉讼由侵权行为发生地或被告所在地人民法院管辖;因不动产的诉讼,由不动产所在地人民法院管辖。

3. 移送管辖和指定管辖 移送管辖就是人民法院发现受理的案件不属于本院管辖的,将案件移送给有管辖权的人民法院审理。受移送的人民法院认为受移送的案件依照规定不属于本院管辖的,应当报请上级人民法院指定管辖,不得自行移送。指定管辖是因有管辖权的人民法院由于特殊原因不能行使管辖权的,或人民法院之间因管辖权发生争议的,报请共同的上级人民法院指定由某一人民法院受理。

(三)卫生民事诉讼的参加人

1. 当事人 当事人是指因与卫生相关的民事纠纷,以自己的名义到人民法院起诉、应诉,并受人民法院判决、裁定、调解协议约束的人,包括原告、被告和第三人。第三人因与诉讼标的关系不同,又可分为有独立请求权的第三人和没有独立请求权的第三人两种。

当事人一方或双方是二人以上的称为共同诉讼人。一方当事人是10人以上,每个人的标的是相同的,10名以上的当事人选举代表人代为诉讼的,代表人的诉讼行为对全体成员发生效力,判决对全体成员均有约束力的诉讼称为集团诉讼。

2. 代理人 在民事诉讼中,代理当事人参加诉讼的人是诉讼代理人,无诉讼行为能力人由他的监护人作为法定代理人代为诉讼,法定代理人之间相互推诿代理责任的,由人民法院指定其中一人代为诉讼。有诉讼能力的当事人可以自己参加诉讼,也可以委托1至2名代理人参加诉讼。委托人可分为一般代理和特别授权代理。特别授权代理人可以代理当事人行使全部的民事诉讼权利。

三、卫生民事诉讼的证据

(一)卫生民事诉讼证据的概念

证据是指在诉讼过程中用来确定案情的根据。凡是能够证明案件真实情况的一切事实,都是卫生民事诉讼证据。根据法律规定,证据必须具备客观性、关联性和合法性三个基本特征,才能作为认定事实的证据。

(二)证据的种类

我国《民事诉讼法》规定的证据有书证、物证、视听资料、证人证言、当事人陈述、鉴定结论、勘验笔录等。

1. 书证 凡是以文字、符号、图画表达一定的思想,能够反映案件事实的物品都是书证。书证是卫生民事诉讼中最常用、最重要的证据之一。如病案、处方、医学证明、检验报告、病危通知、医嘱、护理记录、与病人或其家属的谈话记录、收费凭证等。这些都反映了患者在医院接受诊疗的全过程,是医疗纠纷、欠费纠纷民事诉讼中不可缺少的证据,缺少任何一项都有可能使诉讼活动难以顺利进行。

2. 物证 物证是以其存在、形状、质量、特征等来证明案件事实的物品。在卫生民事诉讼中,符合或不符合卫生标准和质量的食品、药品、化妆品、医疗器械等可能是某一案件的物证。物证在一定意义上比书证更具证明力。因此,在发生有关纠纷事件时,保存现场实物是非常重要的。

3. 视听资料 这是指利用录音、录像磁带反映出的音响和形象,或电脑储存资料来证明案件事实的证据。随着科学的发展,此类资料在卫生民事诉讼中,越来越多地被使用。

4. 鉴定结论 在卫生民事诉讼中,鉴定结论有时对诉讼结果起着决定性的作用。卫生民事诉讼较多的涉及医药、卫生科学问题,往往需要通过专门鉴定,才能确定某些案件的真实性质,如:医疗事故鉴定、亲子鉴定、药品鉴定、食物中毒鉴定等。

(三)举证责任

举证责任就是当事人对自己提出的主张必须提供相应的证据以证明其主张的成立,否则,将有可能承担败诉的法律后果。也就是谁主张,谁举证。在一些卫生民事诉讼案件中,尤其是医疗纠纷的民事诉讼中,根据《最高人民法院关于民事诉讼证据的若干规定》,由医疗机构就医疗行为与损害结果之间不存在医疗过错承担举证责任,这就是所谓的举证责任倒置。《中华人民共和国侵权责任法》第五十八条规定,患者有损害,因下列情形之一的,推定医疗机构有过错:

(1)违反法律、行政法规、规章以及其他有关诊疗规范的规定;

(2)隐匿或者拒绝提供与纠纷有关的病历资料;

(3)伪造、篡改或者销毁病历资料。

四、卫生民事诉讼的审判程序

(一)卫生民事诉讼的审判

按照我国《民事诉讼法》的规定,人民法院审理民事案件的程序大致分为:审判程序、执行程序和涉外民事诉讼程序。在审判程序中又分为第一审程序、第二审程序、审判监督程序等。第一审程序中又有普通程序和简易程序之分。

进入民事诉讼程序,首先必须经过当事人起诉,并经人民法院审查后受理。起诉必须具备一定的条件,即原告是与案件有直接利害关系的民事主体;有明确的被告;有具体诉讼请求和事实理由;属于人民法院受案范围和受诉人民法院管辖。

人民法院受理后,根据案件情况可采取普通程序或简易程序。并将诉状副本送被告答辩,答辩期一般是15天。在开庭审理过程中,人民法院可以通过调解方式解决卫生民事诉讼案件,调解解决制作的调解书与判决书具有同等效力,一经送达即生效,不能提起上诉。

对调解不成的,人民法院予以判决并制作民事判决书。对一审判决不服,可以在15日内提起上诉,进入二审程序。二审判决是终审判决,一经送达便发生法律效力,当事人可以提出申诉,但不能停止执行。

(二)诉讼时效和反诉

1. 诉讼时效　是当事人向人民法院请求保护其权利的法定期限,如果超过法定期限当事人即丧失胜诉权。民事诉讼时效分为:普通诉讼时效和特殊诉讼时效。普通诉讼时效为2年;特殊诉讼时效为1年。身体受到伤害要求赔偿的适用特殊诉讼时效。诉讼时效从当事人知道或应当知道自己的权利被侵害之日起计算,从权利损害之日起超过20年的人民法院不予保护。但诉讼时效在一定的条件下可以中止和中断。中止是因不可抗力或者其他障碍引起,等不可抗力或者其他障碍消除后继续计算。中断是因权利人向义务人提出要求或义务人同意履行义务而引起的,时效自中断时起,重新计算。

2. 反诉　是在已提起的诉讼中,以本诉的原告为被告,向人民法院提出与本诉有直接关系的独立诉讼请求。反诉的目的在于抵消或吞并本诉原告的诉讼请求。其条件是:反诉者是本诉的被告,反诉对象是本诉原告;反诉必须在本诉存在的基础上,诉讼的标的、理由、目的与本诉有牵连;反诉必须在本诉提起以后,法庭辩论结束之前,而且只能在一审程序中提出;反诉必须向受理本诉的人民法院提出。

第四节　卫生刑事诉讼

一、卫生刑事诉讼的概念、特征和基本原则

(一)概念

卫生刑事诉讼是指在司法机关的主持下,当事人和其他诉讼参与人的参加下,依照法定的程序,查明案件事实,确定犯罪嫌疑人、被告人是否有违反卫生法律法规的犯罪行为并给予犯罪分子以何种刑事处罚的活动。

(二)特征

卫生刑事诉讼的特征是:

1. 卫生刑事诉讼是解决犯罪嫌疑人、被告人是否构成违反卫生法律法规的犯罪行为,犯了什么罪,并给予其何种刑事处罚的国家司法活动。

2. 卫生刑事诉讼必须按照法定的程序,在有关诉讼参与人的参加下,在充分保障诉讼参与人的诉讼权利的情况下进行。

3. 卫生刑事诉讼的目的是运用《刑法》惩处卫生犯罪分子,实现刑法的任务,保证卫生法的实现。

4. 卫生刑事诉讼是准确、及时、合法地揭露、证实、惩罚犯罪,同时保证无罪的医务人员不受刑事追究,以维护社会主义法制,推动国家的卫生法制建设。

(三)基本原则

卫生刑事诉讼的基本原则,就是我国《刑事诉讼法》规定的,贯穿于卫生刑事诉讼全过程,为司法机关和诉讼参与人进行卫生刑事诉讼活动必须遵循的准则,主要有以下几个原则:

1. 卫生刑事司法权专属原则　刑事案件的侦查、检察、审判职权,只能由公安机关、检察机关、人民法院行使,其他任何机关、团体和个人都不得行使;公、检、法三机关必须按照法定

程序和职责行使权力,不得混淆和相互替代。

2. 审判权、检察权独立行使的原则　人民法院独立行使审判权,人民检察院独立行使检察权,不受行政机关、社会团体和个人的干涉。

3. 以事实为根据,以法律为准绳原则　这是我国实事求是思想路线和司法法治原则在卫生行政诉讼中的具体体现。以事实为根据,要求司法机关在办理卫生刑事案件时,应以客观存在的案件事实为基础和依据,不能以与案件无关的其他事实为依据,并且要尊重医学科学事实,不能凭主观臆断、怀疑来审判案件。

4. 公、检、法三机关分工负责、互相配合、互相制约的原则。

5. 无罪推定的原则　即未经人民法院判决,对任何人都不得确定有罪。

6. 保障诉讼参与人诉讼权利的原则。

7. 有法定情节不追究刑事责任的原则。

二、卫生刑事诉讼的主体、管辖和诉讼程序

(一)卫生刑事诉讼的主体

卫生刑事诉讼主体是指在卫生刑事诉讼中依法享有司法职权的机关和依法享有诉讼权利并承担诉讼义务的当事人和其他诉讼参与人。主要有:

1. 公安机关　负责立案、侦查、收集调取证据,对现行或重大嫌疑分子,依法刑事拘捕,依法执行逮捕。

2. 人民检察院　在刑事诉讼的侦查阶段对其管辖的案件进行侦查、起诉;对公安机关主管的侦查案件进行审查起诉。在审判阶段是公诉案件的公诉人,同时行使审判监督权。

3. 人民法院　在卫生刑事诉讼中行使审判权,确定被告人是否有罪。

4. 被害人　是指其人身权和其他合法权益直接受卫生犯罪侵害的人。在自诉案件中被害人是自诉人,在公诉案件中是控诉一方的诉讼参与人,附带民事诉讼时是原告人。在与健康相关产品的犯罪案件中,被害人往往提起刑事自诉。

5. 被告人　即被控实施了卫生犯罪行为,并正在被追究刑事责任的人。在提起公诉前称犯罪嫌疑人。

6. 其他诉讼参与人　包括代理人、证人、辩护人、鉴定人等,都是卫生刑事诉讼法律关系的重要主体,享有相应的诉讼权利,并应履行相应的义务。

(二)卫生刑事诉讼的管辖

卫生刑事诉讼的管辖是指人民法院、人民检察院和公安机关立案受理刑事案件以及人民法院审判第一审刑事案件的分工。

1. 立案管辖

(1) 人民法院直接受理的卫生刑事案件:即受害人可以刑事自诉的卫生刑事案件,主要是除严重危害社会秩序和国家利益以外的生产、销售假药或劣药案;生产、销售不符合卫生标准的食品或有毒、有害食品案;生产、销售不符合标准的医用器材案;生产、销售不符合卫生标准的化妆品案。对此类案件受害人如有证据证明,可以直接向人民法院提起刑事诉讼。

(2) 人民检察院直接立案侦查的卫生刑事案件:主要有传染病防治失职案;放纵制售假劣药和放纵制售有毒有害或不符合卫生标准的食品、化妆品、医用器材犯罪行为案。

(3) 公安机关立案侦查的卫生刑事案件:除人民法院和人民检察院负责立案的卫生刑事案件外的其他卫生刑事案件,包括妨害传染病防治、非法组织卖血、医疗事故、非法行医等

案件,均由公安机关立案侦查。

2. 审判管辖

(1)级别管辖：普通的卫生刑事案件,由基层人民法院管辖。可能判无期徒刑、死刑的卫生刑事案件,如已致人死亡或造成严重人身伤害的制售假劣药品或有毒、有害食品的刑事案件由中级人民法院管辖。全省(自治区、直辖市)性的重大卫生刑事案件由省高级人民法院管辖。全国性的重大卫生刑事案件,由最高人民法院管辖。

(2)地域管辖：卫生刑事案件由卫生犯罪地的人民法院管辖。犯罪地一般是指犯罪预备地、犯罪实施地、犯罪结果地等。

(3)移送管辖和指定管辖：几个人民法院都有管辖权的卫生刑事案件由最先受理的人民法院审判,必要时可以移送主要犯罪地人民法院审判。上级人民法院可以指定下级人民法院审判管辖不明的卫生刑事案件,也可以指定下级人民法院将卫生刑事案件移送其他人民法院审判。

(三)卫生刑事诉讼程序

普通的卫生刑事案件一般需要经过侦查、公诉、审判三个阶段的程序过程。

1. 侦查阶段　主要是收集证据。侦查机关可以行使的职权有：询问犯罪嫌疑人；询问证人；勘验、检查、搜查；扣押物证、书证；进行鉴定等。一般案件应当在2个月内侦查完毕。

2. 公诉阶段　在提起公诉阶段,由人民检察院对侦查终结的案件进行审查。认为事实查清、证据充分,依法应当追究刑事责任的,作出起诉决定,向人民法院提起公诉。依法可以不起诉、不追究刑事责任的,决定不起诉。

3. 审判阶段　由人民法院组成合议庭进行审判。经过起诉、询问被告、质证、辩论等过程,经合议作出判决。对判决不服,人民检察院可以在10日内提出抗诉,当事人可以提起上诉,进入二审程序。

三、卫生刑事诉讼案件的种类

(一)与健康相关产品有关的刑事诉讼

主要是指生产、销售不符合卫生标准或有毒有害的与健康相关产品数量较大或者已致人伤害的刑事案件。如制售假劣药品、制售有毒有害或不符合卫生标准食品、制售不符合标准医用器材、制售不符合卫生标准化妆品、非法提供麻醉药品、精神药品等犯罪案件的刑事诉讼。

(二)与公共卫生监督有关的刑事诉讼

主要是指危害公共卫生犯罪行为引起的刑事诉讼。如妨害传染病防治、妨害国境卫生检疫致使传染病菌种、毒种扩散,传播性病等犯罪案件的刑事诉讼。

(三)与医疗机构和医务人员管理有关的刑事诉讼

主要是指违反医师法律规范,擅自行医的犯罪行为引起的刑事诉讼。如非法行医、非法进行节育手术等犯罪案件的刑事诉讼。

(四)与公民生命健康权益有关的刑事诉讼

主要是侵犯与卫生法相关的公民生命健康权益的犯罪行为引起的刑事诉讼。如非法组织卖血、强迫卖血,非法采集、供应血液制品,医疗事故等犯罪案件的刑事诉讼。

(五)与卫生行政执法和卫生管理有关的刑事诉讼

主要是指卫生管理及执法人员的失职犯罪行为引起的刑事诉讼。如刑法规定的传染病防治失职,放纵制售假劣药品,放纵制售有毒、有害和不符合卫生标准的食品以及化妆品等犯罪案件的刑事诉讼。

第五节　卫生行政赔偿

一、卫生行政赔偿的概念、特征及构成要件

(一)概念

卫生行政赔偿是指卫生行政机关及其工作人员在行使国家卫生行政管理活动时,违反法律、法规,侵犯公民、法人或其他组织的合法权益造成一定的损害后果,由国家承担赔偿责任的一种法律制度。卫生行政赔偿必须是行使国家卫生管理职权的卫生行政机关,法律、法规授权组织和受委托行使行政职权的组织及其工作人员在行使管理职权时违法,直接损害了相对人合法的人身权或财产权。

(二)特征

1. 卫生行政赔偿是由国家作为赔偿责任主体的。
2. 卫生行政赔偿是国家卫生行政机关行使公共权力的侵权赔偿。
3. 国家赔偿是按照法律规定给予的限额赔偿,不是对损害的实际或全额赔偿。

(三)构成要件

卫生行政机关及其工作人员的卫生行政管理行为是否违法,是确定国家是否应当承担赔偿责任的标准。因此构成卫生行政赔偿必须同时具备以下四个基本要件:

1. 侵权主体是卫生行政执法主体。
2. 必须是主体行使职权时的具体行为违法。
3. 必须有损害的结果存在。
4. 损害的结果与侵权主体的违法行为之间存在因果关系,即损害后果是国家卫生行政管理机关及其工作人员的行为直接造成的。

二、卫生行政赔偿的范围与程序

(一)卫生行政赔偿的范围

卫生行政赔偿的范围主要有以下几个方面:

1. 卫生行政主体在行使行政管理职权时违法实施罚款、吊销许可证和执照,责令停产、停业、没收财物等行政处罚。
2. 卫生行政主体违法采取卫生行政措施,违反国家规定征收财物、摊派费用。
3. 卫生行政主体违法对相对人采取查封、扣押、冻结等行政强制措施的。
4. 非法限制、剥夺公民人身自由。
5. 对公民或其他组织人身权、财产权造成损害的。

国家卫生行政机关工作人员与行使职权无关的个人行为,因公民、法人和其他组织自己的行为致使损害发生的,国家均不承担赔偿责任。

(二)卫生行政赔偿程序

卫生行政赔偿程序是指卫生赔偿请求人请求赔偿以及赔偿义务机关和人民法院处理赔偿案件的整个过程。根据《中华人民共和国国家赔偿法》第9条第二款规定:"赔偿请求人要求赔偿应当先向赔偿义务机关提出,也可以在申请行政复议和提起行政诉讼时一并提

起。"

　　赔偿请求人单独提出行政赔偿请求的,应当首先向行政赔偿义务机关提出,在赔偿义务机关不予赔偿或者赔偿请求人对赔偿数额有异议时,赔偿请求人才可以依法向人民法院提起行政赔偿诉讼。这种情形通常适用于争议双方对卫生行政侵权行为的违法性没有争议以及行政侵权行为已被确认为违法或者已被撤销、变更的情形。

　　一并提出卫生行政赔偿请求是指赔偿请求人在申请行政复议或提起行政诉讼时一并提出赔偿要求,其特点是将确认行政行为的违法与要求行政赔偿两项请求一并提出,并要求合并处理。由于一并提起行政赔偿请求的程序完全适用行政复议程序和行政诉讼程序,故这里仅阐述单独请求行政赔偿的程序:

　　1. 行政赔偿请求的提出　　卫生行政赔偿请求人自国家行政机关及其工作人员行使职权时的违法行为被依法确认为违法之日起两年内,有权向行政赔偿义务机关提出书面赔偿请求。书面请求赔偿应当递交申请书,申请书应当载明:当事人的身份事项,具体的要求、事实根据和理由,申请的年、月、日。

　　2. 对赔偿请求的行政处理　　行政赔偿义务机关应当自收到申请书之日起两个月内依法处理。行政赔偿义务机关作出行政赔偿决定的,应当制作《行政赔偿决定书》。赔偿机关决定不予赔偿的,应制作《不予赔偿决定书》。《不予赔偿决定书》应当载明不予赔偿的理由和依据。当事人对不予赔偿的决定不服的,可依法提起卫生行政诉讼。

　　3. 赔偿义务机关逾期不予赔偿或者赔偿请求人对赔偿数额有异议,赔偿请求人可以在法定期限内向人民法院提起行政赔偿诉讼。人民法院接到原告提起的卫生行政赔偿起诉状,应当进行审查,并在7日内立案或者作出不予受理决定。人民法院接到行政赔偿起诉状后,在7日内不能确定是否受理的,应当先予受理。审理中发现不符合受理条件的裁定驳回起诉。当事人对不予受理或者驳回起诉的裁定不服的,可以在裁定书送达之日起10日内向上级人民法院提起上诉。

　　4. 当事人在提起卫生行政诉讼的同时一并提出卫生行政赔偿请求,或者因具体行政行为与行使行政职权有关的其他行为侵权造成损害一并提出行政赔偿请求的,人民法院应当分别立案单独审理或合并审理。人民法院审理行政赔偿案件,在坚持合法、自愿前提下,可以就赔偿范围、赔偿方式和赔偿数额进行调解。调解成立的,应当制作行政赔偿调解书。

　　人民法院对单独提起卫生行政赔偿案件经过审理后,依法分别作出维持、改变或者驳回赔偿请求人提出的赔偿请求。对发生法律效力的卫生行政判决、裁定、或调解协议,当事人必须履行。一方拒绝履行的,对方当事人可以向第一审人民法院申请执行。申请执行的期限,申请人是公民的为1年,申请人是法人或其他组织的为180日。

三、卫生行政赔偿的方式与标准

（一）方式

　　《中华人民共和国国家赔偿法》规定,国家赔偿以支付赔偿金为主要方式。对能够返还财产或恢复原状的,予以返还财产或者恢复原状。造成受害人名誉、荣誉损害的,应当在侵权行为影响的范围内为受害人消除影响,恢复名誉,赔礼道歉。

（二）标准

　　赔偿金的计算标准主要有以下几种:侵犯人身自由的,每日赔偿金为上年度职工日平均工资;侵犯公民生命健康权造成身体伤害的,应当支付医疗费并赔偿因误工减少的收入；造成死亡的，赔偿总额是上年度职工平均工资的20倍；罚款没收的，返还财物；吊销许可证或执照、停产停业的赔偿，停业期间必要的经常性的费用开支；其他损害的，只赔偿直接损失。

1. 简述卫生刑事诉讼的立案管辖和审判管辖。
2. 卫生行政诉讼的举证责任是怎样规定的？
3. 什么是"谁主张，谁举证"？什么是卫生民事诉讼举证责任倒置？
4. 简述卫生行政赔偿的概念及构成要件。
5. 卫生行政诉讼的基本原则有哪些？

拓 展 阅 读

无过错责任原则

无过错责任原则，也叫无过失责任原则，是指没有过错造成他人损害的依法律规定应由与造成损害原因有关的人承担民事责任的确认责任的准则。执行这一原则，主要不是根据行为人的过错，而是基于损害的客观存在，根据行为人的活动及所管理的人或物的危险性质与所造成损害后果的因果关系，而由法律规定的特别加重责任。学术上也把无过错责任称之为"客观责任"或"危险责任"，英美法则称之为"严格责任"。

1. 法规规定　我国民法通则第106条第3款规定："没有过错，但法律规定应当承担民事责任的，应当承担民事责任"。我国侵权责任法第七条规定：行为人损害他人民事权益，不论行为人有无过错，法律规定应当承担侵权责任的，依照其规定。依据民法通则、侵权责任法等相关条款之规定，无过错责任原则是指损害的发生既不是加害人的故意也不是受害人的故意和第三人的故意造成的，但法律规定由加害人承担民事责任的一种特殊归责原则；它是一种基于法定特殊侵权行为的归责原则，其目的在于保护受害人合法权益，有效弥补受害人因特殊侵权行为所造成的损失。无过错责任原则与过错责任原则、公平责任原则共同构成现代司法制度中侵权民事责任的三大归责原则。

2. 构成要件

（1）损害事实的客观存在。

（2）特殊侵权行为的法定性。包括侵权行为的法定性和免责事由的法定性。没有法律条款的明文规定，不能构成无过错责任；同时，没有法定的免责事由不能免责。

（3）特殊侵权行为与损害事实之间存在因果关系。

（4）行为人不必有过错。是指责任的承担不考虑行为人是否具有过错，在认定责任时无需受害人对行为人具有过错提供证据，行为人也无需对自己没有过错提供证据,即使提供出自己没有过错的证据也应承担责任。

3. 适用范围　无过错责任原则必须在法律规定的范围内适用,不能随意扩大或者缩小其适用范围。民法通则规定的典型的适用无过错责任的案件有：产品缺陷致人损害、高度危险作业致人损害、环境污染致人损害、饲养的动物致人损害等损害赔偿案件。

4. 责任认定　过错责任原则是行为人基于自身的过错而承担民事责任的归责原则。它是现代侵权法之基本归责原则,可分为一般过错责任原则和推定过错责任原则。前者要求受害人举证证明加害人有过错以及过错行为与损害结果之间有因果关系。后者要求加害人举证证明自身没有过错以及自身的行为与损害结果之间不存在因果关系,否则推定加害人有过错。

5. 公平原则　公平责任原则实质上是一种法官自由裁量原则。它是指法条中只有原则性规定,在实施中由法官根据立法精神从公平合理的角度出发将民事责任分摊给各方当事人,作出符合立法目的的公正裁决的归责原则。如我国民法通则第109条、第132条规定的情形,就是对公平责任的原则性规定。

（胡义钦）

第五章 医疗卫生机构及组织管理法律制度

第一节 医疗机构管理法律制度

一、医疗机构的管理

（一）医疗机构的概念

医疗机构指依照法定程序设立的从事疾病诊断、治疗和预防活动的卫生机构的总称。医疗机构以救死扶伤、防病治病、保障人民健康为宗旨，其正常合法的医疗活动受到法律保护。国家扶持医疗机构的发展，鼓励以多种形式创建医疗机构。为了促进卫生事业的对外交流与合作，允许中外合资、合作建立医疗机构。

医疗机构按其功能可分为：以诊疗疾病为中心的医疗机构，如医院、门诊部；以预防疾病为主体的医疗保健机构，如妇幼保健站、结核病防治所；以康复疗养为重点的医疗机构，如疗养院；专门从事急救工作的急救中心。

我国的医疗是以综合医院为骨干发展起来的。为了充分发挥各医院机构的功能，提高城乡医疗机构的整体能力，我国实行三级分级分工医疗服务，形成了我国特有的城乡医疗体系。以城市为例，医疗机构的分级如下：

一级医疗机构。指街道卫生院或企业保健站等基层医疗机构。它们在区卫生行政部门的领导下和有关二级医疗机构的业务指导下，直接面向所在地段内的全体居民、企业职工，负责医疗预防、卫生防疫、妇幼保健、卫生知识宣传等工作，并配合搞好爱国卫生和计划生育等工作。

二级医疗机构。指区医院、区保健机构、企业医院等。在区卫生行政部门领导和有关三级医疗机构的指导下，担负规定区域内病人的门诊、急诊及住院医疗服务，接受区域内一级医疗机构的转诊及会诊和对其进行业务指导及技术人员的培训，进行力所能及的科研教学工作，直接负责若干地段的医疗预防工作。

三级医疗机构。指省、市、地综合医院、医学院校附属医院、专科医院、医疗保健机构等。它们是一个城市或一个比较广大的区域内的医疗中心和医学科研、培养高级医务人员的主要基地。在省、市、自治区卫生行政部门领导下，开展门诊、急诊及住院病人的诊疗，对区域内二级医疗机构进行业务指导和技术人员培训，接受疑难病例的转诊、会诊，直接负责一定地段范围内的医疗预防工作。

我国农村医疗机构的发展也很快,以县医院为中心的县、乡、村三级医疗预防网得到了进一步健全。

(二)医疗机构的设置规划和审批

1.医疗机构的设置规划

(1)设置规划的制定:县级以上地方人民政府卫生行政部门应当根据本行政区域内的人口、医疗资源、医疗需要和现有医疗机构的分布状况,依据国务院卫生行政管理部门制定的《医疗机构设置规划指导原则》,制定本行政区域医疗机构设置规划,经上一级卫生行政部门审核,报同级人民政府批准,在本行政区域发布实施。机关、企业和事业单位可以根据需要设置医疗机构,并纳入当地医疗机构的设置规划。

(2)设置规划应遵循的原则

1)公平性原则:从当地的医疗供需实际出发,面向全人群,充分发挥现有医疗资源的作用。现阶段发展要以农村、基层为重点,严格控制城市医疗机构的发展规模,保证全体居民尤其是广大农民公平地享有基本医疗服务。

2)整体效益原则:医疗机构设置要符合当地卫生发展总体规划的要求,充分发挥医疗系统的整体功能,合理配置医疗资源,提高医疗预防保健网的整体效益,局部要服从全局。

3)可及性原则:又称为便民原则,医疗机构服务半径适宜,交通便利,布置合理,易于为人民服务。

4)分级管理原则:为了合理有效地利用卫生资源,确保医疗机构,按医疗机构的功能、任务、规模,将其分为不同级别,实行标准有别、要求不同的管理,建立和完善分级医疗体系。

5)公有制主导原则:医疗机构应坚持国家和集体举办为主,个人和其他团体为补充的原则。

6)中西医并重原则:遵循卫生工作的基本方针,中西医并重,保证中西医结合、民族医医疗机构的合理布局及资源配置。

2.医疗机构的设置审批

(1)申请:申请提交的文件。单位或者个人要设置医疗机构,必须向县级以上地方人民政府卫生行政部门提出申请。申请时应当提交设置申请书、设置可行性研究报告和建筑设计平面图等文件。

不得申请设置医疗机构的情形:①不能独立承担民事责任的单位;②正在服刑或者不具有完全民事行为能力的个人;③医疗机构在职、因病退职或者停薪留职的医务人员;④发生二级以上医疗事故未满5年的医务人员;⑤因违反有关规定和规章,已被吊销执业证书的医务人员;⑥被吊销《医疗机构执业许可证》的医疗机构法定代表人或者主要负责人等。

在城市申请设置诊所的个人须同时具备的条件:①经医师执业技术考核合格,取得《医师执业证书》;②取得《医师执业证书》或者医师职称后,从事5年以上同一专业临床工作;③省、自治区、直辖市国务院卫生行政管理部门规定的其他条件。

(2)审批:卫生行政部门对设置医疗机构申请,应当自受理之日起30日内,依据当地医疗机构设置规划进行审批,对符合医疗机构设置规划和国务院卫生行政管理部门制定的医疗标准的,发给设置医疗机构批准证书;对不予批准的,要以书面形式告知理由。

床位在100张以上的综合医院、中医医院、中西医结合的医院、民族医医院以及疗养院、康复医院、妇幼保健院、急救中心、临床检验中心等设置审批权限的划分,由省、自治区、直辖市卫生行政部门规定。其他医疗机构的设置,由县级卫生行政部门负责审批。

机关、企业和事业单位按照国家医疗机构基本标准设置为内部职工服务的卫生所,报所在地的县级行政部门备案。

有下列情形之一的,设置医疗机构申请不予批准:不符合当地医疗机构设置规定的条件;不能提供满足投资总额的资信证明;医疗机构选址不合理等。

(三)医疗机构的登记和执业

1. 登记

(1) 任何医疗机构执业必须进行登记,领取《医疗机构执业许可证》。申请医疗机构执业登记应当填写《医疗机构申请执业登记注册书》,并提交下列材料:①《设置医疗机构批准书》或者《设置医疗机构备案回执》;②医疗机构用房权证证明;③医疗机构建筑设计平面图;④验资证明、资产评估报告;⑤医疗机构规章制度;⑥医疗机构法定代表人或者主要负责人以及各科室负责人名录和有关资格证书、执业证书复印件等。

登记机关在受理医疗机构执业登记申请后,应当自申请人提供规定的全部材料之日起45日内审核申请是否具备规定的条件,是否符合医疗机构基本标准,并进行实地考察、核实,对有关执业人员还应进行消毒、隔离和无菌操作等基本知识和技能的现场抽查考核。经审核合格的,予以登记,发给《医疗机构执业许可证》;审查不合格的,应将审查结果和不予批准的理由以书面形式通知申请人。

(2) 医疗机构执业登记的主要事项:① 类别、名称、地址、法定代表人或主要负责形式;② 所有制形式;③ 诊疗科目、床位;④ 注册资金等。

医疗机构改变名称、场所、主要负责人、诊疗科目、床位,必须向原登记机关办理变更登记。医疗机构歇业,必须向原登记机关办理注销登记,经登记机关核准后,收缴《医疗机构执业许可证》。医疗机构非因改建、扩建、迁建原因停业超过一年的,视为歇业。

床位不满100张的医疗机构,其《医疗机构执业许可证》每年校验1次;床位在100张以上的医疗机构,其《医疗机构执业许可证》每3年校验1次。

2. 执业规则 任何单位或者个人,未取得《医疗机构执业许可证》,不得开展诊疗活动。医疗机构执业,必须遵守有关法律、法规和医疗技术规范;按照核准登记的诊疗科目开展诊疗活动;不得试用非卫生技术人员从事卫生技术工作。

医疗机构在执业活动中,应当遵守下列规则:①对危重患者应立即抢救,对限于设备或技术条件不能诊治的病人应当及时转院;②未经医师亲自诊查患者,不得出具疾病诊断书、健康证明或死亡证明等证明文件;未经医师、助产人员亲自接产,不得出具出生证明书或死产报告书;③施行手术、特殊检查或特殊治疗时,必须征得患者同意,并应当取得其家属或利害关系人同意并签字;④发生医疗事故时,按国家有关规定处理;⑤对传染病、精神病、职业病等患者特殊诊治和处理,应按国家有关法律、法规的规定办理;⑥必须按照有关药品管理的法律、法规,加强药品管理;⑦必须按照人民政府或物价部门的有关规定收取医药费用,详列细项,并出具收据。

(四)医疗机构的监督管理

医疗机构的监督管理由县级以上人民政府卫生行政部门负责。国务院卫生行政部门负责全国医疗机构的监督管理工作;县级以上地方人民政府卫生行政部门负责本行政区域内医疗机构的监督管理工作。中国人民解放军卫生主管部门负责对军队的医疗机构实施监督管理。其监督管理职权包括：负责医疗机构的设置审批、执业登记和校验；对医疗机构的执业活动进行检查指导；负责组织对医疗机构的评审；对违反《医疗机构管理条例》的行为给予处罚。同时，各级卫生行政部门对医疗机构的执业活动担负检查、指导责任，主要包括：执行国家有关法律、法规、规章和标准的情况；执行医疗机构内部各项规章制度和各级各类人员岗位责任情况；医德医风情况；服务质量和服务水平情况；执行医疗收费标准情况；组织管理情况；人员任用情况；省、自治区、直辖市卫生行政规定的其他检查、指导项目。

为加强对医疗机构的监督管理，国家实行医疗机构评审制度。由专家组成的评审委员会按照医疗机构评审办法和评审标准，对医疗机构的基本标准、服务质量、技术水平、管理水平等进行综合评价。

医疗机构评审包括周期性评审和不定期重点检查。本行政区域内的医疗机构评审委员会由县级以上地方人民政府卫生行政部门负责组织其成员由医疗管理、医学教育、医疗、医技、护理和财务等有关专家组成。县级以上地方人民政府卫生行政部门根据评审委员会的评审意见，对达到评审标准的医疗机构，发给评审合格证书；对未达到评审标准的医疗机构，提出处理意见。

（五）法律责任

医疗机构执业过程中，违反《医疗机构管理条例》的相关规定的，医疗机构本身及其直接责任人需要承担相应的法律责任。

未取得《医疗机构执业许可证》擅自执业的，由县级以上人民政府卫生行政部门责令其停止执业活动，没收非法所得和药品、器械，并可以根据情节处以1万元以下罚款。

逾期不校验《医疗机构执业许可证》仍从事诊疗活动的，由县级以上人民政府卫生行政部门责令其限期补办校验手续；拒不校验的，吊销其《医疗机构执业许可证》。

出卖、转让、出借《医疗机构执业许可证》的，由县级以上人民政府卫生行政部门没收非法所得，并可处以5000元以下的罚款；情节严重的，吊销其《医疗机构执业许可证》。

诊疗活动超出登记范围的，由县级以上人民政府卫生行政部门予以警告、责令其改正，并可以根据情节处以3000元以下的罚款；情节严重的，吊销其《医疗机构执业许可证》。

医疗机构使用非卫生技术人员从事医疗卫生技术工作的，由县级以上人民政府卫生行政部门责令其限期改正，并可处以5000以下的罚款；情节严重的，吊销其《医疗机构执业许可证》。

医疗机构出具虚假证明，由县级以上人民政府卫生行政部门予以警告；对造成危害后果的，可以处以1000元以下的罚款；对直接责任人员由所在单位或者上级机关给予行政处分。

二、医院的管理

医院是我国医疗机构的主体，拥有全国80%的医护人员，在诊疗护理服务中具有举足轻重的地位。

（一）医院概述

医院是指从事疾病诊断和治疗活动，设有门诊、住院、医技、护理等业务部门和行政、后勤等职能处室，拥有相当数量的正式病床、医械设备和业务用房的医疗机构。

医院是医疗机构中的一种类型，它同其他医疗机构的区别不仅体现在规模和医务人员拥有量等方面，而且还主要体现在它所具有的社会功能更为全面。具体说来，医院承担着以下基本功能：医疗功能、教学功能、科研功能、防病功能。

（二）医院法律地位的取得

1. 医政许可　医政许可是指卫生行政部门根据公民、法人或其他组织的申请，经过审查核实，依法赋予其从事诊疗护理活动的资格或主体地位的行为。将卫生行政部门的这种具体行政行为加以制度化、法律化，便称为医政许可法律制度，简称医政许可。

我国现行的医政许可有医师资格及注册许可、护士资格及注册许可、医疗机构设置及执业登记许可、医疗机构及医护人员开展专项医疗活动许可等。可见医政许可的设置与执业有着密切联系，是医院取得法律地位并以此发生多种社会交往的前置条件，也是医院依法获得相关权利的必经程序和法律保障。

2. 医院设置许可　《医疗机构管理条例》规定："单位或者个人设置医疗机构，必须经县级以上地方人民政府卫生行政部门审查批准，并取得设置医疗机构批准书，方可向有关部门办理其他手续。"这一规定表明医院设置许可是获得医院执业许可的必经程序和前置条件，目的在于通过设置规划和许可环节，"合理配置各级各类医疗机构，充分利用有限的医疗卫生资源，更好地为公民提供符合成本效益的医疗、预防、保健、康复服务。"

设置医院必须符合当地政府批准的《医疗机构设置规划》，由申请者向当地卫生行政部门提交设置申请书、设置可行性研究报告、选址报告和建筑设计平面图。提交的设置可行性研究报告须载明以下内容：① 申请单位名称、基本情况或者申请人姓名、年龄、专业履历、身份证号码；② 所在地区的人口、经济和社会发展等概况；③ 所在地区人群健康状况和疾病流行以及有关疾病患病率；④ 所在地区医疗资源分布情况以及医疗服务需求分析；⑤ 拟设医疗机构的名称、选址、功能、任务、服务半径；⑥ 拟设医疗机构的服务方式、时间、诊疗科目和床位编制；⑦ 拟设医疗机构的组织结构、人员配置；⑧ 拟设医疗机构的仪器、设备配置；⑨ 拟设医疗机构与服务半径内其他医疗机构的关系和影响；⑩ 拟设医疗机构的污水、污物、粪便处理方案；⑪ 拟设医疗机构的通讯、供电、上下水道、消防设施情况；⑫ 资产来源、投资方式、投资总额和注册资金，并提交申请者的资信证明；⑬ 拟设医疗机构的投资预算和五年内的成本效益预测分析。

提交的选址报告须载明以下内容：① 选址的依据；② 选址所在地区的环境和公用设施情况；③ 选址与周围托幼机构、中小学校、食品生产经营单位布局的关系；④ 占地和建筑面积。

3. 医院执业登记及校验许可

（1）医院执业登记许可：医院执业登记许可是指获得卫生行政部门的设置批准后，为了医院执业权的享有和医院法人资格的最终取得，所必经的法定程序。设置医院批准书的获得仅表明申请设置医院的单位或个人有权按照批准书载明的地点、类别、规模等设置何种医院，至于该医院是否可以立即营运，还须进一步向批准其设置的卫生行政部门提出医疗机构执业登记申请，经审查核实，取得《医疗机构执业许可证》后方可执业。

由此可见，通过设置许可取得《设置医疗机构批准书》，仅是医院获得其事业单位法人资格的前提条件；进一步通过执业登记许可取得《医疗机构执业许可证》，才是医院据此获得事业单位法人资格的最终目的。

按照《医疗机构管理条例》及其《实施细则》的规定，医院申办执业登记时，必须填写《医疗机构申请执业登记注册书》，并向登记机关提交下列材料：①《设置医疗机构批准书》或《设置医疗机构备案回执》；② 医院用房产权证明或者使用证明；③ 医院建筑设计平面图;④ 验资证明、资产评估报告;⑤ 医院规章制度;⑥ 医院法定代表人或者主要负责人以及各科室负责人名录和有关资格证书、执业证书复印件;⑦ 省级卫生行政部门规定提交的其他材料。

经审核合格的,予以登记,发给《医疗机构执业许可证》;审查不合格的,应将审查结果和不予批准的理由以书面形式通知申请人。《医疗机构执业许可证》须载明下列事项:① 类别、名称、地址、法定代表人或主要负责人;② 所有制形式;③ 注册资金;④ 服务方式;⑤ 诊疗科目;⑥ 房屋建筑面积、床位(牙椅);⑦ 服务对象;⑧ 职工人数;⑨ 执业许可登记号;⑩ 省级卫生行政部门规定的其他登记事项。

(2)医院校验许可:医院校验许可是指医院在执业期间,应当届时到发证机关办理校验手续,经校验合格方可继续执业的法律制度。其目的在于检查医院在执业期间是否符合《医疗机构基本标准》,以促进医院增加后劲,不断提高医疗质量和水平。

《医疗机构管理条例实施细则》规定:"床位在100张以上的综合医院、中医医院、中西医结合医院、民族医医院以及专科医院、疗养院、康复医院、妇幼保健院、急救中心、临床检验中心和专科疾病防治机构的校验期为3年;其他医疗机构的校验期为1年。"医院应当在校验期满前3个月,向登记机关申请办理校验手续,校验《医疗机构执业许可证》,并提交下列文件:①《医疗机构校验申请书》;②《医疗机构执业许可证》副本;③ 省、自治区、直辖市卫生行政部门规定提交的其他材料。卫生行政部门受理校验申请后,应当自受理之日起30日内完成校验。经校验不符合《医疗机构基本标准》的,或者在执业期间受到卫生行政部门给予限期改正的处理且其处理处于实施期的,由登记机关根据其情况给予1至6个月的暂缓校验期;暂缓校验期满仍不能通过校验的,由登记机关注销其《医疗机构执业许可证》。

4. 医院执业事项的变更 医院执业事项的变更是指医院依法变更其名称、地址、法定代表人、所有制形式、服务对象、服务方式、注册资金、诊疗科目、床位(牙椅)数量的法律行为。具体包括以下几种情况:一是某个医院仅就自身某一执业事项或某几个执业事项的变更;二是因分立或者合并而保留的医院对其某些执业事项的变更;三是为内部职工服务的医院改为向社会开放的医院的变更;四是由营利性医院改为非营利性医院或者由非营利性医院改为营利性医院的变更;五是由国家投资为主的医院改为不是国家投资为主的医院的变更。

按照《医疗机构管理条例》及其《实施细则》规定,医院变更其执业事项的,均须向登记机关申请办理变更登记,并提交下列材料:①医院法定代表人或者主要负责人签署的《医疗机构申请变更登记注册书》;②申请变更登记的原因和理由;③登记机关规定提交的其他材料。

(三)医院法律地位的终止

医院法律地位的终止是指医院持有的《医疗机构执业许可证》因故被依法吊销或者注销后,其医院法人资格随之丧失所形成的法律事实。导致这一法律后果的原因有两个:一是因医院未能依法履行义务和正确行使权利,造成了对国家医政管理的妨碍或者对患者人身健康权的损害;二是因医院营运问题而需要歇业、分立或者合并,应该对其法律地位做相应变更。

1. 对于《医疗机构执业许可证》的吊销

(1)逾期不申办校验,又不停止诊疗活动,经责令限期补办校验手续后,在限期内仍不办理校验的,吊销其《医疗机构执业许可证》。

(2)超出执业登记许可的诊疗科目范围,其诊疗活动累计收入在3 000元以上,或者给患者造成伤害,或者具有省、自治区、直辖市卫生行政部门规定的其他情形的,吊销其《医疗机构执业许可证》。

（3）任用2名以上非卫生技术人员从事诊疗活动,或者任用的非卫生技术人员给患者造成伤害的,吊销其《医疗机构执业许可证》。

（4）具有下列情形之一的,吊销其《医疗机构执业许可证》：① 出卖《医疗机构执业许可证》的；② 转让或出借《医疗机构执业许可证》是以营利为目的的；③ 受让方或者承借方给患者造成伤害的；④ 转让、出借《医疗机构执业许可证》给非卫生技术专业人员的；⑤ 具有省、自治区、直辖市卫生行政部门规定的其他情况的。从以上的规定可以看出,《医疗机构执业许可证》的吊销是因该机构具有违法行为或者拒不履行法定义务而造成的。

2. 对于《医疗机构执业许可证》的注销

（1）医疗机构歇业或者非因改建、扩建、新建原因停业超过1年的,经办理注销登记手续后,注销其《医疗机构执业许可证》。

（2）医疗机构分立成2个或2个以上的新的医疗机构而终止原有医疗机构的,经办理变更登记手续后,注销原有医疗机构的执业许可证。

（3）2个或2个以上医疗机构合并为新的医疗机构而终止原有各医疗机构的,以及某个或某几个医疗机构并入另一个医疗机构而终止并入被并入的医疗机构的,经办理变更登记手续后,注销原有各医疗机构的执业许可证。从以上的规定可以看出,《医疗机构执业许可证》的注销,是因被注销的医疗机构因故终止其执业活动而引起的,在性质上与吊销有区别。

三、个体医疗机构、中外合资合作医疗机构的管理

（一）个体医疗机构的管理

1. 个体医疗机构的性质和任务　个体医疗机构是指个体开业行医者根据国家法律规定所开办的诊所、病房、康复医院或医院。社会民办的这类个体医疗机构是我国医疗机构的一个组成部分。新中国成立以来,根据我国的实际情况,在大力发展国家办和集体办的医疗机构的同时,一直允许少数符合个体开业的医师行医。1998年6月26日,第九届全国人大常委会第三次会议通过的《中华人民共和国执业医师法》对执业医师申请个体行医以及管理作了明确规定,从而使我国对个体医疗机构的管理纳入了法制化的轨道。

个体医疗机构作为社会主义卫生事业的组成部分,它的任务是：贯彻预防为主的方针,承担卫生行政部门规定的初级卫生保健工作。个体开业医师、中医师等在执业活动中必须遵守国家法律、法规、医疗卫生工作制度和技术操作规程,遵守医疗道德规范,坚持文明行医,钻研业务技术,保证医疗卫生工作质量,并且必须参加当地的卫生工作者协会,接受行业性监督、管理和业务培训。个体开业医师依靠自身的医疗技术,在国家规定的范围内,依法从事医疗卫生活动,受国家法律的保护。

2. 开业资格　根据《执业医师法》的规定,申请个体行医的执业医师,取得执业医师资格后,经向所在地县级以上人民政府卫生行政部门申请注册,取得执业证书。经注册后的医师按照注册的执业特点、执业类别、执业范围从事相应的医疗、预防、保健工作；未经批准,不得行医。

3. 监督检查　《执业医师法》规定,县级以上地方人民政府卫生行政部门对个体行医的医师,应当按照国务院卫生行政部门的规定,经常监督检查。凡发现医师注册后有下列情形之一的,应当即时注销注册,收回医师执业证书：①死亡或被宣告失踪的；②受刑事处罚的；

③受吊销医师执业证书行政处罚的；④依照执业医师法的有关规定，定期考核不合格暂停执业活动期满，再次考核仍不合格的；⑤中止医师执业活动满2年的；⑥有国务院卫生行政部门规定不宜从事医疗、预防、保健业务的其他情形的。

（二）中外合资、合作医疗机构的管理

1. 中外合资、合作医疗机构的概念　中外合资、合作医疗机构是指外国医疗机构、公司、企业和其他经济组织，按照平等互利的原则，经中国政府主管部门批准，在中国境内与中国的医疗机构、公司、企业和其他经济组织以合资或者合作形式设立的医疗机构。

我国第一所中外合资医院诞生于1989年。中国医疗市场的开放，对引进先进的设备、技术及资金，促进学科发展起了积极作用。为了进一步适应改革开放的需要，加强对中外合资、合作医疗机构的管理，2000年5月15日，国务院卫生行政管理部门、对外贸易经济合作部发布了《中外合资、合作医疗机构管理暂行办法》。

2. 中外合资、合作医疗机构的设置审批与登记

（1）设置条件：为了有利于区域卫生规划和医疗机构设置规划的实施，鼓励引进先进技术设备和管理经验，防止低水平重复建设，防止国有资产流失，保护合资、合作中中方的权益，《中外合资、合作医疗机构管理暂行办法》从规划、发展方向、基本条件和要求及国有资产管理等方面，规定了设置条件。

中外合资、合作医疗机构的设置和发展必须符合区域卫生规划和医疗机构设置规划，并执行国务院卫生行政管理部门制定《医疗机构基本标准》。申请设立的中外合资、合作医疗机构的中外双方应是能够独立承担民事责任的法人。中外合资、合作医疗机构的中外双方应当具有直接或间接从事医疗卫生投资与管理的经验，并符合下列要求之一：①能够提供国际先进的医疗机构管理经验、管理模式和服务模式；②能够提供具有国际领先水平的医学技术和设备；③可以补充或完善当地在医疗服务能力、医疗技术、资金和医疗设施方面的不足。

设立的中外合资、合作医疗机构应当符合以下条件：①必须是独立的法人；②投资总额不得低于2 000万元人民币；③合资、合作中中方在医疗机构中所占的股份比例或权益不得低于30%；④合资、合作期限不超过20年；⑤省级以上卫生行政部门规定的其他条件。

（2）设置审批与登记：设置中外合资、合作医疗机构，应提交《办法》所规定的材料，先向所在地设区的市级卫生行政部门提出申请，由设区的市级卫生行政部门对申请人提交的材料进行初审，提出初审意见，按规定报所在地省级卫生行政部门审核，并在审核后，再报国务院卫生行政管理部门审批。

申请人在获得国务院卫生行政管理部门设置许可后，提交相关材料，按照有关法律、法规向外经贸部提出申请。予以批准的，发给《外商投资企业批准证书》。获得批准设立的中外合资、合作医疗机构，应自收到该批准证书之日起一个月内，凭此证书到国家工商行政管理部门办理注册登记手续，并按《医疗机构管理条例》和《医疗机构管理条例实施细则》关于医疗机构执业登记所规定的程序和要求，向所在地省级卫生行政部门规定的卫生行政部门申请执业登记，领取《医疗机构执业许可证》。

3. 中外合资、合作医疗机构的执业　中外合资、合作医疗机构作为独立法人实体，自负盈亏，独立核算，独立承担民事责任。

中外合资、合作医疗机构在执业过程中，应当遵守以下执业规范：①应当执行《医疗机构管理条例》和《医疗机构管理条例实施细则》关于医疗机构执业的规定；②必须执行医疗

技术准入规范和临床诊疗技术规范,遵守新技术、新设备及大型医用设备临床应用的有关规定;③发生医疗事故,依照国家有关法律、法规处理;④聘请外籍医师、护士,按照《中华人民共和国执业医师法》和《中华人民共和国护士管理办法》等有关规定办理;⑤发生重大灾害、事故、疾病流行或者其他意外情况时,中外合资、合作医疗机构及其卫生技术人员要服从国务院卫生行政管理部门的调遣;⑥中外合资、合作医疗机构发布本机构医疗广告,按照《中华人民共和国广告法》、《医疗广告管理办法》办理;⑦中外合资、合作医疗机构的医疗收费价格、税收政策按照国家有关规定办理。

4. 中外合资、合作医疗机构的监督管理　国家卫生和计划生育委员会、商务部在各自的职责范围内负责全国中外合资、合作医疗机构管理工作。县级以上地方人民政府卫生行政部门和商务部门在各自职责范围内负责本行政区域内中外合资、合作医疗机构的日常监督管理工作。

四、急救医疗机构的管理

(一)医疗急救机构概念

医疗急救机构是指在各级卫生行政部门统一领导下实施急诊抢救工作的医疗组织,包括大中城市的各级急救站(中心)和医院的急诊科(室)。

医疗急救包括现场急救、途中护送以及医院急诊救治的全过程。

独立急救站主要任务是:①中心急救站在是卫生行政部门直接领导下,统一指挥全市日常急救工作,分站在中心急救站领导下担负一定范围的抢救任务;②以医疗急救为中心,负责对各种危重患者和意外灾害事故现场和护送途中的抢救治疗;③在基层卫生组织和群众中宣传普及急救知识,有条件的急救站可承担一定的科研教学任务;④接受上级领导指派的临时救护任务。

城市医院急救科(室)的任务是:①迅速准确地诊断和治疗从基层医院、急救站转来的或自行来院的急诊病人;②根据城市急救中心的指挥,派出医护人员及车辆到现场抢救伤病员。

随着我国人口老龄化的发展和疾病谱的改变,以及工业、交通的迅速发展,急救病人和各种灾害、事故造成的伤亡人数逐年增加。有的重大灾害、事故导致成批人员伤亡。实践证明,急诊抢救是医疗工作的最前线,它对救治伤病员,保障人体健康,保护劳动力具有十分重要的作用。

(二)医疗急救机构的设置

根据国务院卫生行政管理部门关于加强城市急救工作的意见,城市应逐步建立健全以急救中心、急救站、医院急诊科(室)、街道卫生院、群众性基层卫生组织(红十字会卫生站、防治站)相结合的医疗急救网络。大城市可根据情况在急救中心下设立若干急救分站。急救任务由医院承担的城市,可选择一、二个医院担负中心急救站的指挥调度任务。有条件的城市在加强医疗急救网建设的同时,亦可逐步向专科、专业急救网方向发展。

农村医疗急救工作,主要由县医院急诊科、乡镇卫生院急救室和村卫生室(所)为主体的医疗急救网络负责。县医院急诊科(室)应成为全县医疗急救的基地和技术指导中心。

(三)医疗急救机构的组织管理

为了充分发挥医疗急救网的作用,使急救工作迅速、准确、有效、合理,高效率、高质量地抢救各种危急重病人,减少伤亡,必须加强医疗急救机构的组织管理,具体做好以下几项工作:①急救中心(站、分站)与医院急诊室分工负责全市的急救工作,建立适合本地情况的、能有效协调急诊抢救的组织指挥系统和充分发挥各级医疗单位作用的急救网；②遇有重大灾难、意外事故时，各级急救组织应迅速报告卫生局并立即组织现场抢救和护送伤病员；③充实急救站、急救室（科）的各类骨干力量，配备固定的人员编制，提高抢救人员的应急能力；④急救站应有比较现代化的交通、通讯设备和车辆维修场地，急诊室（科）的装备与布局要逐步系统化，不断采用新设备、新技术，提高抢救成功率；⑤加强救护车辆管理，使分散在各医疗单位的救护车统一管理、调动，提高使用率，切实发挥在救护工作中的作用；⑥各级急救组织必须建立健全以岗位责任制为中心的规章制度，提高科学管理水平和急救质量；⑦搞好经济管理，充分调动职工的积极性，为医疗急救事业作贡献。

第二节　卫生监督机构管理法律制度

卫生监督体系是公共卫生体系的重要组成部分，是执行国家卫生法律法规，维护公共卫生秩序和医疗服务秩序，保护人民群众健康，促进经济社会协调发展的重要保证。

卫生监督体系建设包括加强卫生监督机构和队伍的建设、明确卫生监督的任务和职责、健全卫生监督工作的运行机制和完善卫生监督工作的保障措施。

一、卫生监督执行机构的设置

卫生监督执行机构的设置遵循以下原则：

（一）总体规划、统筹兼顾

按照区域规划的总体要求，遵循国家确定的基本标准，整合现有卫生资源，加大投入，合理配置，避免重复建设。

（二）分级负责、加强管理

卫生监督机构建设要在当地政府的统一领导下进行，各级卫生行政部门要加强对卫生监督机构建设的具体领导，分级负责。建设过程中要严格执行国家基本建设管理的有关规定，加强管理，按期完成建设目标。

（三）因地制宜、分类指导

卫生监督机构的建设工作要与区域内国民经济和社会发展水平相适应，与人民群众的健康需求相协调，根据本地区卫生监督机构的实际情况和监督工作的重点，明确建设规划的重点，切实提高卫生监督执法能力。

卫生监督机构的设置分为中央、省、设区的市、县共三级。

二、卫生监督机构的职责与管理

（一）卫生监督的主要职责

依法监督管理食品、化妆品、消毒产品、生活饮用水及涉及饮用水卫生安全产品；依法监督管理公共场所、职业、放射、学校卫生等工作；依法监督传染病防治工作；依法监督医疗机构和采供血机构及其执业人员的执业活动，整顿和规范医疗服务市场，打击非法行医和非法采供血行为；承担法律法规规定的其他职责。

各级卫生监督机构在同级卫生行政部门领导下承担卫生监督工作任务。

（二）卫生监督工作实行分级管理

中央、省、设区的市、县级人民政府卫生行政部门内设卫生监督机构，负责辖区内卫生监督工作。县级卫生监督机构可在乡镇派驻卫生监督人员。

第三节 疾病预防控制机构管理法律制度

为加强疾病预防控制体系建设,提高疾病预防控制和突发公共卫生事件应急处置能力,保障人民身体健康和生命安全,促进社会稳定与经济发展,国家制定了相关法规。

疾病预防控制体系建设的重点是:加强国家、省、设区的市、县级疾病预防控制机构和基层预防保健组织建设,强化医疗卫生机构疾病预防控制的责任;建立功能完善、反应迅速、运转协调的突发公共卫生事件应急机制;健全覆盖城乡、灵敏高效、快速畅通的疫情信息网络;改善疾病预防控制机构基础设施和实验室设备条件;加强疾病预防控制专业队伍建设,提高流行病学调查、现场处置和实验室检测检验能力。

疾病预防控制体系建设,遵循"统筹规划、整合资源、明确职责、提高效能、城乡兼顾、健全体系"的原则,坚持基础设施建设与完善运行管理机制相结合,加强疾病预防控制机构和队伍建设,建立稳定的经费保障体系,保证疾病预防控制工作落实。

一、疾病预防控制机构的设置

疾病预防控制机构分为国家级、省级、设区的市级和县级四级。各级疾病预防控制机构应当根据疾病预防控制专业特点与功能定位,以及本地区疾病预防控制的具体实际,明确职责和任务,合理设置内设机构。

疾病预防控制机构实行以岗位责任制为中心的综合目标管理责任制和自查、抽查与考核相结合的定期考核制度。各级疾病预防控制机构必须严格执行国家关于实验室管理的有关规定,规范实验室建设,建立健全管理制度,确保实验室安全。

疾病预防控制机构使用统一的专用标志,专用标志由国务院卫生行政管理部门制定。

二、疾病预防控制机构的职责

疾病预防控制机构的职能是:疾病预防与控制、突发公共卫生事件应急处置、疫情报告及健康相关因素信息管理、健康危害因素监测与干预、实验室检测分析与评价、健康教育与健康促进、技术管理与应用研究指导。

(一)国家级疾病预防控制机构主要职责

1. 实施全国重大疾病预防控制工作规划,开展质量检查和效果评估;组织实施全国性重大疾病监测、预测、调查、处理,研究全国重大疾病与公共卫生问题发生发展规律和预防控制策略。

2. 建立突发公共卫生事件监测与预警机制,指导和参与地方传染病疫情和重大突发公共卫生事件调查处理,参加特大突发公共卫生事件的处理工作。

3. 开展免疫规划策略研究和实施效果评价,对预防性生物制品应用提供技术指导。

4. 建立质量控制体系,促进全国公共卫生检验工作规范化;负责国家疾病预防控制实验室网络技术管理和菌毒种保存管理。

5. 建立国家级疾病预防控制信息网络平台,管理全国疫情、突发公共卫生事件和健康危害因素等相关公共卫生信息网络。

6. 建立食品卫生安全、职业卫生、放射卫生和环境卫生等公共卫生危险性评价、监测和预警体系,研究和推广安全性评价新技术、新方法。

7. 组织实施国家健康教育与健康促进项目。

8. 承担卫生行政部门委托的与卫生监督执法相关的检验检测及技术仲裁工作,负责指导全国职业病诊断鉴定工作。

9. 负责疾病预防控制高级专业技术人员技术培训和省级疾病预防控制机构业务考核;为各级疾病预防控制机构指导医疗机构开展传染病防治工作提供规范性指导。

10. 开展疾病预防控制应用性科学研究,开发和推广先进技术;拟订国家公共卫生相关标准。

(二)省级疾病预防控制机构主要职责

1. 完成国家下达的重大疾病预防控制的指令性任务,实施本省疾病预防控制规划、方案,对重大疾病流行趋势进行监测与预测预警;实施辖区免疫规划方案与计划,负责预防性生物制品使用管理;开展疫苗使用效果评价,参与重大免疫接种异常反应及事故处置。

2. 组建应急处理队伍,指导和开展重大突发公共卫生事件调查与处置。

3. 开展病原微生物检验检测及毒物与污染物的检验鉴定和毒理学检验,负责辖区内疾病预防控制实验室质量控制。

4. 建设省级网络信息平台,管理全省疫情及相关公共卫生信息网络。

5. 组织开展公共卫生健康危害因素监测,开展卫生学评价和干预;按照国家统一部署,组织开展食品卫生、职业卫生、放射卫生和环境卫生等领域危险性评价、监测和预警工作。

6. 承担卫生行政部门委托的与卫生监督执法相关的检验检测及技术仲裁工作,承担辖区内职业病诊断鉴定工作。

7. 指导全省健康教育与健康促进和社区卫生服务工作。

8. 开展对设区的市级、县级疾病预防控制机构的业务指导和人员培训;组织实施设区的市级、县级疾病预防控制机构业务考核;规范指导辖区内医疗卫生机构传染病防治工作。

9. 参与开展疾病预防控制应用性科学研究,推广先进技术;参与拟订国家公共卫生相关标准。

(三)设区的市级疾病预防控制机构主要职责

1. 完成国家、省下达的重大疾病预防控制的指令性任务,实施疾病预防控制规划、方案,组织开展本地疾病暴发调查处理和报告;负责辖区内预防性生物制品管理,组织、实施预防接种工作。

2. 调查突发公共卫生事件的危险因素,实施控制措施。

3. 开展常见病原微生物检验检测和常见毒物、污染物的检验鉴定。

4. 开展疾病监测和食品卫生、职业卫生、放射卫生和环境卫生等领域健康危害因素监测,管理辖区疫情及相关公共卫生信息。

5. 承担卫生行政部门委托的与卫生监督执法相关的检验检测任务。

6. 组织开展健康教育与健康促进。

7. 负责对下级疾病预防控制机构的业务指导、人员培训和业务考核;指导辖区内医疗卫生机构传染病防治工作。

(四)县级疾病预防控制机构主要职责

1. 完成上级下达的疾病预防控制任务,负责辖区内疾病预防控制具体工作的管理和落实;负责辖区内疫苗使用管理,组织实施免疫、消毒、控制病媒生物的危害。

2. 负责辖区内突发公共卫生事件的监测调查与信息收集、报告,落实具体控制措施。

3. 开展病原微生物常规检验和常见污染物的检验。

4. 承担卫生行政部门委托的与卫生监督执法相关的检验检测任务。
5. 指导辖区内医疗卫生机构、城市社区卫生组织和农村乡（镇）卫生院开展卫生防病工作，负责考核和评价，对从事疾病预防控制相关工作的人员进行培训。
6. 负责疫情和公共卫生健康危害因素监测、报告，指导乡、村和有关部门收集、报告疫情。
7. 开展卫生宣传教育与健康促进活动，普及卫生防病知识。

第四节　医学会管理法律制度

一、医学会的成立、变更和注销

（一）医学会的成立

中华医学会（以下简称本会）是全国医学科学技术工作者自愿组成的依法登记成立的学术性、公益性、非营利性法人社团，是党和政府联系医学科学技术工作者的桥梁和纽带，是中国科学技术协会的组成部分，是发展我国医学科学技术事业的重要社会力量。

医学会的宗旨是团结组织广大医学科学技术工作者，遵守国家宪法、法律和法规，执行国家发展医学科技事业的方针和政策。崇尚医学道德，弘扬社会正气。坚持民主办会原则，充分发扬学术民主，提高医学科技工作者的业务水平，促进医学科学技术的繁荣和发展，促进医学科学技术的普及和推广，促进医学科学技术队伍的成长和提高，促进医学科技与经济建设相结合为我国人民的健康服务，为社会主义现代化建设服务。

（二）医学会的变更

医学会章程、名称、法定代表人、主要负责人、业务主管部门等重大变更，由理事会提出变更报告，提交会员代表大会通过。涉及登记证书及其他登记内容的一般性变更，由理事会审议决定。变更需向原业务主管部门和社会团体行政主管机关申报依法办理变更登记手续。

（三）医学会的注销

医学会终止须由理事会提出，经全国会员代表大会 2/3 以上代表通过，报中国科学技术协会和国务院卫生行政管理部门审查同意，到民政部办理注销手续后方可生效。

医学会终止清算后剩余资产按社会团体行政主管机关的有关规定处理。

二、医学会的组织机构和业务范围

（一）组织机构

医学会的最高权力机构是全国会员代表大会。其职权包括：制定和修改本会章程；选举和罢免理事会；推举名誉会长；审议批准上届理事会的工作报告和财务报告；决定本会的工作方针和任务；通过提案和决议；决定终止事宜；决定其他重大事宜。

全国会员代表大会须有 2/3 以上会员代表出席方能召开，其决议须经到会会员代表半数以上通过方能有效。

全国会员代表大会每五年召开一次。因特殊情况需提前或延期召开时，须经理事会或常务理事会讨论通过，并报业务主管部门和社团登记管理机关同意，但延期召开最长不得超过一年。

医学会下设理事会，理事会是全国会员代表大会的执行机构，在代表大会闭会期间领导本会工作，对全国会员代表大会负责，每届任期五年。理事会会议须有 2/3 以上理事出席方能召开。其决议须经到会理事 2/3 以上通过方能有效。理事会会议每两年必须召开一次，因特殊情况可采取通讯形式召开。

医学会会长、副会长、秘书长由理事会从常务理事中选举产生。会长、副会长、秘书长可以连选连任,任期最长不超过两届。

医学会还设有名誉理事或咨询顾问和名誉理事单位。对学术上有杰出成就,对医学会工作有重要贡献,不再继续担任理事、常务理事者,经本会常务理事会同意,分别予以表彰或聘任为名誉理事。

理事会根据工作需要,可酌情设立若干工作委员会,分别承办理事会交办的有关工作任务。

医学会按不同学科或专业,经常务理事会批准,成立相应的专科分会(其正式名称为"中华医学会某某分会",对外交往时经业务主管单位和登记管理机关批准仍可使用"中华医学会某某学会"的名称),专科分会是理事会领导下的分支学术机构,负责组织本学科(专业)的学术活动。专科分会不是法人社团,不得另订章程;专科分会实行委员制,由总会、专科分会和省、自治区、直辖市医学会民主协商推荐全国委员,组成委员会,由委员会民主协商推选主任委员、副主任委员和常务委员,组成常务委员会。委员会每届任期三年。

(二)业务范围

1. 开展医学科技学术交流,组织重点学术课题探讨和科学考察等活动,密切学科间和学术团体间的横向联系与协作。

2. 编辑出版医学学术、技术、信息、科普等各类期刊,图书资料及音像制品。

3. 开展继续医学教育,组织会员和其他医学科技工作者学习业务,不断更新科学技术知识,提高医学科学技术业务水平。

4. 开展多渠道、多种形式的医学卫生科普宣传、健康教育活动,提高人民群众的医学卫生知识水平,增强自我保健能力。

5. 发展同国外医学学术团体和医学科学技术工作者的联系和交往,开展国际学术交流。

6. 开展医学科学技术决策论证,提出医药卫生科技政策和工作方面的建议。

7. 开展医药卫生科学技术的咨询服务活动,举办医药卫生科学技术展览,大力推动医学科研成果的转化和应用。

8. 评选和奖励优秀的医学科技成果、学术论文和科普作品。宣传、奖励医德高尚、业务精良的医务人员。

9. 向党和政府反映医学科学技术工作者的意见和要求,依法维护医师的权益,举办为会员服务的事业和活动。

10. 承办政府及有关部门委托的工作任务。

11. 发现、推荐和培养优秀医学科技人才。表彰、奖励在医学科技活动中成绩优异的会员,以及在学会工作中成绩突出的学会工作人员。

三、对医学会的监督管理

医学会接受业务主管单位中国科学技术协会、社团登记管理机关民政部的业务指导和监督管理。学会机关挂靠在国家卫生和计划生育委员会。

第五节 红十字会法

国际红十字运动是人类文明进步的产物和象征,它起源于19世纪中叶欧洲的战争救护。1863年10月,由瑞士发起在日内瓦召开了有欧洲16个国家代表参加的首次外交会议,与会国一致通过《红十字决议》,决定在各国建立救护团体。为表示对瑞士的敬意,会议将标志定为"白底红十字"。1864年,又签订了日内瓦国际红十字公约,且被各国相继承认。公约规定,战场上进行救护的医院及人员处中立地位,应受保护,并有使用红十字标志的特权;应对伤病员不分敌友均给予救护。1986年,在日内瓦召开的第25届红十字国际会议上通过了《国际红十字会和红新月运动章程》,将国际红十字运动改称为"国际红十字与红新月运动",并以人道、公正、中立、独立、统一、普通和志愿服务七项基本原则为行为准则。

一、红十字会的性质、组织、职责和权利

(一)红十字会的性质和宗旨

红十字会法规定,中国红十字会是中华人民共和国统一的红十字组织,是从事人道主义工作的社会救助团体。它的宗旨是保护人的生命和健康,发扬人道主义精神,促进和平进步事业。中国红十字会本着以下原则开展工作:

1. 入会自愿原则　红十字会法明确规定,中华人民共和国公民,不分民族、种族、性别、职业、宗教信仰、教育程度,承认中国红十字会章程并缴纳会费的,可以自愿参加红十字会,成为红十字会的会员。

2. 独立自主原则　中国红十字会遵守宪法和法律,遵循国际红十字和红新月运动确立的基本原则,依照中国参加的日内瓦公约及其附加议定书和中国红十字会章程,独立自主地开展工作。

3. 政府支持、资助、监督原则　中华人民共和国政府对红十字会给予支持和资助,保障红十字会依法履行职责,并对红十字会开展的活动进行监督,同时红十字会也有义务协助政府开展与其职责有关的活动。

4. 国际友好合作原则　中国红十字会根据独立、平等、互相尊重的原则,发展同各国红十字会和新月会的友好合作关系。

(二)红十字会的组织机构

全国建立中国红十字会总会。县级以上按行政区域建立地方各级红十字会,并根据实际工作需要配备专职工作人员。全国性行业根据需要可以建立行业红十字会。中国红十字会总会具有社团法人资格;地方各级红十字会、行业红十字会依法取得社团法人资格。

中国红十字会总会和地方各级红十字会没有理事会。中国红十字会总会设名誉会长和名誉副会长。名誉会长和名誉副会长有中国红十字会总会理事会聘请。各级红十字会理事会由会员代表大会民主选举产生。理事会民主选举产生会长和副会长。各级红十字会会员代表大会团会期间,由理事会执行会员代表大会的决议。理事会向会员代表大会负责并报告工作,接受其监督。上级红十字会指导下级红十字会的工作。

(三)红十字会的职责

1. 开展救灾的准备工作,在自然灾害和突发事件中,对伤病员和其他受害者进行救助。

2. 普及卫生救护和防病知识,进行初级卫生救护培训,组织群众参加现场救护;参与输血献血工作,推动无偿献血;开展其他人道主义服务活动。

3. 开展红十字青少年活动。

4. 参加国际人道主义救援工作。

5. 宣传国际红十字与红新月运动的基本原则和日内瓦公约及其附加议定书。

6. 依照国际红十字与红新月运动的基本原则,完成人民政府委托事宜。
7. 依照日内瓦公约及其附加议定书的有关规定开展工作。

(四)红十字会的权利

1. 物质处分权　红十字会有权处分其接受的救助物资。在处分捐赠物时,应当尊重捐赠者的意思。
2. 优先通行权　在自然灾害和突发事件中,执行救助任务并标有红十字标志的人员、物资和交通工具有优先通过的权利。
3. 任何组织和个人不得拒绝、阻碍红十字会工作人员依法履行职责。

二、红十字会的经费与财产

红十字会经费的来源主要有四个方面:①红十字会员缴纳的会费;②接受国内外组织和个人捐赠的款物;③动产和不动产的收入;④人民政府的拨款。

为了更好地使红十字会组织发挥其作用,国家对红十字会组织采取了很多支持政策,国家对红十字会兴办的与其宗旨相符的社会福利事业给予扶持。红十字会为更好地开展救助工作,可以进行募捐活动,接受用于救助和公益事业的捐赠物资,按照国家有关规定享受减税、免税的优惠待遇。

为了使红十字的经费使用情况符合红十字会的宗旨,符合国家相关的法律和法规,防止滥用或违法使用经费,人民政府对红十字会的经费使用有权进行检查监督。

同时,红十字会也应自行建立一套完整的经费审查监督制度,保障经费的合法有效使用。自身监督制度主要是四个方面:①红十字会的经费使用应当与其宗旨相一致;②红十字会对接受的境外捐赠款物,应当建立专项审查监督制度;③红十字会经费的来源和使用情况每年向红十字会理事会报告;④任何组织和个人不得侵占和挪用红十字会的经费和财产。

三、红十字标志的使用

为了维护红十字标志的严肃性,必须正确使用红十字标志,并加强监督管理。红十字标志使用办法规定,红十字标志是白底红十字,它是国际人道主义保护标志,是红十字会的专用标志,禁止任何组织或者个人使用红十字标志。地方各级人民政府依法对本行政区域内红十字标志的使用实施监督管理,地方各级红十字会应当协助本级人民政府对红十字标志的使用实施监督管理。红十字标志具有两个重要作用,即保护作用和标明作用,二者不可混淆使用。

(一)红十字标志的保护性使用

红十字标志的保护性使用是指在武装冲突中,冲突各方对依法佩带红十字标志的人员和标有红十字标志的处所及其物品、医务运输工具,必须予以保护和尊重。

1. 有权使用红十字标志的人员　①武装力量医疗机构的医务人员和工作人员;②红十字会的工作人员和医务人员;③经国务院或者中央军事委员会批准的国际红十字组织和外国红十字组织的工作人员和医务人员;④军用的和民用的医务运输工具上的医务人员和工作人员;⑤经国务院或者中央军事委员会批准的国内外的志愿救助团体人员和民用医疗机构的医务人员;⑥使用保护性红十字标志的人员必须随身携带由国务院或者中央军事委员会授权的部门签发的身份证明。

2. 有权使用红十字标志的组织和机构　①武装力量的医疗机构;②参加救助活动的

红十字会；③ 经国务院或者中央军事委员会批准的国内外的志愿救助团体和医疗机构；④ 经国务院或者中央军事委员会批准的国际组织。此外，在和平时期，武装力量医疗机构的人员、处所及其物品、医务运输工具，可以使用保护性红十字标志作为标记。

3. 使用红十字标志时应注意以下事项　① 红十字标志的保护性标志使用时，不得在标志上添加任何内容。② 红十字作为保护性标志使用时，用在旗帜上的，红十字不得触及旗帜的边缘；用在臂章上的，红十字应当置于臂章的中间部位；用在建筑物上的，红十字应当置于建筑物的顶部的明显部位。③ 红十字作为保护性标志使用时，应当在尽可能远的地方或者不同的方向得以辨认；在夜间或者能见度低时，应当以灯光照明或者用发光物装饰。

（二）红十字标志的标明性使用

红十字标志的标明性使用是指对红十字活动有关的人或者物的标示。红十字作为标明性使用时，在红十字下方必须伴以红十字会的名称或者名称缩写。

有权使用标明性红十字标志的人员有：红十字会工作人员、红十字会会员、红十字青少年会员。红十字会的工作人员、会员和其他有关人员履行职责时，应当佩带标有红十字的小尺寸臂章；不履行职责时，可以佩带标有红十字的小尺寸胸针或者胸章。

有权使用标明性红十字标志的场所：红十字会使用的建筑物、红十字会所属的医疗机构、红十字会开展符合其宗旨的活动时所用场所。使用时不得将红十字置于建筑物顶部。

有权使用标明性红十字的物品：红十字会的徽章、奖章、证章；红十字会的印刷品、宣传品；红十字会的救灾、救护物资及运输工具。

四、法律责任

对违反红十字标志使用办法的规定，有下列情形之一的，红十字会有权予以劝阻，并要求其停止使用；拒绝停止使用的，红十字会可以提请人民政府责令停止使用：① 红十字会的工作人员、红十字青少年以外的人员使用标明性红十字标志的；② 非红十字会使用的建筑物及其他场所使用标明性红十字标志的；③ 非红十字会的医疗机构使用标明性红十字标志的；④ 不属于红十字的物品、运输工具等使用标明性红十字标志的；⑤ 有违反红十字标志使用办法规定使用红十字标志的其他情形的。

对违反红十字标志禁止使用规定，擅自使用红十字标志的，由县级以上人民政府责令停止使用，没收非法所得，并处 10 000 元以下的罚款。武装力量中的组织和人员有违反红十字标志使用办法行为的，由军队有关部门处理。

1. 医疗机构执业登记应具备哪些条件？
2. 设置中外合资、合作医疗机构应具备什么条件？
3. 医疗急救机构的任务是什么？
4. 中国红十字会的职责有哪些？

拓 展 阅 读

红十字国际委员会

红十字国际委员会1863年创立于日内瓦。它是一个独立、中立的组织,其人道职责主要源自1949年《日内瓦公约》。该组织总部设在瑞士日内瓦,在全球80多个国家共有大约1.3万名员工;资金主要来自于各国政府以及国家红十字会和红新月会的自愿捐赠。宗旨是为战争和武装暴力的受害者提供人道保护和援助。

1. 国际红十字运动　国际红十字运动不是个单一机构。它是由红十字国际委员会、红十字会与红新月会国际联合会以及189个国家红十字会构成的。每个组成部分都有各自独立的法律地位并发挥着不同的作用,但都共同遵守在七项基本原则之下。这七项基本原则包括人道、公正、中立、独立、志愿服务、统一和普遍。运动每个组成部分都尽力尊重和维护这些原则。

红十字国际委员会独有的人道使命是保护武装冲突和其他暴力局势受难者的生命和尊严,并为他们提供援助。该组织主导并协调运动各成员在武装冲突中开展的国际性援助行动。红十字国际委员会创立于1863年,它是国际红十字与红新月运动的发起者。

红十字会与红新月会国际联合会成立于1919年,它鼓励、协助并促进各国红会为最脆弱人群开展各类人道活动。该组织主导并协调各国红会为自然灾害和技术灾难受害者、难民和受卫生紧急情况影响的人开展的援助活动。

国家红十字会是其本国政府在人道工作领域的助手,负责提供包括救灾、卫生和社会项目等一系列服务。在战时,他们会援助平民并为武装部队医疗服务机构提供支持。

2. 发展历史　红十字国际委员会从1863年至近代的历史可分为四部分:创建初期,第一次世界大战期间,1918至1939年,第二次世界大战期间。红十字国际委员会一直致力于发展规制武装冲突的法律以便更好地保护那些没有参加或不再参加战斗的人;红十字国际委员会与《日内瓦公约》息息相关。

红十字国际委员会是1863年2月9日由亨利·杜南等5人创建"五人委员会"发展而来的。亨利·杜南在索尔费里诺战役期间目睹战争带来的可怕后果,回国后撰写《索尔费里诺回忆录》并主张大力发展国际公约从而为在战场上受伤的人以及救护人员和战地医院提供保护并保证他们的中立性。

1863年2月9日,亨利·杜南与日内瓦知名家族中的四位主要人物一起在日内瓦创建了"五人委员会"。8天之后,五人决定将委员会更名为"伤兵救护国际委员会"。1863年10月26—29日,由委员会召集的国际会议在日内瓦举行以讨论如何制定改善战地医疗服务条件的可行措施。1863年至1914年期间,通过委员会日趋有效的行动,亨利·杜南的梦想变成了现实。由于杜南先生为瑞士人,为了表彰其为国际人道做出的杰出贡献,用其祖国瑞士国旗相同图案相反颜色的旗帜作为这个组织的会旗,这就是红十字旗。

同时,委员会的建立和发展还推动了《日内瓦公约》和《国际人道法》的诞生。1876

年,委员会采用了新的名称"红十字国际委员会",这一正式名称沿用至今。5年之后,通过克拉拉·巴顿的努力,美国红十字会成立。越来越多的国家签署了日内瓦公约并实际上在武装冲突中予以遵守。在相对较短的时间内,红十字运动在国际上广受尊重并获得了巨大的发展,而国家红会日益成为志愿工作的场所。

在第一次世界大战期间,红十字国际委员会——以及红十字总体而言——已得到充分发展。各国红十字会以从前难以想象的规模在后方提供急救队志愿者和更多支持,与此同时,红十字国际委员会将其工作范围扩展至保护战俘。

它设立了国际战俘局——一个关于被关押者名单和救济包裹供应的中央信息交换所。当许多平民在敌人后方被切断联系之后,它还将为平民传递消息纳入其工作范围。红十字国际委员会于1918年2月发起了一项呼吁,号召交战方停止使用有毒气体。

1914—1918年冲突被描述为一场"终结所有战争"的战争;红十字将工作重点放在了维护和平上,它开始组织起来向那个方向努力。

第一次世界大战愈合不佳的伤口、经济灾难和民族主义的抬头导致了一些冲突的发生,而红十字国际委员会发现自己既要在欧洲开展工作,又要在遥远的地方——亚洲、非洲和拉丁美洲开展工作。

它要面对越来越多的平民伤亡不断攀升的国内冲突。它所需要的法律基础是匮乏的,而且,尽管它尽力使政府采用新法律以保护平民,1939年之后法律的缺乏还是造成了灾难性的后果。

在第二次世界大战期间,仅拉丁美洲和数个中立的欧洲国家免遭战祸。在历史上,军用飞机使炮轰数百平方公里的敌区首次成为可能;平民中受害者的数目也首次超过了士兵受害者的数目。从一开始,希特勒政权就发动了一场旨在征服斯拉夫民族并消灭所有犹太人和吉普赛人的种族战争。

国际人道法包含规制战俘待遇的规则(1929年7月27日的《日内瓦公约》),但不包括规制平民人口待遇的规则。因此,红十字国际委员会能够开展活动以保护和援助战俘,但它为某类平民——特别是被关押在集中营里的平民——所开展的工作却是非常有限,甚至是不存在的。

为应对不断变化的战争所提出的挑战,并考虑到20世纪30和40年代的发展,需要新的法律规则。首先在1949年对《日内瓦公约》进行了修改和补充;1977年,两个《附加议定书》使其更加完善。红十字国际委员会协助起草了所有这些法律。

红十字国际委员会或多或少地参与了1945年之后这个时期的冲突,并对其中产生的人道问题具有独特的洞察力。红十字国际委员会历史的最后一部分内容正在逐步更新,以介绍其工作的概况。

红十字国际委员会在20世纪90年代继续开展行动。1994年,红十字国际委员会打破其一贯对媒体保持的沉默态度,公开谴责卢旺达种族大屠杀。虽然该组织尽全力想去阻止1995年发生在斯雷布雷尼察及其周边地区的罪行,但它也不得不承认"尽管已尽力帮助数以千计从城中被驱逐出来的平民,尽管代表们全力以赴地投入到现场工作中,但红十字国际委员会对这场悲剧的发展所施加的影响极为有限。"2007年红十字国际委员会再次公开表态,谴责缅甸军政府犯下的"重大违反人权的行为",包括对无辜平民不论男女老幼实施的强制劳动、饥饿、谋杀等行为。

3. 决策机构 2002年,大会决定调整指导委员会的结构,红十字国际委员会的管理机构由大会、大会理事会和主席团构成,全权负责制定红十字国际委员会有关发展国际人道法方面的政策、战略和决议。这些机构监督该组织开展的所有活动,包括一线和总部行动以及目标和预算审批。它们还监督大会指导委员会或大会理事会决议的实施,并在监督委员会以及内部和外部审计单位的协助下来开展这方面的工作。

红十字国际委员会由大会(最高管理机构),大会理事会(大会的附属机构,具有在某些方面代表大会的职能)和指导委员会(执行机构)共同管理。

4. 红十字国际委员会东亚代表处　红十字国际委员会东亚地区代表处负责红十字国际委员会在中国、朝鲜、韩国和蒙古四国开展工作。该代表处1987年始建于香港,1996年迁往曼谷。2005年7月,代表处迁至北京。

东亚代表处的主要任务是促进社会各界了解并实施旨在最大程度减轻战争苦难的国际人道法。代表处还致力于使各国政府、专家学者和各国红十字会熟悉红十字国际委员会在全球开展的人道和紧急应对工作。

东亚代表处在中国的活动主要包括:

(1)推广国际人道法。与政府保持积极对话,同时在高校开展国际人道法教育及研究。

(2)关于人道问题对话。包括与政府对话争取政府对红十字国际委员会人道活动的支持;与中国红十字会开展合作项目;向各大媒体介绍红十字国际委员会在中国和世界各地的人道活动;通过中文官方网站和出版刊物使公众关注人道问题;与智库及相关研究机构保持接触,就如何对弱势群体进行帮助交换意见。

(3)为云南昆明的假肢康复中心提供支持,该中心现由中国红十字会云南省分会负责,其工作之一是为地雷幸存者提供假肢。

(4)与中国政府部门就监狱卫生问题进行交流,举办各类研讨会,并特别关注结核病与艾滋病的管理问题。

(5)组织和支持专业培训和活动,旨在加强紧急情况下的人道应对能力。2012年,此项工作包括H.E.L.P.(密集人群卫生应急)培训课程。该课程旨在向专业人员提供在紧急情况下开展卫生干预所必需的公共卫生知识。

(吴以兵)

第六章 医疗卫生技术人员管理法律制度

第一节 执业医师法

一、医师资格考试及执业注册制度

（一）医师法概述

医师是指取得执业医师或执业助理医师资格,经过注册后,在医疗、预防、保健机构(含计划生育技术服务机构)中执业的专业医务人员。为了加强医师的管理,国务院卫生行政管理部门从1985年4月开始起草医师法,并由第九届全国人民代表大会常务委员会第三次会议于1998年6月26日通过,自1999年5月1日起施行。这就是《中华人民共和国执业医师法》。

医师法第1条开宗明义规定了本法的立法宗旨:"为了加强医师队伍的建设,提高医师的职业道德和业务素质,维护医师的合法权益,保护人民健康。"医师应当具备良好的职业道德和医疗执业水平,发扬人道主义精神,履行预防疾病、救死扶伤、保护人民健康的神圣职责。

医师法的调整对象是执业医师,即在医疗、预防、保健机构中工作的,依法取得执业医师资格或者执业助理医师资格,经注册取得医师执业证书,从事相应的医疗、预防、保健业务的医生。

（二）医师资格考试制度

1. 医师资格考试　医师法第8条规定:"国家实行医师资格考试制度。医师资格考试分为执业医师资格考试和执业助理医师资格考试。医师资格统一考试的办法,由国务院卫生行政部门制定。医师资格考试由省级以上人民政府卫生行政部门组织实施。"这一规定第一次以法律形式确定了我国的国家医师资格考试制度,是医师法的核心。

实行医师考试资格制度,可以最大限度地保证医师队伍的质量。同时,统一考试贯彻了"公平、平等、竞争、择优"的原则,克服了单纯考核制的主观随意性。有利于医学院校不断改进教育,促进办学质量,培养适合我国国情和跟上现代化医学科学技术水平发展的医学人才。

2. 申请医师资格考试的条件

(1) 具有高等学校医学专业本科以上学历,在执业医师指导下,在医疗、预防、保健机构中试用期满1年的。

（2）具有高等学校医学专科学历，取得执业助理医师执业证书后，在医疗、预防、保健机构中工作满2年的。

（3）具有中等专业学校医学专业学历，取得执业助理医师执业证书后，在医疗、预防、保健机构中工作满5年的。

（4）具有高等学校医学专科学历或者中等专业学校医学专业学历，在执业医师指导下，在医疗、预防、保健机构中试用期满1年的，可以参加执业助理医师资格考试。

（5）以师承方式学习传统医学满3年，或者经多年实践医术确有专长的，经县级以上人民政府卫生行政部门确定的传统医学专业组织或者医疗、预防、保健机构考核合格并推荐，可以参加执业医师资格或者执业助理医师资格考试。

（三）医师执业注册制度

医师法规定，我国从事医师执业活动必须有两项基本条件：一是经医师资格考试合格，取得医师资格；二是要进行注册，取得医师执业证书。国家实行医师执业注册制度是以法律的形式将执业注册制度引入对医师执业的管理。

1. 注册的规定

（1）国家实行医师执业注册制度：取得医师资格后，可以向所在地县级以上人民政府卫生行政部门申请注销。

（2）注册的时限：除有不予注册的情况外，受理申请的卫生行政部门应当自收到申请之日起30日内准予注册，并发给由国务院卫生行政部门统一印制的《医师执业证书》。

（3）申请注册要提交下列材料：① 注册申请书；② 医师资格证明；③ 健康证明；④ 身份证明；⑤ 所在医疗、预防、保健机构的执业许可证明复印件；⑥ 技能和道德状况考核证明。医疗、预防、保健机构可以为机构中的医师集体办理注册手续。

（4）注册的内容：① 执业点，即该医师执业具体在哪一个医疗、预防、保健机构；② 执业类别，即该医师是从事医疗、预防、保健三类医务工作中哪类执业活动；③ 执业范围，即该医师的具体诊疗科目。

医师经注册后，可以在医疗、预防、保健机构中按照注册的执业地点、执业类型、执业范围从事相应的医疗、预防、保健业务。

未经医师注册取得执业证书，不得从事医师执业活动。

2. 不予注册的规定　有下列情况之一者不予注册：① 不具备完全民事行为能力的；② 因受刑事处罚，自刑罚执行完毕之日起至申请注册之日止不满2年的；③ 在执业活动中，受吊销《医师执业证书》行政处罚，自处罚决定之日起至申请注册之日止不满2年的；④ 有国务院卫生行政部门规定不宜从事医疗、预防、保健业务的其他情形的。

受理申请的卫生行政部门对不予注册的，应当自收到申请之日起30日内书面通知申请人，并说明理由。

3. 注销注册的规定　医师注册后有下列情形之一的，其所在单位应当在30日之内报告准予注册的卫生行政部门，卫生行政部门应当注销注册，收回《医师执业证书》：① 死亡或者被宣告失踪的；② 受刑事处罚的；③ 受吊销《医师执业证书》行政处罚的；④ 因参加医师定期考核不合格被暂停执业活动期满，再次考试仍不合格的；⑤ 中止医师执业活动满2年的；⑥ 有国务院卫生行政部门规定不宜从事医疗、预防、保健业务的其他情形的。

不予注册和注销注册的当事人有异议的，可在自收到通知之日起15日内，依法申请复议或向人民法院提起诉讼。

4. 变更注册的规定　医师变更执业地点、执业类别、执业范围等注册事项的,应当准予注册的卫生行政部门办理变更注册手续。

5. 个体行医的规定　医师法规定申请个体行医的执业医师,须经注册后在医疗、预防、保健机构中执业满5年,并按照国家有关规定办理审批手续。未经批准,不得行医。

二、医师执业管理、医师考核与培训

(一)医师执业管理法律制度

1. 医师权利、义务和执业规则　医师应当具备良好的职业道德和医疗执业水平,发扬人道主义精神,履行防病治病、救死扶伤、保护人民健康的神圣职责。国家对在医疗、预防、保健工作中做出贡献的医师给予奖励。医师可以依法组织和参加医师协会。

(1) 医师的权利:医师法规定,医师在执业活动中享有下列权利:① 在注册的执业范围内,进行医学诊查、疾病调查、医学处置、出具相应的医学证明文件,选择合理的医疗、预防、保健方案;② 按照国务院卫生行政部门规定的标准,获得与本人执业活动相应的医疗设备基本条件;③ 从事医学研究、学术交流,参加专业学术团体;④ 参加专业培训,接受继续医学教育;⑤ 在执业活动中,人格尊严、人身安全不受侵犯;⑥ 获取工资报酬和津贴,享受国家规定的福利待遇;⑦ 对所在机构的医疗、预防、保健工作和卫生行政部门的工作提出意见和建议,依法参与所在机构的民主管理。

(2) 医师的义务:医师法规定,医师在执业活动中应履行下列义务:① 遵守法律、法规,遵守技术操作规范;② 树立敬业精神,遵守执业道德,履行医师职责,尽职尽责为患者服务;③ 关心、爱护、尊重患者,保护患者的隐私;④ 努力钻研业务,更新知识,提高专业技术水平;⑤宣传卫生保健知识,对患者进行健康教育。

(3) 医师的执业规则:医师法对医师的执业规则做了明确规定,主要是:

1) 依法签署有关医学证明文件和医学文书:医学证明文件一般指诊断书、化验单、医学鉴定、出生、残疾或者死亡证明等。医学文书一般指处方、病历书、手术记录、住院患者诊疗记录、传染病疫情报告等。医师在执业活动中出具的医学证明、文书、资料均与病人的健康权利和医疗、预防、保健的工作制度有密切的关系,它既是病人的个人档案,又是医疗、预防、保健活动的真实记载,并具有相应的法律效力。正是因为相关的医学证明文件和医学文件对于个人和社会均具有重要意义,所以,医师法对于医师签署此类证明文件有严格的规定:医师实施医疗、预防、保健措施,签署有关医学证明文件,必须亲自诊查、调查,并按照规定及时填写医学文书,不得隐匿、伪造或者销毁医学文书及有关资料;医师不得出具与自己执业范围无关或者与执业类别不相符的医学证明文件。

2) 积极救治急危患者:救死扶伤是医师应积极履行的社会义务。抢救急危患者,又是医师执业中经常会遇到的情况,如果处理不好,就会危及患者身体健康甚至生命,从而造成医疗纠纷或其他严重后果。因此,医师法规定,对急危患者,医师必须进行急救处置,不得附加任何条件,包括患者不能当时缴纳有关费用或者押金。应当注意,这里的"急救处置"是指止血、包扎、输氧等常规急救措施,并非指一定为患者办理住院手续,待患者病情稳定后,再进一步采取正常的诊疗措施。

3) 合理使用药品、消毒药剂和医疗器械:药品、消毒药剂和医疗器械是一种特殊物质,它作为广大医师诊治和预防疾病的重要工具,如果使用合理,就能起到治病救人的重要作用,反之,就会危害人民身体健康,甚至危及生命。因此,医师诊治时,必须严格按照相关法律的规定,谨慎使用。医师法规定,医师应当使用经国家有关部门批准使用的药品、消毒药剂和医疗器械。除正当诊断治疗外,不得使用麻醉药品、医疗用毒性药品、精神药品和放射性药品。

4)尊重患者的知情权:医师在执业活动中,应当如实向患者或其家属介绍病情,充分尊重患者的知情权,从而使患者及时了解有关诊断、治疗、预后等方面的信息,以行使本人对疾病诊治的相应权利(生命健康权)。在患者知情同意的前提下,纯粹技术性的决定一般应以医师的意见为主,但涉及个人生活方式和观念方面的问题则应尊重患者的意愿。在某些特定情况下,医师应根据患者的具体情况,选择适当的方式,以避免对患者的疾病治疗和康复产生不良的影响。另外,在医师进行实验性临床医疗,应当经医院批准并征得患者本人或者其家属同意。

5)医师不得利用职务之便,非法索取收受财物:医师这一职业是一种特殊行业,承担着救死扶伤、实行人道主义的神圣职责。医患之间是一种特殊的供求关系,医师处于主动地位,而患者则是被动的。因此,要求医师在医疗服务过程中,必须具备良好的职业道德,全心全意为患者服务,而不能乘人之危,借机牟利。

6)其他规则:遇有自然灾害、传染病流行、突发重大伤亡事故及其他严重威胁人民生命健康的紧急情况时,医师应当服从县级以上人民政府卫生行政部门的调遣。

医师发生医疗事故或者发现传染病疫情时,应当按照有关规定及时向所在机构或者卫生行政部门报告。医师发现患者涉嫌伤害事件或者非正常死亡时,应当按照有关规定向有关部门报告。

执业助理医师应当在执业医师的指导下,在医疗、预防、保健机构中按照其执业类别执业。在乡、民族乡、镇的医疗、预防、保健机构中工作的执业助理医师,可以根据医疗诊治的情况和需要,独立从事一般的执业活动。

(二)医师的考核与培训

医师法规定,国家建立医师工作考核制度。县级以上人民政府卫生行政部门负责指导、检查和监督医师考核工作。

1.考核

(1)考核的主体:县级以上人民政府卫生行政部门或者受县以上人民政府卫生行政部门委托的机构负责指导、检查和监督医师考核工作。

(2)考核的标准:考核的标准是医师执业的标准,包括:具备医师资格,经县级以上人民政府卫生行政部门注册;具备良好的职业道德、合格的业务水平、一定的工作成绩,以及医师法规定的医师职业规则等。

(3)考核的内容:考核的内容分为三个部分,即医师的业务水平、工作成绩和职业道德。

(4)考核的结果:考核结果是对医师考核的总体评价,是对医师的业务水平、工作成绩和职业道德的综合反映。考核机构应当将考核结果报告准予注册的卫生行政部门备案,并作为医师晋升相应技术职务的条件。

对于考核不合格的医师,医师法规定了如下处理措施:①责令暂停执业活动3个月至6个月;②接受培训和继续医学教育;③暂停执业活动期满,再次进行考核,合格者允许其继续执业,不合格者注销注册,收回医师执业证书。

2.表彰和奖励　医师法规定,医师的下列行为应给予表彰或奖励:

（1）在执业活动中，医德高尚，事迹突出的。这主要表现在两个方面：①在政治思想方面，坚持四项基本原则，遵纪守法，救死扶伤，千方百计为病人解除病痛；②在平凡的岗位上，爱岗敬业，无私奉献，认真负责，事迹突出的。

（2）对医学专业技术有重大突破，做出显著贡献的。如在临床、教学、科研中有发明创造、技术革新或提出合理化建议等。

（3）遇到自然灾害，传染病流行，突出重大伤亡事故及其他严重威胁人民生命健康的紧急情况时，救死扶伤、抢救诊疗表现突出的。

（4）长期在边远贫困地区、少数民族地区，条件艰苦的基层单位努力工作的。国家鼓励医师到老、少、边、穷地区工作，在这些地区条件艰苦的基层单位努力工作的医师，达到一定的年限，可以给予表彰或鼓励。

（5）国务院卫生行政部门规定应当予以表彰或者奖励的其他情形的。

3. 培训和继续教育　医学是一门实践性、应用性很强的科学。随着科学的发展和人们的不断实践，医学的发展也是日新月异，新的医疗方法、医疗技术不断被应用，新的药品不断被研制开发出来。医师需要能够紧跟医学科学的发展，不断充实，提高自己的医疗水平和业务素质。医师的培训就是以提高医师的业务水平和素质为目的的各种教育和训练活动，这既是广大医师的权利，也是医师的义务。

（1）卫生行政部门的职责：①制订培训计划。②提供条件，如提供经费支持、设备条件、组织协调等。③培训对象，主要是农村和少数民族地区的医务人员。④培训的形式，如参加学术会议、学术讲座、临床病理讨论会、专题调研等。⑤培训内容，要适应各类医务人员的实际需要，具有针对性、实用性和先进性，应以现代医学科学发展中的新理论、新知识、新技术和新方法为重点。

（2）医疗、预防、保健机构的职责：广大医师分别来自各个不同的医疗、预防、保健机构，对医师的具体管理主要依靠各个医疗、预防、保健机构，对医师的培训也应如此。因此，各医疗、预防、保健机构应当按照规定和计划保证本机构医师的培训和继续医学教育。

三、法律责任

（一）行政责任

1. 以不正当手段取得医师执业证书的，由发给该证书的卫生行政部门予以吊销，对负有直接责任的主管人员和其他直接负责人员，依法给予行政处分。

2. 医师在执业活动中，有下列行为之一的，由县级以上地方人民政府卫生行政部门予以警告或者责令暂停6个月以上1年以下执业活动，情节严重的，吊销执业证书：①违反卫生行政规章制度或技术操作规范，造成严重后果的；②由于不负责任延误急危患者的抢救和诊治，造成严重后果的；③造成医疗责任事故的；④未经亲自诊查、调查，签署诊断、治疗、流行病学等证明文件或有关出生、死亡等证明文件的；⑤隐匿、伪造或者擅自销毁医学文书及有关资料的；⑥使用未经批准使用的药品、消毒药剂和医疗器械的；⑦不按照规定使用麻醉药品、医疗用有毒药品、精神药品和放射性药品的；⑧未经患者或其家属同意，对患者进行实验性临床医疗的；⑨泄露患者隐私，造成严重后果的；⑩利用职务之便，索取、非法收受患者财物或牟取其他不当利益的；⑪发生自然灾害、传染病流行、突发重大伤亡事故以及其他严重威胁人民生命健康的紧急情况时，不服从卫生行政部门调遣的；⑫发生医疗事故或发现传染病疫情及患者涉嫌伤害事件或非正常死亡，不按照规定报告的。

3. 未经批准擅自开办医疗机构行医或非医师行医的,予以取缔,没收其非法所得及其药品、器械,并处 10 万元以下的罚款,吊销医师执业证书。

4. 医疗、预防、保健机构未按照医师法的有关规定履行报告职责,导致严重后果的,由县级以上人民政府卫生行政部门给予警告,并对该机构的行政负责人依法给予行政处分。

5. 卫生行政部门或者医疗、预防、保健机构的负责人或工作人员违反医师法有关规定,弄虚作假、玩忽职守、滥用职权、徇私舞弊,尚不构成犯罪的,由卫生行政部门或所在机构依法给予行政处分。

(二) 民事责任

医师在医疗、预防、保健工作中造成事故的,依照法律或国家有关规定处理。未经批准擅自开办医疗机构行医或非医师行医,给患者造成损害的,依法承担赔偿责任。

(三) 刑事责任

医师法规定,违反执业医师法,构成犯罪的,依法追究刑事责任。

我国刑法第 335 条规定,医务人员由于严重不负责任,造成就诊人死亡或者严重损害就诊人身体健康的,处 3 年以下有期徒刑或者拘役。

我国刑法第 336 条规定,未取得医师执业资格的人非法行医,情节严重的,处 3 年以下有期徒刑、拘役或者管制,并处或者单处罚金;严重损害就诊人身体健康的,处 3 年以上 10 年以下有期徒刑,并处罚金;造成就诊人死亡的,处 10 年以上有期徒刑,并处罚金。

未取得医师执业资格的人擅自为他人进行节育复通手术、假节育手术、终止妊娠手术或者摘取宫内节育器,情节严重的,处 3 年以下有期徒刑、拘役或者管制,并处或者单处罚金;严重损害就诊人身体健康的,处 3 年以上 10 年以下有期徒刑,并处罚金;造成就诊人死亡的,处 10 年以上有期徒刑,并处罚金。

第二节 护士管理法律制度

一、护士资格考试与注册

(一) 护士与护士管理立法

护士是指依法取得《中华人民共和国护士执业证书》并经过注册的护士专业技术人员。护士在医疗、预防、保健和康复工作中发挥着重要作用,护理工作是医疗卫生工作的重要组成部分。

为了加强护士管理,提高护理质量,保障医疗和护理安全,保护护士的合法权益,国务院卫生行政管理部门于 1993 年 3 月 26 日发布了《中华人民共和国护士管理办法》,从 1994 年 1 月 1 日起实施。《护士管理办法》明确规定国家重视发展护理事业;护士的执业权利受到法律保护;护士的劳动受到全社会的尊重;各省、自治区、直辖市卫生行政部门负责该法规执行和监督。

(二) 护士资格考试制度

凡申请护士执业者必须通过国务院卫生行政管理部门统一执业考试,取得《中华人民共和国护士执业证书》。护士执业资格是具有从事护士工作的基本理论和实践能力水平的标志,涉及临床护理治疗和病人医疗安全。

1. 申请护士资格考试的条件

(1) 获得省级教育行政部门、卫生行政部门护理专业设置评审合格的中等卫生(护士)

学校护理专业毕业证书。

（2）获得国务院教育行政部门批准的护理专业专科毕业证书。

（3）国务院教育行政部门认可的境外中等或高等医学院校护理专业毕业证书和护士执业执照，其中外国人应当获得中华人民共和国规定的汉语水平考试 HSK 合格证明，并在卫生行政部门指定的医疗机构中见习 3 个月以上。

另外，获得高等医学院校护理专业专科以上毕业文凭者，以及获得经省级以上卫生行政部门确认免考资格的普通中等卫生（护士）学校护理专业毕业文凭者，可以免于护士执业考试。

2. 护士资格考试办法　护士执业资格考试每年举行一次。1994 年进行试点，1995 年在全国实施。全国护士执业考试采用国际通行的测量方法，即从试题编制、考试实施、阅卷评分和分数转换等方面建立统一的标准。考试的内容包括基础护理学、内科护理学、外科护理学、妇科护理学和儿科护理学。测试方法采用多选题书面考试形式。考试工作由国家考试中心负责组织实施。

（三）护士执业注册制度

获得《中华人民共和国护士执业证书》者，方可申请护士执业注册。只有经过护士执业注册后，才能成为法律意义上的护士，享有护士的权利，并履行护士的义务。

1. 注册的规定

（1）注册机关一般为护士执业所在地的县级以上卫生行政部门，省、市、地卫生行政部门负责直属医疗卫生机构中执业护士的注册工作。

（2）注册时限：注册机关在受理注册申请后，应当在 30 天内完成审核，审核合格的，予以注册；审核不合格的，应书面通知申请者。

（3）申请注册要提交下列材料：①首次申请护士注册必须填写《护士注册申请表》；②缴纳注册费；③向注册机关缴验有关文件，包括：《中华人民共和国护士执业证书》；身份证明；健康检查证明和省级卫生行政部门规定提交的其他证明。注册方法可以由个人或集体缴验注册。

2. 再次注册的规定　护士注册的有效期为两年，可连续注册。护士注册期满前 60 天可按规定办理再次注册，再次注册除需缴验学历证明、健康证明、单位证明和《护士执业证书》外，许多省、自治区、直辖市还规定了把参加继续教育作为再次注册的条件。

继续教育包括了专业进修、参加学术交流会、学术讲座、示范教学等，这些规定促进了护士知识更新和水平的提高，起到了护士注册对继续教育的促进作用。中断注册五年以上者，必须按省级卫生行政部门的规定，参加临床实践 3 个月，并向注册机关提交有关证明，方可办理再次注册。这一规定主要考虑到临床医学和护理技术发展迅速，护士如脱离护理岗位多年后再从事本专业，必须有一个熟悉和适应的过程，这就需要经过相应的学习和实践，才能保证医疗和护理的安全。

3. 不予注册的规定　《护士管理办法》规定有下列情形之一者不予注册：①服刑期间；②因健康原因不能或不宜执行护理业务的；③违反《护士管理办法》被中止或取消注册；④其他不宜从事护理工作的，如品行方面的情况等。

二、护士执业管理与执业规则

护士经过执业注册后，才能从事护理工作，即在执行执业管理中实行护士执业许可制度，按本《护士管理办法》规定注册者方可从事护理业务。但两种情况例外：一是护理专业在校生或毕业生进行专业实习,以及连续五年以上未经注册者在注册前进行临床实践的,必须按国务院卫生行政管理部门的有关规定,在护士的指导下进行;二是护理员从事生活护理工作,必须在护士指导下进行。这一规定一方面强调了护士的职业垄断权,未经注册者不得从事护理工作,另一方面也明确了护士对护理员和实习生进行业务指导的法律责任。

护士在执业活动中应做到:① 自觉遵守职业道德、医疗护理的规章制度和技术规范;② 正确执行医嘱,观察病人的身心状态,对病人进行科学护理。遇紧急情况应及时通知医生并配合抢救,医生不在场时,护士应当采取力所能及的急救措施;③ 在执业中所获悉的患者的隐私不得泄露,但法律另有规定的除外;④ 有承担预防保健工作、宣传预防治病知识、进行康复指导、开展健康教育、提供卫生咨询的义务;⑤ 遇有自然灾害、传染病流行、突发重大伤亡事故及其他严重威胁人群生命健康的紧急情况,必须服从卫生行政部门的调遣,参加医疗救护和预防保健工作。

三、法律责任

《护士管理办法》规定,未经护士执业注册从事护士工作的,由卫生行政部门予以取缔。非法取得《中华人民共和国护士执业证书》的由卫生行政部门予以缴销。

护士执业违反医疗护理规章制度及技术规范,或拒不履行护士义务者,由卫生行政部门视情节予以警告、责令改正、终止注册直至取消其注册。当事人对行政处理决定不服的,可以依照国家法律、法规的规定,申请行政复议或者提起行政诉讼。当事人对行政处理决定不履行又未在法定期限内申请复议或提起诉讼的,卫生行政部门可以申请人民法院强制执行。

非法阻挠护士依法执业或侵犯护士人身权利的,由护士所在单位提请公安机关予以治安行政处罚;情节严重触犯刑法的,提交司法机关依法追究刑事责任。

第三节 执业药师管理法律制度

一、资格考试与执业注册制度

(一)执业药师和执业药师管理立法

执业药师是指经全国统一考试合格,取得《执业药师资格证书》并经注册登记,在药品生产、经营、使用单位中执业的药学技术人员。我国于1994年开始实施执业药师资格制度,1999年重新修订了《执业药师资格制度暂行规定》和《执业药师资格考试实施办法》,对执业药师实行统一名称、统一政策、统一组织考试和统一管理。

(二)执业药师资格考试制度

执业药师资格考试属于职业准入性考试。经过本考试成绩合格者,国家发给《执业药师资格证书》,表明具备执业药师的水平和能力,可在全国范围内的药品生产、经营、使用单位执业。用人单位可根据工作需要聘任其担任主管药师或主管中药师专业技术职务。

执业药师资格实行全国统一大纲、统一命题、统一组织的考试制度。报考条件主要是:① 药学、中药学或相关专业毕业后从事药学或中药学专业工作的技术人员可以申请参加执业药师资格考试;② 不同学历水平其工作年限要求为中专7年,大专5年,本科3年,双学位或硕士研究生1年,博士研究生毕业当年即可参加考试。

按照国家有关规定评聘为高级专业技术职务,并具备下列条件之一者,可免试药学(中药学)专业知识(一)和(二)两个科目,只参加药学管理与法规、综合知识与技能两个科目的考试：① 中药学徒,药学或中药学专业中专毕业,连续从事药学或中药学专业工作满20年；② 取得药学、中药学专业或相关专业大专以上学历,连续从事药学或中药学专业工作满15年。

（三）执业药师注册制度

执业药师实行注册制度,只有注册才能执业。国家药品监督管理局是全国执业药师注册的管理机构,各省、自治区、直辖市药品监督管理机构为注册机构。注册时发给《执业药师注册证》,注明执业类别（药学或中药学）、执业范围（生产、经营、使用）等内容。执业药师只能在一个省注册,如果要变更执业地区、执业范围,应及时办理变更注册手续。注册有效期3年,有效期满前3个月,持证者须到注册机构办理再次注册手续,在注册时要有参加继续教育的证明。

二、权利、职责及继续教育

（一）执业药师权利与职责

根据执业药师资格制度规定,执业药师必须遵守职业道德,忠于职守,以对药品质量负责、保证人民用药安全有效为基本准则：① 必须严格执行《药品管理法》及国家有关药品研究、生产、经营、使用的各项法规及政策,执业药师对违反《药品管理法》及有关规定的行为或决定,有责任提出劝告、制止、拒绝执行并向上级报告；② 在执业范围内负责对药品质量的监督和管理,参与制定、实施药品全面质量管理及本单位违反规定的处理；③ 负责处方的审核及监督调配,提供用药咨询与信息,指导合理用药,开展治疗药物的检测及药品疗效的评价等临床药学工作。

（二）继续教育

为了加快执业药师的知识更新,鼓励他们努力钻研业务,掌握最新医药信息,保持较高的专业水平,更好地履行职责,《执业药师资格制度暂行规定》规定：执业药师必须接受继续教育,实行继续教育登记制度。执业药师接受继续教育经考核合格后,由培训机构在证书上登记盖章,并以此作为再次注册的依据。

执业药师继续教育工作分为三个步骤：① 国家药品监督管理局负责制定继续教育的办法,组织拟订、审批继续教育内容；② 省级药品监督管理局负责本地区继续教育实施工作；③ 经国家药品监督管理局批准的执业药师培训机构承担执业药师继续教育工作。

三、法律责任

违反《药品管理法》和《执业药师资格制度暂行规定》的,必须承担相应的行政责任、民事责任或刑事责任。

1. 对未按规定配备执业药师的单位,应限期配备,逾期将追究单位负责人的责任。

2. 对已经在需要由执业药师担任的工作岗位上工作的却尚未通过执业药师资格考试的人员,要进行强化培训,限期达到要求。对经过培训仍不能通过执业药师资格考试者,必须调离岗位。

3. 对涂改、伪造或以虚假和不正当手段获取《执业药师资格证书》或《执业药师注册证》的人员,发证机构应收回证书,取消其执业药师资格,注销注册。并对直接责任者根据有关规定给予行政处分,直至送交有关部门追究法律责任。

4. 对执业药师违反本规定有关条款的,所在单位须如实上报,由药品监督管理部门根据情况给予处分。注册机构对执业药师所受处分,应及时记录在其《执业药师资格证书》中的备注"执业情况记录"栏内。

执业药师在执业期间违反《药品管理法》及其他法律法规构成犯罪的,由司法机关依法追究其刑事责任。

第四节 乡村医生从业管理法律制度

一、乡村医生执业注册

一直以来,中国对乡村医生从业没有统一的规定。国务院《乡村医生从业管理条例》首次明确:国家实行乡村医生执业注册制度,未经注册取得乡村医生执业证书的,将不得执业。

按照《乡村医生从业管理条例》,已取得乡村医生证书、并符合以下条件之一的,可以申请执业:① 已经取得中等以上医学专业学历的;② 在村医疗卫生机构连续工作20年以上的;③ 按照省级人民政府卫生行政主管部门制定的培训规划,接受培训取得合格证书的。

县级人民政府卫生行政主管部门应当自受理申请之日起15日内完成审核工作,对符合本条例规定条件的,准予执业注册,发给乡村医生执业证书;对不符合本条例规定条件的,不予注册,并书面说明理由。

乡村医生有以下情形之一的不予注册:①不具有完全民事行为能力的;②受刑事处罚,自刑罚执行完毕之日起至申请执业注册之日止不满2年的;③受吊销乡村医生执业证书行政处罚,自处罚决定之日起至申请执业注册之日止不满2年的。

乡村医生执业证书有效期为5年。乡村医生执业证书有效期满需要继续执业的,应当在有效期满前3个月申请再注册。

乡村医生有下列情形之一的,由原注册的卫生行政主管部门注销执业注册,收回乡村医生执业证书:①死亡或者被宣告失踪的;②受刑事处罚的;③中止执业活动满2年的;④考核不合格,逾期未提出再次考核申请或者经再次考核仍不合格的。

二、乡村医生的执业管理、培训与考核

(一)执业管理

1. 乡村医生的权利和义务　乡村医生在执业活动中享有下列权利:① 进行一般医学处置,出具相应的医学证明;② 参与医学经验交流,参加专业学术团体;③ 参加业务培训和教育;④ 在执业活动中,人格尊严、人身安全不受侵犯;⑤ 获取报酬;⑥ 对当地的预防、保健、医疗工作和卫生行政主管部门的工作提出意见和建议。

乡村医生在执业活动中应当履行下列义务:①遵守法律、法规、规章和诊疗护理技术规范、常规;②树立敬业精神,遵守职业道德,履行乡村医生职责,为村民健康服务;③关心、爱护、尊重患者,保护患者的隐私;④努力钻研业务,更新知识,提高专业技术水平;⑤向村民宣传卫生保健知识,对患者进行健康教育。

2. 乡村医生执业规则　乡村医生应当协助有关部门做好初级卫生保健服务工作;按照规定及时报告传染病疫情和中毒事件,如实填写并上报有关卫生统计报表,妥善保管有关资料。

乡村医生在执业活动中,不得重复使用一次性医疗器械和卫生材料。对使用过的一次性医疗器械和卫生材料,应当按照规定处置。

乡村医生应当如实向患者或者其家属介绍病情,对超出一般医疗服务范围或者限于医疗条件和技术水平不能诊治的病人,应当及时转诊;情况紧急不能转诊的,应当先行抢救并及时向有抢救条件的医疗卫生机构求助。

乡村医生不得出具与执业范围无关或者与执业范围不相符的医学证明,不得进行实验性临床医疗活动。

(二)培训与考核

省、自治区、直辖市人民政府组织制定乡村医生培训规划,保证乡村医生至少每2年接受一次培训。县级人民政府根据培训规划制定本地区乡村医生培训计划。

县级人民政府卫生行政主管部门负责组织本地区乡村医生的考核工作;对乡村医生的考核,每2年组织一次。考核应当客观、公正,充分听取乡村医生执业的村医疗卫生机构、乡村医生本人、所在村村民委员会和村民的意见。乡村医生经考核合格的,可以继续执业;经考核不合格的,在6个月之内可以申请进行再次考核。逾期未提出再次考核申请或者经再次考核仍不合格的乡村医生,原注册部门应当注销其执业注册,并收回乡村医生执业证书。

三、法律责任

乡村医生在执业活动中,违反本条例规定,有下列行为之一的,由县级人民政府卫生行政主管部门责令限期改正,给予警告;逾期不改正的,责令暂停3个月以上6个月以下执业活动;情节严重的,由原发证部门暂扣乡村医生执业证书:①执业活动超出规定的执业范围,或者未按照规定进行转诊的;②违反规定使用乡村医生基本用药目录以外的处方药品的;③违反规定出具医学证明,或者伪造卫生统计资料的;④发现传染病疫情、中毒事件不按规定报告的。

以不正当手段取得乡村医生执业证书的,由发证部门收缴乡村医生执业证书;造成患者人身损害的,依法承担民事赔偿责任;构成犯罪的,依法追究刑事责任。

未经注册在村医疗卫生机构从事医疗活动的,由县级以上地方人民政府卫生行政主管部门予以取缔,没收其违法所得以及药品、医疗器械,违法所得5 000元以上的,并处违法所得1倍以上3倍以下的罚款;没有违法所得或者违法所得不足5 000元的,并处1 000元以上3 000元以下的罚款;造成患者人身损害的,依法承担民事赔偿责任;构成犯罪的,依法追究刑事责任。

第五节　其他卫生技术人员管理法律规定

一、外国医师来华执业的管理

随着我国社会主义市场经济的发展,对外交流与日俱增。在医学领域,外国医师来华执业已屡见不鲜,为了加强外国医师来华短期行医的管理,保障医患双方的合法权益,促进中外医学技术的交流和发展,国家制定了相关法规。目前,外国医师来华执业主要为短期行医,是指在外国取得合法行医权的外籍医师,应邀、应聘或申请来华从事不超过一年期限的临床诊断、治疗业务活动。

(一)执业注册

外国医师来华短期行医必须经过注册,注册机关为设区的市级以上卫生行政部门。只有取得《外国医师短期行医许可证》后方可执业。

申请外国医师来华短期行医注册,必须提交下列文件:① 申请书;② 外国医师的学位证书;③ 外国行医执照或行医权证明;④ 外国医师的健康证明;⑤ 邀请或聘用单位证明以及协议书或承担有关民事责任的声明书。其中②、③两项的内容必须经过公证。

外国医师来华短期行医注册的有效期不超过一年,注册期满后可以申请延期。

(二)审核

注册机关应当在受理申请后30日内进行审核,并将审核结果书面通知申请人或代理申请的单位。对审核合格的予以注册,并发给《外国医师短期行医许可证》。

审核的主要内容包括:① 有关文字材料的真实性;② 申请项目的安全性和可靠性;③ 申请项目的先进性和必要性。

(三)执业协议

外国医师来华短期行医,必须有在华医疗机构作为邀请或聘用单位,邀请或聘用单位可以是一个或多个。

外国医师申请来华短期行医,必须与聘用单位签订协议。有多个聘用单位的,要分别签订协议。协议书必须包含以下内容:① 目的;② 具体项目;③ 地点;④ 时间;⑤ 责任的承担。

外国医师应邀、应聘来华短期行医,可以根据情况由双方决定是否签订协议。未签订协议的,所涉及的有关民事责任由邀请或聘用单位承担。

二、放射工作人员的健康管理

从事放射工作的人员常年处于带有放射性的特殊工作环境中,为保障放射工作人员的健康与安全,全面评价放射工作人员胜任本职工作的健康状况,我国制定了相关的法律制度。

(一)医学监督

1. 放射工作人员就业前必须进行体格检查,体检合格者方可从事放射工作。

2. 放射工作人员就业后必须进行定期体格检查。放射工作单位对每位放射工作人员必须建立个人健康档案和个人剂量档案。就业前、后体检结果由体检单位详细如实地记录在个人健康档案中。

3. 就业前、后人员的体检由放射工作单位组织到各省、自治区、直辖市卫生厅、局指定的医疗、卫生防护单位进行。

(二)健康要求

1. 放射工作人员必须具有在正常、异常和紧急情况下能正确、安全地履行其职责的健康条件。

2. 对从事核反应堆(包括各种核动力堆)工作的人员,除一般的健康要求外,必须具有正常的视觉、听觉及良好的精神状态,并对穿戴防护用具无过敏现象。

3. 具有下列情况之一者,不宜从事放射工作,已参加放射工作者可根据情况给予减少接触、短期脱离、疗养或调离等。① 血红蛋白低于 120 g/L 或高于 160 g/L(男),血红蛋白低于 110 g/L 或高于 150 g/L(女);② 红细胞数低于 4×10^{12}/L 或高于 5.5×10^{12}/L(男),红细胞数低于 3.5×10^{12}/L 或高于 5×10^{12}/L(女);③ 准备参加放射工作的人员,白细胞计数低于 4.5×10^9/L 或高于 10×10^9/L 者,已参加放射工作的人员白细胞计数持续(指6个月,下同)低于 4×10^9/L 或高于 1.1×10^{10}/L 者;④ 准备参加放射工作的人员,血小板低于 110×10^9/L;

已参加放射工作的人员血小板持续低于 $100 \times 10^9/L$；⑤ 患有心血管、肝、肾、呼吸系统疾患、内分泌疾患、血液病、皮肤疾患和严重的晶体混浊或高度近视者；⑥ 严重神经、精神异常，如癫痫、癔症等；⑦ 其他器质性或功能性疾患，国务院卫生行政管理部门可根据病情或接触放射性的具体情况（包括放射工作种类，水平等）、本人工作能力、专业技术需要等综合衡量确定。

（三）特殊人员的健康管理

1. 放射工作单位要关心从事过放射工作的（包括应急照射）现已离退休或因健康原因调离放射工作岗位人员的身体健康。做定期的医学随访观察，原则上每 2~3 年一次。

2. 从事放射工作的哺乳期妇女、妊娠初期三个月孕妇应尽量避免接受照射，在妊娠或哺乳期间不得参与造成内照射的工作，并不得接受事先计划的特殊照射。

3. 未满 18 周岁者，不得从事放射工作。

（四）放射工作人员的保健

1. 放射工作人员的保健休假，应根据照射剂量的大小与工龄长短，每年除其他休假外，可享受保健休假 2~4 周。从事放射工作 25 年以上的在职者，每年由所在单位安排利用休假时间享受 2~4 周的疗养待遇。

2. 放射工作人员健康体检、休假、住院检查或患病治疗期间照常享受保健津贴，医疗费用分别由公费医疗、劳保医疗或所在单位支付，在生活方面所在单位应给予适当照顾。

3. 长期从事放射工作的人员，因患病不能胜任现职工作的经有关组织或机构诊断确认后，可根据国家有关规定提前退休。

4. 放射工作人员因职业放射损伤致残者，其退休后工资和医疗卫生津贴照发。因患放射疾病治疗无效死亡者，按因公牺牲处理。

1. 医师要遵守哪些执业规则？
2. 药师注册制度的主要内容是什么？
3. 参加执业护士资格考试应具备什么报考条件？
4. 何种情况下不予护士注册？

拓 展 阅 读

法律思维的基本特征

1. **法律思维是主体认知客体的一种方法**　法律思维的主体是指法律职业者，主要包括法官、检察官、律师等；客体是指法律规范和客观现实。自从有了人类社会，世界就分为主体和客体两部分。主体和客体相分而结成认识关系，认识的方法就是作为主体的人的思维。法律是人类思维创造的产物，同时又具有独立于人类而存在的客观性。徒法不能自行,法律理论为法律介入社会生活提供了依据,法律思维则为法律与人类社会生活的互动提供了方法。

2. 法律思维是主体从现象到法律真实为最低标准的一个思考过程　进入法律视野的客观事实经常呈现纷繁杂陈、杂乱无章的现象。这些现象背后隐藏着事物的质的规定性。法律思维作为理性的思考方式,需要对大量的现象进行分析加工。但是,由于法律思维的对象一般都是发生过的事实,法律职业者只能根据符合程序要件的当事人的主张和举证,以及依照法定程序收集的信息和证据进行分析判断。只能达到程序要求的法律真实,而不可能完全再现客观真实。因此,法律思维虽然是主体从现象到本质的思考过程,但这种思考以达至法律真实为标准,即所谓的合法性优于客观性。

3. 法律思维以法律职业者的法律知识和经验阅历为前提　与法律职业者相关联的不仅是法律规范整体,还涉及具体的事实构成。法律思维不可能凭空产生,其必然以对事物的"先见"为前提。所谓"先见"是指个人在评价事物时所必备的平台,其先前的生活阅历、知识等构成法律思维倾向的基础因素,不可避免地带有个人的主观色彩。法律职业者运用法律思维,必须具备深厚的法律知识底蕴,否则思考法律问题就会没有依据和方向;同时,法律职业者还必须具备丰富的人生阅历和社会经验,否则就无法认识事实构成。因此,只有具备了法律知识与"先见"这两个前提,法律思维才可能发生。

4. 法律思维以法律规范和客观事实为思考质料　法律思维的逻辑起点是进入法律视野的自然事实或者说案件,这些自然事实包括时间、地点、人物、行为、动机等等。法律思维通过法律规范要求,区分出自然事实和法律事实,并在此基础上进行建构,区分出法律事实的性质。法律思维的过程就是将法律研究和事实研究结合起来的过程,法律规范和客观事实则是这个思考过程的质料。用简图可以表示为:自然事实→初步法律研究→法律事实及其性质→法律事实和证据研究→深入法律研究→裁判事实。

5. 法律思维以法治理念为价值指引并以停止纷争为目的　如前所述,法律思维是一种法律方法,其既是实现法治的条件也是法治自身的固有要求。多数情况下,法律思维表现为一个判断过程,以得出结论并给出理由为结果,其现实意义就是定分止争,即案件的审结。定分是对争执问题是与非的判断,止争是在判断的基础上据法裁断,给出法律结论和理由。在此,法律目的与法律思维的结果形成了契合。

(李　强)

第七章 医疗事故处理法律制度

第一节 医疗事故及其分类

一、医疗事故的构成要件

(一) 医疗事故概述

医患双方作为特殊的民事主体,在和诊疗相关的民事活动中所产生的纠纷称为医患纠纷,泛指发生在医疗机构、医务人员与患者及患者家属之间的所有纠纷。以医患双方争议的焦点是否是诊疗护理所引起的不良后果作为判断标准,可将医患纠纷分为医疗纠纷和非医疗纠纷。前者是指在诊疗护理过程中,医患双方因诊疗护理产生的不良后果及其产生原因的认识不一致所引起的纠纷,主要分为医疗意外和医疗事故,与医疗事故相比,医疗意外在客观上很难避免,它主要是指医务人员在诊疗护理过程中发生的由于病情或病员体质特殊而发生难以预料和防范的对其人身损害的不良后果;后者主要是指在诊疗护理过程外发生的相关纠纷,例如服务态度、收费标准等。

医疗事故是指医疗机构及其医务人员在诊疗护理过程中,因违反医疗管理法律、法规、规章和诊疗护理规范、常规,过失造成患者身体健康损害的事故。

(二) 构成要件

1. **责任主体是合法的医疗机构及其医务人员** 医疗事故的责任主体是双重主体,既包括依法取得执业许可证或者执业资格的医疗机构,也包括在该机构合法执业的医务人员。如果主体不合法,则构成非法行医。

2. **责任主体主观上有过错** 法律上所讲的过错包括故意和过失,医疗事故的责任主体主观有过错是指过失而不是故意。过失可分为疏忽大意的过失和过于自信的过失两种。"疏忽大意的过失"是指根据行为人相应职称和岗位责任制要求,应当预见或者可以预见自己的行为可能造成患者的危害后果,却因为疏忽大意而未能预见到;或者对于危害患者生命、健康的不正确行为,应当做到有效的防范,因为疏忽大意而未能做到,导致危害结果的发生。"过于自信的过失"是指行为人虽然预见到自己的行为可能给患者导致危害后果,但是轻信借助自己的技术、经验或者有利的客观条件能够避免,因而导致判断上和行为上的失误,致使对患者的危害结果发生。医疗事故中的过失,有作为和不作为两种表现。作为是指法律法规、规章、制度明确规定,或惯例公认必须禁止的行为,而行为人无视这些规定以积极作为的表现去实施自己的错误行为。不作为是指岗位责任制规定或公认惯例应该以积极作为的形式去履行职责义务,而行为人不履行或不认真履行,如对危重病人推诿拒治、擅离职守等,致使病员发生不良后果。

3.客观方面有违法行为和损害结果且二者有直接的因果关系

（1）医疗行为具有违法性:医疗过失能否成立,就取决于行为的违法性和危害性。违法性可分为技术违法和制度违法两种,是指行为人在医疗过程中违反诊疗护理规章制度和技术操作规程。行为违法性是判断患者病情加剧甚至死亡是否构成医疗事故的关键。但违反并不等于犯罪,这点要正确理解。危害性是指不能因为行为人有一般过失行为就与医疗事故联系起来,必须视其行为实际上是否造成了对病人的危害。

（2）必须产生损害结果:对患者造成的危害程度,是指必须符合法律规定的给病人造成死亡、残疾、器官组织损伤导致功能障碍。经医疗事故技术鉴定委员会鉴定,是医疗单位及其医务人员过失,定为医疗事故。无明显不良后果,不认定为医疗事故。

（3）危害行为与结果之间必须有直接的因果关系:因果关系是确定是否构成医疗事故的基本条件,否则,不能认定为医疗事故。在多因一果时,要具体分析各个原因的不同地位和作用,避免以偏概全。临床上病人死亡、残疾或器官组织受损导致功能障碍与疾病本身的自然转归常有密切关联。有的因疾病重笃、复杂或已处晚期,而责任者的过失行为只是出于非决定性的地位,甚至是处于偶合地位。这些都应当科学地、具体地、实事求是地分析,使之得到公正的认定。

二、医疗事故的分类与等级

（一）医疗事故的分类

从我国沿用的习惯看,以往根据造成医疗事故的原因及过失性质,医疗事故分责任事故和技术事故两类。而实际上,责任事故中包含有技术因素,技术事故中也存在责任问题。因此,对于医疗事故的分类尚待考究。

（二）医疗事故的等级

根据对患者人身造成的损害程度,医疗事故分为四级:

一级医疗事故:造成患者死亡、重度残疾的;

二级医疗事故:造成患者中度残疾、器官组织损伤导致严重功能障碍的;

三级医疗事故:造成患者轻度残疾、器官组织损伤导致一般功能障碍的;

四级医疗事故:造成患者明显人身损害的其他后果的。

具体分级标准由国务院卫生行政部门制定。医疗事故的分级直接涉及对患者的赔偿,涉及卫生行政部门对医疗事故的行政处理和监督,也涉及各卫生行政部门之间的职责划分,因此,医疗事故的分级正确与否是公正处理医疗事故的关键之一。

新医疗事故处理条例较之旧法规适当扩大了医疗事故的范围,主要是基于以下考虑:第一,有利于切实保护患者的合法权益,促进医疗机构提高医疗质量和服务水平;第二,有利于医疗事故争议的解决;第三,有利于与其他法律相衔接。

三、不属于医疗事故的几种情况

1.在紧急情况下为抢救垂危患者生命而采取紧急医学措施造成不良后果的。

2.在医疗活动中由于患者病情异常或者患者体质特殊而发生医疗意外的。

3.在现有医学科学技术条件下,发生无法预料或者不能防范的不良后果的。

4. 无过错输血感染造成不良后果的。
5. 因患方原因延误诊疗导致不良后果的。
6. 因不可抗力造成不良后果的。

第二节　医疗事故的处理

一、医疗事故的处理原则

（一）公开、公正、公平原则

公开是前提,是公平、公正的保障。公开尽管是形式上的要求,但具有实质上的意义。首先,要求人们遵守的行为规范必须向所有人公开；其次,在处理医疗争议时,要采取公开的方式,即公开程序、证据内容以及适用的法律。公开可以使争议的处理处于社会的监督之下,从而有效杜绝暗箱操作。

公平首先体现在医患双方在处理医疗事故过程中的地位平等；其次体现在两方的权利和义务的统一,凡是法律上享有特殊权利的,都必定要履行相应的义务。

公正主要表现为程序上的公正和实体上的公正。在处理医疗事故争议时,必须按照法律法规的规定搜集证据,并在证据的基础上适用相应的法律条款,只有如此,才能既保障患者的合法权益,也维护医务人员的正当利益。

（二）及时、便民原则

任何法律的规定,都要考虑实施的效果以及实施成本。既要维护当事人的合法权益,也要尽可能降低当事人的负担,负担的提高必然导致当事人的合法权益在另一方面受到损失。及时、便民不仅仅只是一个节省时间和方便的问题,还有利于在第一时间、第一地点将医疗争议缓解、解决,有利于社会稳定。

（三）实事求是原则

对于发生在医疗单位的医疗事件或可能属于医疗事故的,卫生行政部门应当坚持实事求是的科学态度,及时、认真地做好调查研究工作,全面分析,仔细审查有关材料做好鉴定工作,做到事实清楚,定性准确,责任明确,处理得当。

二、医疗事故的处理程序

（一）医疗事故的事前预防

1. 充分了解患者权利,做好事前预防工作　患者权利是指在医患关系中,作为特殊主体,应行使的权利与享有的利益。医务人员只有充分了解患者在诊疗护理过程中所享有的权利,才能有效避免纠纷的发生,最大限度地为患者提供优质的诊疗服务。患者权利最直接表现为知情同意权,是指在诊疗护理活动中,医疗机构及其医务人员应当将患者的病情、医疗措施、风险如实告知患者,及时解答其咨询,但应注意避免对患者产生不利后果。

2. 加强防范意识,尽到谨慎义务　医务人员应当严格按照医疗卫生法规、医务人员职业道德和医疗护理操作规程进行工作；医疗机构应做好医疗质量的监督管理,加强对医务人员的教育,尽量避免医疗事故的发生。除此之外,医疗机构还应当建立新型的诊疗护理制度,从而有效杜绝和预防因诊疗护理工作而引起的医疗纠纷,避免在医疗纠纷中处于不利地位。

（1）委托授权制度：患者享有知情权及对手术、特殊治疗等的决定权。因而,医疗机构应建立委托授权制度,即在患者入院时,由患者将其知情权及手术、特殊治疗等的决定权书面授权给其成年亲朋好友中的1～2人代为行使,需要注意的是未成年患者须由其父母委托授权。医院应将该授权委托书随病历保存。

(2)签字认可制度:对诸如青霉素等易过敏药物,建立由患者签字制度,内容包括患者姓名、有无过敏史、注射药品名称、数量、皮试开始时间、观察时间、皮试结果、注射药物时间等,执行护士要签名,患者本人或其委托代理人也要签字,以示其对全过程的认可。此举将有效地保护单独值班的医护人员。

(3)巡视制度:及时发现病人病情的变化,不仅是治疗护理的本质之一,也体现了护理的人文关怀精神。建立并落实科学、切实可行的巡视制度,可以及时发现病情变化并采取有效措施,从而大大提升医护质量和效果,减少和杜绝医疗纠纷的发生。

3. 引入医务人员执业风险制度,最大限度降低诊疗护理风险 医疗机构设置医务人员执业风险制度可以有效降低医疗活动风险,规避因医疗事故而蒙受的巨大经济压力。风险制度主要包括两方面:一方面医疗机构通过医疗责任保险来降低风险,是指由医疗机构根据各个医务人员岗位风险的大小,确定不同的投保级别向保险公司投保,出现事故后,由受害人向保险公司索赔;另一方面,医院根据各个医务人员岗位风险的大小,每月拿出一部分钱设立医院的风险基金,每个医务人员设立专户,逐月累积,一旦出现医疗事故,两部分共同补偿。

(二)医疗事故处理程序的法律规定

1. 报告 《医疗事故处理条例》规定,凡发生医疗事故,当事的医务人员应立即向本医疗机构的科室负责人报告,科室负责人应随即向本医疗机构负责人报告。个体开业的医务人员(包括经卫生行政部门批准,发给营业执照的联合诊所、民办医院和具有这种合法身份的所有开业人员,以及乡村医生)应立即向当地的卫生行政部门报告。

发生下列重大医疗过失行为的,医疗机构应当在12小时内向所在地卫生行政部门报告:导致患者死亡或者可能为二级以上医疗事故的;导致3人以上人身损害后果的;国务院卫生行政部门和省、自治区、直辖市人民政府卫生行政部门规定的其他情形。

2. 原始资料保管和现场实物封存 病员的一切病历资料,包括诊疗手册、手术和抢救记录、住院病历、病程记录、各项化验、检查报告等都是对病员健康状况及其所患疾病的发生发展与转归过程以及诊疗方法和治疗效果所做的真实记录,是认证医疗过失的重要依据。发生医疗事故的医疗单位,应指派专人妥善保管有关的原始资料。严禁涂改、伪造、隐匿、销毁病案及其有关资料。病员及其家属不得抢夺病案。发生医疗事故之前,上级医师正常修改病历及抢救危重病人的追溯补记不属涂改病历。修改病历时,其原始字迹必须能够辨认,并签署姓名和日期。当发生医疗事故后,均不得修改和补记。

进行医疗技术鉴定时,由医疗单位负责提供病历摘要和必需的复印件。受托的医疗事故鉴定委员会和受诉的法院、检察院,需要查阅时,持介绍信经医院院长签字,就地调阅。当病员或其家属提出鉴定申请后,可以委托律师查阅病案。除上述情况外,病人所在单位、病人、家属、事故当事人及其亲属不予调阅。

因输液、输血、注射、用药等引起不良后果的,医疗单位应立即封存现场实物,以备检验。

非独立医疗机构、个体开业的医务人员发生医疗事故后,应立即将有关的病历、各种原始资料和现场实物封存,交上级主管部门或所在地卫生行政部门处理。

3. 医疗事故的查处 医疗单位对发生的医疗事故,应立即进行调查、处理。各级医疗单位均应成立医疗事故处理小组,负责对医疗事故进行调查,听取病员或家属的意见,核对事实,经有关专家讨论后,提出定性处理意见,并及时报告上级卫生行政部门。个体开业的医务人员发生的医疗事故,由当地卫生行政部门组织调查、处理。病员及其家属也可以向医疗单位提出查处要求。

医疗事故原则上应当由当事的医疗单位与病员及其家属根据《医疗事故处理条例》的规定进行协商解决。只有在协商无法进行、发生争议时,才提请当地医疗事故技术鉴定委员会进行鉴定。因此,医疗事故发生后,医疗单位要首先进行认真的调查了解,做到事实清楚,责任分明,结论准确,处理得当。院方应诚恳地向病员方面说明真相,进行劝慰,取得谅解和支持,做好安抚工作。

4. 尸体剖验　尸体剖验对判明死因具有特殊意义,它除了可以给医学技术鉴定和司法裁决提供直接的证据外,还可以为医务人员诊疗护理实践进行反馈和检验,从而达到明确诊断、分清是非、丰富医疗经验的目的。因此,《医疗事故处理条例》规定,凡发生医疗事故造成病员死亡的,临床诊断又不能明确死亡原因,在有条件的地方必须进行尸检。

尸检应该争取在死后 24 小时内进行,最迟不要超过 48 小时。超过上述时限,尸体的组织细胞就会发生自溶和腐败,使尸检结果失去可靠性。尸检必须由卫生行政部门指定的医院或医学院病理解剖技术人员进行,有条件的应当请法医参加。医疗单位或者病员家属拒绝进行尸检,或者拖延尸检时间超过 48 小时,影响对死因判定的,由拒绝或拖延的一方负责。

尸检所需的费用一般由医疗单位支付。尸体的运送费、保管费的支付视鉴定结果而定。若最终鉴定为医疗事故,这些费用由医院支付,反之,由死者家属或所在单位支付。

三、医疗事故的几种解决途径

(一) 医患协商

协商和解的前提是医患双方对于事故原因的认定无争议,即双方对于是否属于医疗事故、事故等级、医疗机构及其医务人员的过失在损害结果中所应承担的责任程度均无异议。医患双方根据医疗事故处理条例及其有关规定,通过协商自行解决,这是当前普遍采取的做法。它可以减少申诉和诉讼,有利于安定团结,但同时也要防止出现患者一方索要高额补偿费或医方花钱买太平的两种倾向。

(二) 行政调解

医患双方经过协商和解不成,可以向卫生行政部门申请行政调解。卫生行政部门收到申请后,应及时进行审查。已确定为医疗事故的,卫生行政部门应医疗事故争议的双方当事人请求,可以进行医疗事故赔偿调解。调解时,应当遵循当事人双方自愿原则,并依法确定赔偿数额。经调解,双方当事人就赔偿数额达成协议的,制作调解书,双方当事人应当履行;调解不成或协议后一方反悔的,卫生行政部门不再调解。当事人可以在规定的期限内,向人民法院提起民事诉讼。

(三) 提起诉讼

医疗事故争议发生后,当事人可以直接选择诉讼途径解决,也可以在自主协商解决不成后,或者对卫生行政部门调解处理不服后,再选择诉讼解决。

1. 时效　医疗事故处理条例对医疗事故申请鉴定或诉讼的时效未做规定,但有一些地方实施细则规定,应在不良后果发生后 1 年内提出,逾期不予受理。这和民法通则规定身体受到伤害要求赔偿的时效 1 年是一致的。

2. 不服鉴定结论的诉讼　双方当事人对医疗事故鉴定委员会的鉴定结论不服,均可以在规定时效内向上一级医疗事故鉴定委员会申请重新鉴定,也可以直接向当地人民法院起诉。但根据最高人民法院的司法解释规定,如果因对鉴定结论有异议而向人民法院起诉的,人民法院不予受理。

3. 患方的诉讼选择　对医疗争议中患方的投诉选择,最高人民法院有如下司法解释:

双方协商解决不成,可以不必经过医疗事故鉴定及处理程序直接向人民法院以"要求医疗单位赔偿经济损失"为由进行诉讼。

对已有的鉴定结论"虽有异议,但不申请重新鉴定,而以要求医疗单位赔偿经济损失"为由进行诉讼。

对"医疗事故鉴定委员会已做出不属于医疗事故的最终鉴定,卫生行政部门对医疗争议拒绝做出处理决定,当事人以不履行法定职责"为由,依法提起行政诉讼。

可以以"对卫生行政机关做出的医疗事故处理决定不服"为由提起行政诉讼。

4. 医疗事故的举证责任　所谓举证责任,是指当事人对于不能提供证据证明或者所提证据不能充分证明其主张的要件事实存在,而使该要件事实真伪不明的情况下,所应当承担的败诉风险。举证责任既制约着裁判结果,又规制着证据的提出和案件事实的证明过程。在事实真伪不明,而法治社会中法院又不能拒绝做出裁判的情况下,由法院做出负举证责任的一方当事人败诉的裁判,无疑是一个明智的选择。依举证责任对于真伪不明的事实下裁判,要比法官任意自由裁量更为合理和可靠,不仅可以强化当事人的举证意识,规避诉讼风险,也能增强诉讼裁判的可预见性。

在医疗事故中的民事责任承担,适用推定过错归责原则。这就意味着在医疗事故赔偿案件中实行举证责任倒置原则。所谓举证责任倒置是指基于法律规定,将通常情形下本应由提出主张的一方当事人(一般是原告)就某种事由不负担举证责任,而由他方当事人(一般是被告)就某种事实主张成立的一种举证责任分配制度。

最高人民法院《关于民事诉讼证据的若干规定》第四条第(八)项规定:"因医疗行为引起的侵权诉讼,由医疗机构就医疗行为与损害后果之间不存在因果关系及不存在医疗过错承担举证责任。"由此,在医疗事故损害赔偿案件中,如果医疗机构就上述两项侵权构成要件举证不能,将要承担败诉的法律后果。

设立举证责任倒置原则是根据现行法律原则和举证责任的分配原则而确定,主要是从医患双方举证的难易程度以及举证能力来考虑,因为由医院提供患者病历、手术记录、检查结果和诊断过程,更为简单直接,也考虑了医学的复杂性和专业性。新规则的出台,充分体现了医患平等的司法理念,打破了医院强者优势的传统心理定式,其目的是为了更好地实现法律保护弱者,维护公平的宗旨。

但举证责任倒置并不意味着患者不承担任何举证责任,而是承担次要举证责任。具体包括:①医疗行为违法;②有损害结果发生。而且当患者在主张赔偿医疗费、陪护费、交通费等费用时,均要提供相应的证据。

第三节　医疗事故的鉴定

一、鉴定机构及其性质和任务

(一)鉴定机构

医疗事故的技术鉴定,是指对一起医疗纠纷做出技术审定,通过调查研究,以事实为根据,以医学科学为指导,判明这起医疗纠纷的性质,即是否属于医疗事故,进而分析事故产生的原因,指出原因和后果的关系,明确主要责任和其他责任者。

医疗事故处理条例第 21 条规定:"设区的市级地方医学会和省、自治区、直辖市直接管辖的县(市)地方医学会负责组织首次医疗事故技术鉴定工作。省、自治区、直辖市地方医学会负责组织再次鉴定工作。必要时,中华医学会可以组织疑难、复杂并在全国有重大影响的医疗事故争议的技术鉴定工作。"由此可见:

第一,医疗事故技术鉴定分为首次鉴定和再次鉴定。

第二,负责医疗事故技术鉴定工作的是医学会。医学会与卫生行政部门没有行政隶属关系,与医疗机构也没有管理与被管理的关系或经济上的利害关系。这样可以保证医疗事故技术鉴定具有更高的客观性和公正性。进入鉴定专家库的人员必须符合法定的条件:① 专家库成员必须是依法取得相应执业资格的医疗卫生专业技术人员;② 具有良好的业务素质和执业品德;③ 受聘于医疗卫生机构或者医学教学、科研机构并担任相应专业高级技术职务 3 年以上;④ 身体健康状况能够胜任医疗事故技术鉴定工作。此外,具备上述第②项条件,具有高级技术资格的法医也可以受聘进入专家库。而且,医疗事故技术鉴定专家库组成成员,可以不受行政区域限制。最后,专家库应当依据学科专业组名录设置学科专业组。

医疗事故技术鉴定过程中专家回避的三种情形有:医疗事故争议当事人或者当事人近亲属;与医疗事故争议有利害关系者;与医疗事故争议当事人有其他关系而可能影响公正鉴定的。

第三,各级地方医学会组织医疗事故技术鉴定的管辖范围。设区的市级地方医学会和省、自治区、直辖市直接管辖的县(市)地方医学会负责组织本行政区域内发生的医疗事故的首次技术鉴定工作。包括本行政区域内地区(自治州、市)直属医院、所在地的省(自治区、直辖市)属医院、所在地企事业单位所属医院、医务所、保健站、卫生室、乡村卫生院或卫生所等医疗机构内所发生的医疗事故,还包括个体诊所或联合诊所等发生的医疗事故。省、自治区、直辖市地方医学会,负责本行政区域内当事人因对医疗事故争议首次技术鉴定不服,而提起的再次鉴定。

第四,中华医学会负责的医疗事故技术鉴定。根据相关规定,中华医学会组织医疗事故技术鉴定,应当符合"疑难"、"复杂"、"在全国有重大影响"和"必要"四个条件。

各级医学会没有隶属关系,独立进行鉴定。其所做的鉴定结论在没有争议的情况下效力相同;需要重新鉴定时,可以委托或者要求负责再次鉴定的医学会重新鉴定。

(二)性质

医学会是独立存在的社会团体法人,与任何机关和组织都不存在管理上的、经济上的、责任上的必然联系和利害关系。其权威性使得我国现阶段的医疗事故的技术鉴定工作具有了专业性、中介性、客观性的特点。

(三)任务

医学会依照医疗机构管理法律、法规、规章和诊疗护理规范、常规,独立进行医疗事故技术鉴定。鉴定的内容主要包括:

1. 医疗行为是否违反了医疗技术标准和规范　医疗技术标准和规范是诊疗护理的准则,遵守医疗技术标准和规范是医疗活动的基本要求,也是保证医疗质量的基本条件。

2. 因果关系　医疗过失行为与医疗争议事实之间是否存在因果关系。

3. 医疗过失行为在医疗事故中的责任程度　由于患者的病情轻重和个体差异,相同的医疗过失行为在造成的医疗事故中所起的作用并不相同,分为完全责任、主要责任、次要责任和轻微责任四种。

二、鉴定的原则和程序

（一）鉴定的原则

国务院卫生行政管理部门于 2002 年 8 月 6 日颁布了《医疗事故技术鉴定暂行办法》。该办法确保了医疗事故技术鉴定工作的有序进行。医疗事故技术鉴定的法律属性决定了其整个活动过程必须严格遵守我国民事诉讼法、行政诉讼法、刑事诉讼法的有关规定和其他有关的法律法规。同时，医疗事故技术鉴定活动本身又是一项特殊的科学技术活动，具有其自身的规律与特点。基于这些原因，在医疗事故技术鉴定过程中，医疗事故技术鉴定委托机关、各级医学会组织、医疗事故技术鉴定专家、受理案件的其他司法机关以及参与诉讼活动有关的人都必须遵守以下原则：

1. 依法鉴定原则　鉴定制度是法律制度的组成部分，它的完善程度是法制建设的一个标志。因此，医疗事故技术鉴定制度必须与国家法律制度相一致，医疗事故技术鉴定活动必须严格遵守国家法律法规的规定。依法鉴定原则在医疗事故技术鉴定中主要体现为医疗事故技术鉴定主体、客体、程序、步骤、方法与结果要合法；从实体到程序，从形式到内容，从技术手段到各项标准必须严格执行法律法规的规定。

2. 公开、公平、公正原则　在医疗事故技术鉴定过程中贯彻公开原则，将有利于全社会的监督，最大限度地防止和克服腐败。公开原则在医疗事故技术鉴定过程中具体表现在：医疗事故技术鉴定项目公开、收费公开、标准公开、鉴定程序公开及鉴定专家姓名公开等。

公平原则要求对不同委托主体委托的医疗事故技术鉴定要一视同仁。不论是来自公、检、法、司等机关还是来自企事业单位、社会团体、公民个人甚至是犯罪嫌疑人，在委托医疗事故技术鉴定业务的地位上是平等的，应平等对待。

公正原则要求处理医疗事故技术鉴定分歧决不能以下级服从上级、少数服从多数、一般专家服从权威专家的方式强行统一。

3. 以科学和事实为依据原则　医疗事故技术鉴定是利用各种专门知识去分析并实现各种医疗事故技术鉴定客体在司法工作中的证明效用，因而需要强调科学的原则。科学而且客观是医疗事故技术鉴定活动的生命。医疗事故技术鉴定专家从始至终必须遵守这一原则，才能确保医疗事故技术鉴定结论正确无误。实事求是，尊重科学，一切活动按科学规律进行。

医疗事故技术鉴定是科学技术检验结果的判定。对检验结果作科学分析，得出概念或抽象的结论，才能满足医疗事故技术鉴定的要求。分析的时候要依据科学原理，恰如其分地阐明其意义以及各个征象的内部联系，切不可超越科学规律、超越事实能证明的限度，作跳跃式的推理。

4. 独立医疗事故技术鉴定原则　独立医疗事故技术鉴定，即医疗事故技术鉴定专家在不受任何干扰的情况下，独立表达意思，根据对医疗事故技术鉴定客体检验的结果，做出科学的判断。主要表现为：医疗事故技术鉴定方案的制订、鉴定的实施、结论的提出、法庭证言等必须由医疗事故技术鉴定专家独立进行，不受司法机关职能部门的左右，不受其他机关、团体和个人的干扰。

5. 及时进行医疗事故技术鉴定原则　医疗事故技术鉴定客体随时都在发生变化，改变着本身的基本属性，因此，医疗事故技术鉴定必须及时进行。医疗事故技术鉴定专家完成医疗事故技术鉴定的时间一般应在接受委托 15 日内，少数疑难医疗事故技术鉴定项目或需要时间条件的项目可增加医疗事故技术鉴定时限。医疗事故技术鉴定专家不能按期完成医疗事故技术鉴定任务,应提前向委托机关提出延长医疗事故技术鉴定时限的申请。

6. 医疗事故技术鉴定分离原则　医疗事故技术鉴定分离原则是指医疗事故技术鉴定活动与司法活动相分离。医疗事故技术鉴定机构应相对独立,不宜设置在侦察、检查、审判部门之内,并且在同一诉讼案件中,医疗事故技术鉴定专家不能参加侦察、检察、审判活动,而侦察、检察、审判人员也不能参加医疗事故技术鉴定活动。

7. 保守秘密原则　保守案情秘密,维护国家利益和委托人的合法利益是有关人员在医疗事故技术鉴定活动中应重视的一条原则,同时也是医疗事故技术鉴定专家的义务之一。

8. 医疗事故技术鉴定监督原则　医疗事故技术鉴定监督主要体现在:对医疗事故技术鉴定程序合法性的监督;对鉴定方式客观性、公正性的监督;对技术鉴定活动规范性的监督;对专家举证质证的监督。

医疗事故技术鉴定程序方面,主要表现在:医疗事故技术鉴定受理是否合法,即委托主体是否符合法律规定;受理主体是否为法定医疗事故技术鉴定机构和取得医疗事故技术鉴定资格的医疗事故技术鉴定专家;医疗事故技术鉴定专家是否参加了本案的侦察、调查活动,是否属于其他方面必须依法回避的人;医疗事故技术鉴定资料的来源是否合法等。

医疗事故技术鉴定方式方面,主要表现在:该活动是否由两个以上医疗事故技术鉴定专家参加;技术鉴定是否执行了复核制度;共同医疗事故技术鉴定或医疗事故技术鉴定委员会医疗事故技术鉴定是否符合组织规则,是否有强行统一医疗事故技术鉴定结论的做法,集体讨论活动是否邀请人大、政协、委托机关方面的代表参加旁听,避免暗箱操作等。

医疗事故技术鉴定活动方面,主要表现在:检验材料的提取、保存、运送、制备是否符合科学规则,检验材料的数量与质量是否具备医疗事故技术鉴定条件;样本来源是否真实,数量、质量是否符合要求;医疗事故技术鉴定的实施步骤、方法是否与所属学科该问题的科学规则一致,医疗事故技术鉴定方法是否具有有效性、先进性;医疗事故技术鉴定结论依据是否充分,是否达到了法定的科学标准。

医疗事故技术鉴定专家举证质证方面,主要表现在:医疗事故技术鉴定专家到法庭作证、质证是有关方面对医疗事故技术鉴定活动最有力的公开监督。法庭上有关各方对医疗事故技术鉴定专家提问越认真、辩论越深入、要求医疗事故技术鉴定专家回答问题越严格,对医疗事故技术鉴定专家的活动促进越大,医疗事故技术鉴定结论的客观性、公开性越有保证。

(二) 鉴定的程序

合法、正确的程序是保证鉴定结论正确、公平、合法的条件之一。进行医疗事故技术鉴定,应当遵守的一般程序是:

1. 鉴定的提出　我国医疗事故技术鉴定的提出有三种方式:自行鉴定、行政鉴定和司法鉴定。

自行鉴定是指医疗事故争议双方当事人共同委托负责医疗事故技术鉴定工作的医学会组织的鉴定。

行政鉴定是指卫生行政部门接到医疗机构关于重大医疗过失行为的报告,或者医疗事故争议当事人要求处理医疗事故争议的申请后,对需要进行医疗事故技术鉴定的,交由负责医疗事故技术鉴定工作的医学会组织鉴定。

司法鉴定是指在医疗事故争议进入诉讼阶段后,人民法院认为需要鉴定或者重新鉴定而自行从医学会建立的专家库中,按照规定的办法随机抽取专家,组成专家鉴定组所作的鉴定。

2. 鉴定的受理　鉴定的受理由医学会负责。根据《医疗事故处理条例》及相关规定,下述五种情况医学会可以不受理鉴定的委托或申请:① 当事人一方直接向医学会提出鉴定申请的;② 医疗事故争议涉及多个医疗机构,其中一所医疗机构所在地的医学会已经受理的;③ 医疗事故争议已经由人民法院调解达成协议或判决的;④ 当事人已经向人民法院提起民事诉讼的(司法机关委托的除外);⑤ 非法行医造成患者身体健康损害的。其中第①项之所以不予受理,是因为《条例》明确规定,当事人直接向医学会提出鉴定申请的,必须是双方当事人协商一致,共同提出申请,否则医学会不予受理。第⑤项情形不属于医疗事故,所以不予受理。受害人应当直接向人民法院提出民事诉讼或刑事附带民事诉讼,需要进行技术鉴定的,应当向人民法院申请启动鉴定程序。

3. 提交鉴定材料　医患双方在收到医学会接受鉴定申请通知之日起10日内向医学会提交有关材料、书面陈述、答辩书。有关材料包括:①病程记录、死亡病历讨论记录、疑难病历讨论记录、会诊意见、上级医师查房记录等病历资料原件、复印件;②门诊病历、住院志、体温单、医嘱单、化验单(检验报告)、医学影像检查报告、特殊检查同意书、手术同意书、手术及麻醉记录单、病理报告单等病理资料原件、复印件;③抢救结束后补记的病历资料原件;④封存保留的输液、血液、注射剂、药物、医疗器械等实物,或者技术检验部门的检验报告;⑤医疗事故技术鉴定有关的其他材料。以上资料都应由医疗机构予以提供。另外,对在医疗机构建有病历档案的门诊、急诊病人,其病历资料由医疗机构提供;没有病历档案的由病人提供。

4. 医学会听取双方陈述及申辩、调查取证　专家鉴定组应当认真听取双方当事人的陈述及申辩,并进行核实。若有必要,可以向双方当事人和其他相关组织、个人进行调查取证,但应注意取证人数不应少于两人,且取证后应由本人签字确认。

5. 专家鉴定组进行技术鉴定　医学会应当在进行技术鉴定之日前7天,以书面的形式通知双方当事人鉴定的时间和地点。原则上到场的各方当事人不得超过3人。专家鉴定组应在事实清楚、证据确凿的基础上,综合分析病人的病情和个体差异,进行科学的技术鉴定。

医疗事故技术鉴定的内容主要包括:

(1)医疗行为是否违反了医疗技术标准和规范:医疗技术标准和规范是诊疗护理的准则,遵守医疗技术标准和规范是医疗活动的基本要求,也是保证医疗质量的基本条件,因此,医疗行为是否具有违法性就成为医疗事故鉴定的基本内容。

(2)医疗过失行为与医疗事故争议的事实之间是否存在因果关系:医疗过失行为是指违反医疗技术标准和规范的医疗行为。医疗事故是指患者对医疗机构的医疗行为的合法性提出争议,并认为不合法的医疗行为导致了医疗事故。医疗鉴定就是要确认二者之间是否存在因果关系,这是是否构成医疗事故的关键所在。

(3)医疗过失行为在医疗事故中的责任程度:由于患者的病情轻重和个体差异,相同的医疗过失行为在造成的医疗事故中所起的作用并不相同,可分为完全责任、主要责任、次要责任和轻微责任。

6. 出具鉴定结论　医学会应当自接到当事人提交的有关医疗事故技术鉴定的材料、书面陈述及答辩之日起45日内组织鉴定并出具医疗事故技术鉴定书。

医疗事故技术鉴定专家组应当在医疗事故技术鉴定结论中体现以下方面内容:① 双方当事人的基本情况及要求;② 当事人提交的材料和负责组织医疗事故技术鉴定工作的医学会的调查材料;③ 对鉴定过程的说明;④ 医疗行为是否违反医疗卫生管理法律、行政法规、部门规章和诊疗护理规范、常规;⑤医疗过失行为与人身损害后果之间是否存在因果关系;⑥医疗过失行为在医疗事故损害后果中的责任程度;⑦医疗事故等级;⑧对医疗事故患者的医疗护理医学建议。医疗事故鉴定结果及相应材料在医学会至少存档20年。

第四节　医疗事故的法律责任

一、民事责任

（一）医疗事故民事责任

医疗事故民事责任是指医疗单位和医务人员在诊疗护理过程中违反法律法规规定,违反诊疗护理常规,侵害公民的生命、健康权时,应对受害人承担的损害赔偿责任。

医疗事故民事责任的承担主要是基于医疗单位和医务人员的主观过失而进行的违法行为侵害了患者的正当权利,并产生了严重后果。

（二）医疗事故民事责任的承担

医疗事故的损害后果,是对自然人生命健康权的侵害。生命健康权是公民的一项基本权利,也是享有其他一切权利的基础,对公民生命健康权的损害赔偿是针对损害公民生命健康权所造成的财产损失的赔偿,其实质是一种财产责任。

1. 责任人的确认

（1）直接责任人员:是指责任人的行为与患者的不良结果之间有直接的因果关系,是对不良后果起决定性作用的人员。

（2）间接责任人员:是指责任人的行为与患者的不良结果之间有间接的联系,是造成不良结果的条件,而并非起决定作用的人员。

（3）在复合原因造成的结果中,要分清主要责任人员和次要责任人员,分别根据他们在造成不良结果过程中所起的作用,确定其所负责任的大小。

（4）要区分具体实施人员的直接责任与指导人员的直接责任。如果是具体实施人员受命于指导人员实施的行为,或在实施中实施人员提出过纠正意见而未被指导人员采纳从而造成不良后果的,由指导人员负主要责任;如果实施人员没有向指导人员如实反映病人情况或拒绝执行指导人员的正确意见造成不良后果的,实施人员负主要责任;如果两者均有过错的,则共同承担相应责任。

（5）要分清职责范围与直接责任的关系。如果事故责任不属于责任人的法定职责或特定义务范围,责任人对其不良后果不负直接责任;如果分工不清、职责不明,又无具体制度规定,则以其实际工作范围和公认的职责作为认定责任的依据;如果无特殊需要责任人无故擅自超越职责范围,造成事故的,也应追究责任。

（6）对未经单位同意或认可,从事业余的有偿诊疗护理活动而造成不良后果的医务人员,其善后处理由本人负责。如果在非职责范围和职责岗位,包括业余或离退休人员,无偿为人民群众进行诊疗护理活动,或于紧急情况下抢救危重患者而发生失误,造成不良后果的,一般不应追究责任。

2. 赔偿的依据　根据《医疗事故处理条例》及相关规定,我国确定医疗事故赔偿具体数额应当遵循以下三个基本原则:

（1）医疗事故赔偿数额应当与具体案件的医疗事故等级相适应的原则:《医疗事故处

理条例》中关于医疗事故等级的划分,明确以医疗过失行为对患者人身造成的直接损害程度,合理划分医疗事故的等级。因此,医疗事故的等级体现了患者人身遭受损害的实际程度,是对受害人人身致伤、致残及其轻重程度的客观评价。医疗事故具体赔偿数额与医疗事故等级相适应,体现了我国民法在民事赔偿上的实际赔偿原则,体现了赔偿的公平性和合理性。

(2) 医疗事故赔偿数额,应当与医疗行为在医疗事故损害后果中的责任程度相适应的原则:医疗事故与医疗过失责任程度相适应的原则,是指医疗事故责任方所承担的赔偿金额应当与其过错行为对损害后果的作用相一致。明确医疗事故的赔偿责任,首先必须确定医疗行为本身是否有过错;其次要看过错行为对损害方损害结果所占的责任程度的大小,从而使医疗事故赔偿金额的确定更加科学化、规范化。

(3) 应客观考虑医疗事故损害后果与患者原有疾病状况之间的关系:这一原则要求确定医疗事故赔偿金额时,应当实事求是、客观地分析患者原有疾病状况对医疗事故损害后果的影响因素以及其与损害结果之间的关系,免除医疗主体不应承担的赔偿份额,体现了法律的公平性以及确定责任方应承担责任份额时以事实为根据、以法律为准绳的法治原则。

考虑患者原有疾病,主要应当注意以下几方面关系:

患者原有疾病在发生发展过程中的必然趋势及其与医疗事故损害后果的关系;

患者原有疾病状况发展对现存损害后果的直接作用程度及其与过失行为之间关系;

患者原有疾病状况的基础条件在静止状态与其现有损害之间的关系;

患者原有疾病状况的危险性及其与医疗主体实施医疗行为的必然联系和客观需求,患者因医疗行为的获益结果与损害结果的关系。

3. 赔偿的方式 医疗事故实行一次性经济赔偿。经确定为医疗事故的,有医疗机构按照医疗事故等级、造成医疗事故的情节和患者的自身状况等,给予受害人一次性经济赔偿。这可以有效防止医疗机构推脱赔偿责任的现象发生,从而保障患者作为弱势群体的利益。

由于部分医疗事故的受害者存在后续治疗及其费用问题,法院不能对尚未发生的损失做出赔偿判决,因此,在处理这部分患者的相关费用时,应综合、客观地予以考虑。

4. 赔偿的项目及标准 《医疗事故处理条例》及相关规定对于医疗事故具体的赔偿数额标准进行了详细的规定。医疗事故赔偿数额不应是象征性的,但也不应超越现阶段社会经济发展水平,让受害者获得合理的赔偿,也就是让受害者得到与现阶段社会经济发展相适应的赔偿。对于医疗事故赔偿的范围和标准,规定如下:

医疗费:按照医疗事故对患者造成的人身损害进行治疗所发生的医疗费用计算,凭据支付,但不包括原发病医疗费用。结案后确实需要继续治疗的,按照基本医疗费用支付。

误工费:患者有固定收入的,按照本人因误工减少的固定收入计算,对收入在医疗事故发生地上一年度职工平均工资3倍以上的,按照3倍计算;无固定收入的,按照医疗事故发生地上一年度职工年平均工资计算。

住院伙食补助费:按照医疗事故发生地国家机关一般工作人员的出差伙食补助标准计算。

陪护费:患者住院期间需要专人陪护的,按照医疗事故发生地上一年度职工年平均工资计算。

残疾生活补助费:根据伤残等级,按照医疗事故发生地居民平均生活费计算,自定残之日起最长赔偿30年;但是,60周岁以上的,不超过15年;70周岁以上的,不超过5年。

残疾用具费：因残疾需要配置补偿功能器具的,凭医疗机构证明,按照普及型器具的费用计算。

丧葬费：按照医疗事故发生地规定的丧葬费补助标准计算。

被扶养人生活费：以死者生前或者残疾者丧失劳动能力前实际扶养且没有劳动能力的人为限,按照其户籍所在地或者居所地居民最低生活保障标准计算。对不足16周岁的,扶养到16周岁;对年满16周岁但无劳动能力的,扶养20年;但是,60周岁以上的,不超过15年;70周岁以上的,不超过5年。

交通费：按照患者实际必需的交通费用计算,凭据支付。

住宿费：按照医疗事故发生地国家机关一般工作人员的出差住宿补助标准计算,凭据支付。

精神损害赔偿金：按照医疗事故发生地居民年平均生活费计算。造成患者死亡的,赔偿年限最长不超过6年;造成患者残疾的,赔偿年限最长不超过3年。

参加医疗事故处理的患者近亲属所需交通费、误工费、住宿费,参照《医疗事故处理条例》第五十条的有关规定计算,计算费用的人数不超过2人。

医疗事故造成患者死亡的,参加丧葬活动的患者的配偶和直系亲属所需交通费、误工费、住宿费,参照《医疗事故处理条例》第五十条的有关规定计算,计算费用的人数不超过2人。

二、行政责任

当造成医疗事故责任的医务人员,其行为已经超过批评教育的限度,但又未达到触犯刑律的程度,一般应给予行政处分或处罚。对造成医疗事故的医疗机构及有关医务人员,尚未构成犯罪的可以给予行政处罚。

医疗机构发生医疗事故的,由卫生行政部门根据医疗事故的等级和情节,给予警告;情节严重的,责令限期停业整顿,直至由原发证部门吊销执业许可证;对负有责任的医务人员依法给予行政处分或纪律处分;对发生医疗事故的有关医务人员,卫生行政部门还可以责令暂停6个月以上1年以下执业活动,情节严重的,应吊销其执业证书。

三、刑事责任

对造成医疗事故情节十分严重的,依法追究刑事责任。医疗事故罪是指医务人员严重不负责任,过失造成就诊人死亡或严重损害就诊人身体健康的行为。构成此罪必须具备以下要件：① 侵害的客体是就诊人员的生命、健康权利和医疗单位的管理秩序;② 在客观方面,行为人实施了危害社会的行为,而且造成了就诊人死亡或者健康受到严重损害的结果;③ 犯罪主体只能由医务人员构成;④ 犯罪主观方面表现未过失。

另外,对在医疗事故处理中相关的其他机构及人员,包括卫生行政部门及负有责任的主管人员及直接责任人、医疗机构及负有责任的主管人员和直接责任人、参加医疗事故技术鉴定的人员等在医疗事故的处理中,有违反法律规定行为,情节严重者应追究刑事责任。

《医疗事故处理条例》规定,卫生行政部门的工作人员在处理医疗事故过程中违反规定,利用职务上的便利收受他人财物或者其他利益,滥用职权,玩忽职守,或者发现违法行为不予查处,造成严重后果的,依照刑法关于受贿罪、滥用职权罪、玩忽职守罪或者其他有关罪的规定,依法追究刑事责任。

1. 简述医疗事故的赔偿项目。
2. 医疗事故的构成要件有哪些?
3. 简述医疗事故的技术鉴定程序。
4. 简述医疗事故损害及其相关的法律责任。

拓 展 阅 读

法的要素

法的要素是指构成法律的基本因素或元素。一般认为,法律由规则、原则和概念三要素构成。

1. **法律规则** 法律规则是采取一定的结构形式具体规定人们的法律权利、法律义务以及相应的法律后果的行为规范。法律规则的种类包括:授权性规则与义务性规则;确定性规则、委任性规则和准用性规则;强行性规则与任意性规则。在逻辑结构上,任何一个完整的法律规则都是由假定(条件)、行为模式和法律后果三部分构成。应当将法律规则和法律条文区别开来,法律规则是法律条文的内容,法律条文是法律规则的表现形式。

2. **法律原则** 法律原则是指在一定法律体系中作为法律规则的指导思想、基础或本源的综合性、稳定性原理和准则。法律规则与法律原则的区别:在内容上,法律规则的规定是明确具体的,而法律原则其要求比较笼统、模糊;在适用范围上,法律规则只适用于某一类型的行为,而法律原则具有宏观指导性,其适用范围比法律规则更宽广;在适用方式上,法律规则是以"全有或全无的方式"应用于个案当中,而不同强度甚至冲突的原则都可能存在于一部法律之中;在作用上,法律规则具有比法律原则强度大的显示性特征。

3. **法律概念** 法律概念是法律的构成要素之一,是对各种法律事实进行概括,抽象出它们的共同特征而形成的权威性范畴。法律概念与日常生活用语中的概念不同,它具有明确性、规范性、统一性等特点。法律概念是构成整个法律体系的原子,是法律知识体系中最基本的要素。

(余 靖)

第八章 精神卫生法律制度

第一节 精神卫生法律制度概述

一、精神卫生和精神障碍的概念

精神卫生这一术语从20世纪70年代以来，在国内外广泛应用。精神卫生有狭义和广义两种含义。狭义的精神卫生是指对精神障碍者进行广泛的治疗。积极地采取措施，纠正心理偏差，减少精神障碍的发病率，改善他们的处境，促进其治疗、康复和回归社会。

广义的精神卫生是指一切维护和促进人群精神健康水平的各种个人和社会活动的总和。既包括防治各类精神障碍，减少严重精神障碍的发病率和复发率，减少和预防其他各类精神障碍的发生；同时也包括培养健康人格，增强对各种不良刺激的应急能力，为健康人群提供精神卫生保健服务，保持并不断提高精神健康水平的活动。

精神障碍是指在各种生物学、心理学以及社会环境因素影响下，大脑功能失调，导致认知、情感、意志和行为等精神活动出现不同程度障碍为临床表现的疾病。现在较为倾向于用"精神障碍"取代"精神疾病"作为各类精神活动障碍的总称，用"严重精神障碍"取代"精神病"。把罹患各种精神障碍的个体称为精神障碍者。把精神障碍严重影响精神活动，导致对自身和客观现实不能正确辨认，或者不能控制自身行为的精神障碍者，称为严重精神障碍者。

随着我国依法治国进程的加速，公民权利意识的加强，精神障碍者的权益保护问题越来越显突出。立法保护精神疾病患者及其家属、精神疾病工作者的合法权益已成为卫生法学的一项重要任务，更是卫生法学工作者义不容辞的责任。

二、精神卫生立法的意义

完全的（或称积极的）精神健康与精神障碍是人类精神活动的两极。多数相对精神健康的人存在这样或那样的精神卫生问题。没有精神障碍并不一定代表精神健康。事实上，一个人一生中几乎不可避免会出现精神卫生问题，这些问题在一定程度上妨碍个人的成长以及人际关系，比如妨碍潜能的发挥、处理挫折的能力、适应与调节能力，以及对情感的良性体验等，致使主观满意度降低、工作效率下降，陷入心理困扰和痛苦。据调查，这些现象在我国人群中较为普遍。但精神活动的异常并不构成精神症状和诊断为精神障碍。最普通的例子如自卑及其影响，最极端的例子如自杀。

按照现行的《中国精神障碍分类与诊断标准第三版（CCMD-3）》中的精神障碍有10大类：器质性精神障碍；精神活性物质所致精神障碍或非成瘾物质所致精神障碍；精神分裂症

和其他精神病性障碍；心境障碍（情感性精神障碍）；癔症、应激相关障碍、神经症；心理因素相关的生理障碍；人格障碍、习惯和冲动控制障碍；性心理障碍；精神发育迟滞与童年和少年期心理发育障碍；童年和少年期多动障碍、品行障碍、情绪障碍；其他精神障碍。

随着社会经济发展，经济体制转型和社会变革日益深入，家庭和人口结构的变化，价值观念改变，生活中的心理紧张因素增加，带来了新的心理卫生问题。如未成年人不良行为，青少年违法违纪行为，酗酒，药物滥用，吸毒人数的增加，老年人孤独等等。

新中国成立后，在党和政府的卫生方针指引下，精神病学事业才有了显著的发展。首先重视专业人员的培养，从医学教育到专业进修，1949至1958年的10年间，专业医师增长为新中国成立前的10倍，病床为14倍。1958年6月，国务院卫生行政管理部门在南京召开了全国精神病防治工作会议，确立了我国今后的防治方针，并制定了规划，提出"群防群治、中西医结合以及躯体治疗与工娱、心理治疗并举"的治疗对策。在对待精神病患者的保护上，人民政府和公安部门也加强了收容管理措施，普遍实行了法律鉴定条例。由于公费医疗及集体医疗制，患者的处境得到了根本改善，福利有了保障。随着精神药物的应用，在医院管理上也从绝对关闭式逐渐向开放式转化。1976年以来，情况得到进一步发展。对精神障碍者实行了群防群治，开始建立三级防治机构，正在由临床精神病学向社区精神病学过渡。在一些地区，还建立了康复和预防复发的设施，这样就大大地促进了精神卫生工作的开展。进入八十年代，我国出现了精神卫生工作的高潮。1980年在北京医学院建立了第一所精神卫生研究所。1981年上海亦相应地建立了精神卫生研究所。广州、杭州、南京等地也建立了精神病防治研究机构。有关的社会问题，诸如青少年犯罪、婚姻问题、自杀问题正引起学术界及社会的普遍关心和重视，相应的研究机构也在组建。此外，一些重点精神病学基地为全国培养了大批专业人员。在国家的关怀下，中国心理卫生协会又重新建立起来。精神卫生活动已成为一个社会共同关注的问题。中国的精神卫生活动正在迅猛地向前发展。在以预防为主、防治结合的正确卫生方针指引下，随着群众性精神文明活动的持久开展，我国的精神卫生工作定将为提高全民族的精神健康作出贡献。在国际上，我国已与世界卫生组织精神卫生处建立了协作关系。从1980年起，相继在北京、上海、南京等地举办了精神病流行病学讨论会、精神药理学讲习班、精神病教学工作讲习班及未成年人精神卫生讨论会等。从精神卫生角度进行了广泛的交流合作，取得了相当大的进展。

但是，我们也应该看到，造成人群心理问题和精神疾患的因素仍在不断增加，精神卫生工作面临新的挑战。精神疾病成为当前严重威胁人体健康的疾病之一。精神疾病由于其病程长、难治愈等特点，在我国疾病总负担的排名中已位居前列。到2020年，预计有6种精神疾病将进入前20种主要疾病的行列中。精神卫生问题已成为一个严重的社会问题。

对精神障碍患者的偏见与歧视是一个历史久远的世界性问题，精神障碍者一向是社会的弱势群体，精神障碍在各种疾病中具有特殊性。严重精神障碍患者不仅对自身带来危险，也可能危及他人和社会的财产和人身安全。正因为后者的原因造成对患者更大的偏见、歧视和不公正待遇。由于一些组织和公民的精神卫生知识的缺乏，将精神障碍等同于"疯子"，使得精神病患者在治愈后仍然遭受着偏见，在选举与被选举、劳动与就业、受教育、结婚与生育等方面的权利得不到保障。

由于以上问题的存在，近年来社会各界要求重视精神卫生问题，加快精神卫生立法的呼声也越来越高。精神卫生立法具有以下几个方面的意义：

1. 有利于精神疾病的防治　世界精神病学协会在精神疾病患者权利和法律保障的宣言

和观点中指出：卫生法规为所有患者（包括精神病患者）提供足够和有效的治疗，保证他们的受治疗权利。精神病患者有权接受专业的、受人尊重的治疗。精神病患者应受到和其他患者一样的治疗，可以和其他人一样不进行住院治疗。由于我国精神疾病患者总数大，医护水平低，精神卫生技术力量薄弱，更需要精神卫生立法，以法律的手段保证经费的投入，完成各种精神疾病的防治工作。

2. 有利于规范诊疗行为　精神疾病的诊断应依据国际通用的医学诊断标准。医生必须遵从医学科学来确定患者是否患有精神疾病。精神病学家应当恪守科学和道德原则，为患者的最大利益服务。精神疾病的严重程度以及患者对本人和他人造成危险的严重程度的判断应根据国家精神卫生立法的有关定义作出，从而杜绝少数医疗机构和医务人员，为了经济利益而滥收滥治，严重地损害患者及家属利益的行为。

3. 有利于保护精神疾病患者的合法权益　通过精神卫生立法对精神疾病患者的医疗、康复、就业、婚姻等合法权利加以明确规定和保护。精神疾病患者有权享有同其他人一样的人权和自由。他们不能因患有精神疾病而受到歧视。更不能因患精神疾病而在生活、工作和学习等方面受到歧视和排斥。

在进行治疗时，应鼓励自愿治疗，精神疾病的自愿治疗应与其他躯体疾病的自愿治疗一致。患者如果自愿住院治疗或申请帮助的话，应与其他疾病一样受到法律和道德标准的保护。非自愿的干预是对人权和基本人类自由的严重侵犯。因此，对这种干预应制定特殊和严格的标准。只有严重精神病患者才可以对其实行住院和违背患者意愿的治疗。非自愿的干预必须依据最少限制原则。

4. 有利于保障精神卫生工作者的正当权益　由于精神疾病的特殊性，少数精神病人在发病时具有的攻击性和自伤、自残行为，一方面使精神卫生工作者的人身安全缺乏保障，另一方面精神病患者伤人、毁物、自伤、受害等发生时，如何划定监护者的责任。再者由于社会对精神病患者的歧视，也会对精神卫生工作者存在一定误解。精神卫生立法应谴责对精神病学的任何形式的侮辱，对精神卫生医师任何形式的歧视。这些问题，都需要通过精神卫生立法作出规定。

第二节　国外精神卫生立法

一、国外精神卫生立法的内容

从世界各国精神卫生立法的内容看，很大程度上把精神卫生局限于狭义的范围。法国精神卫生法的主要内容包括：精神障碍者与罪犯的区别；对精神障碍者的人道处理；精神障碍者治疗设施的管理义务。

英国精神卫生法规定，对于精神障碍者的治疗和处理应遵循自愿的原则，并使其与躯体疾病治疗享受同等的待遇。鼓励精神病障碍者自愿入院，并对非自愿病人的强制性住院规定了严格的程序和时限。同时，法律还对精神障碍者进行专科治疗的知情同意权以及一系列的推荐、论证和审批手续都作了严格规定。

美国法律赋予精神障碍者以"治疗决定权"、"治疗拒绝权"和"最小限制性选择权"，强调把病人的利益放在第一位，摒弃了以"社会保安"或者"监护"作为强制住院的理由，而只能以"病人自己的利益"，即有助于病人的治疗为住院目的。

二、世界卫生组织关于精神卫生立法的指导原则

国际社会对包括精神障碍者在内的缺乏自身保护能力的弱者群体一直给予特别关注。联合国大会就精神障碍者的权益保护通过了一系列国际性特别宣言。1995年,世界卫生组织精神卫生处提出了《精神卫生保健法——10项基本原则》。这实际上是世界卫生组织倡导的一个精神卫生基本立法结构,为各国政府制定和修改精神卫生法提供参考,也用来作为评介一个国家精神卫生立法的标准。其主要内容是:

1. 政策 建立全面的公共政策和精神卫生的对象。
2. 权力 制定计划和执行公共政策及管理精神卫生计划的权限。
3. 预算 保证财政支持的条款。
4. 职能 保证贯彻精神卫生计划,包括有说明的义务和评介作用。
5. 研究和教育 规定与精神卫生有关的研究和教育,训练精神卫生专业人员。
6. 服务 提供公正的、无区别对待的精神卫生服务。
7. 个人保护 规定对精神障碍者、精神发育不全者及其家属的权利、福利、财产和尊严的保护。
8. 医疗机构 建立一个机构,为住院患者提供规定标准的医疗保健。在有经济条件的社区,也应为精神障碍者及精神发育不全者建立这样的医疗机构。
9. 治疗 调整治疗药物和其他治疗手段。
10. 政府代表 政府权力机构的代表,根据精神卫生法进行管理,并改善供应。

三、世界卫生组织精神卫生全球新战略

20世纪末,世界卫生组织正在制定一套旨在改进全球,特别是发展中国家对精神和神经保健的人口覆盖率和质量的精神卫生工作新战略。其主要内容包括:

1. 为精神障碍治疗护理制定指南。
2. 通过卫生教育和宣传,减少对精神障碍者的歧视,尽可能发挥社区在精神障碍治疗领域中的作用。
3. 研究和推广建立在科学基础上的经济有效的精神障碍宣传、治疗和预防措施,并加强卫生工作者充分利用这些措施的能力。
4. 持续地为严重的精神障碍者的治疗提供必要的药品。

为此,世界卫生组织将争取其他重要国际组织、专业组织、国际非政府组织和私人机构对开展精神卫生工作的大力支持。并将发起全世界防止抑郁症、自杀、精神分裂症和癫痫的运动。世界卫生组织要求各国必须有一个良好的政策环境,把精神卫生保健结合到整个医疗保健体系之中,将精神障碍医疗资源分散化,加强药物和人力资源的管理,加强与非健康部门的联系,加强社区的社会联系,同时还需要为精神卫生立法建立足够的标准等。

第三节 我国精神卫生法制建设

一、我国精神卫生立法过程

我国很长一段时期没有精神卫生方面的立法。改革开放以来,随着法治国家的建设,在先后制定的刑法、刑事诉讼法、民法通则、民事诉讼法、治安管理处罚条例等多部法律法规

中,规定有保护精神疾病患者权益的条款。国家和一些地方也颁布了多部与精神卫生有关的法律法规,如《精神药品管理规定(1988)》《精神疾病司法鉴定暂行规定(1989)》《中华人民共和国残疾人保障法(1990)》等。但是,这些法律法规不是涉及面太广就是涉及面太窄。在世界卫生组织的关注和支持下,我国于1985年由国务院卫生行政管理部门组织起草《中华人民共和国精神卫生法》第一稿,1990年完成第十稿。1987年8月世界卫生组织与中国国务院卫生行政管理部门、公安部和民政部及其他部门合作,在天津举行了首届司法精神病学及精神卫生立法研讨会。同年国务院审核同意了国务院卫生行政管理部门、民政部、公安部《关于加强精神卫生工作的意见》。1989年7月最高人民法院、最高人民检察院、公安部、司法部、国务院卫生行政管理部门联合发布了《精神疾病司法鉴定暂行规定》。1992年6月国务院卫生行政管理部门、民政部、公安部、全国残联发布《精神卫生工作"八五"计划要点》。但精神卫生立法一直未能完成。1999年以后,精神卫生立法工作受到国家普遍重视,立法工作得以实质性启动。

《中华人民共和国精神卫生法》是一部规范精神障碍患者治疗、保障精神障碍患者权益和促进精神障碍者康复的法律,于2011年6月公布草案,2012年10月26日,全国人大常委会表决通过。2013年5月1日《中华人民共和国精神卫生法》正式实施。

二、我国现行与精神卫生有关的法律规定

虽然目前我国还没有建立一部完整的精神卫生法律、法规,但在现行的国家法律中,有许多对精神疾病患者保护的条款,例如:

1.《中华人民共和国残疾人保障法》规定　残疾人包括视力残疾、听力残疾、言语残疾、肢体残疾、智力残疾、精神残疾、多重残疾和其他残疾的人。

残疾人在政治、经济、文化、社会和家庭生活等方面享有和其他公民平等的权利。

残疾人的公民权利和人格尊严受法律保护。

禁止歧视、侮辱、侵害残疾人。

2.《中华人民共和国兵役法(修正案)》规定　在服现役期间患精神病的义务兵退出现役后,视病情轻重,送地方医院收容治疗或者回家休养,所需医疗和生活费用,由县、自治县、市、市辖区的人民政府负责。

3.《中华人民共和国民法通则》规定　不能辨认自己行为的精神病人是无民事行为能力人,由他的法定代理人、监护人严加看管和医疗;在必要的时候,由政府强制医疗。

不能完全辨认自己行为的精神病人是限制民事行为能力人,可以进行与他的精神健康状况相适应的民事活动;其他民事活动由他的法定代理人代理,或者征得他的法定代理人的同意。

4.《中华人民共和国刑法》规定　精神病人在不能辨认或者不能控制自己行为的时候造成危害结果,经法定程序鉴定确认的,不负刑事责任。精神病人在不能辨认或者不能控制自己行为时有违法行为的,不予行政处罚,但应当责令其监护人严加看管和治疗。

5.《中华人民共和国治安管理处罚条例》规定　精神病人在不能辨认或者不能控制自己行为的时候违反治安管理的,不予处罚,但是应当责令其监护人严加看管和治疗。

三、我国精神卫生法的主要内容

1. 心理健康关系每一个人和每一个家庭的幸福　用人单位、学校、社区、家庭都要关注

精神卫生问题,共同维护和促进心理健康。用人单位应当创造有益于职工身心健康的工作环境,关注职工的心理健康;对处于职业发展特定时期或者在特殊岗位工作的职工,应当有针对性地开展心理健康教育。各级各类学校应当对学生进行精神卫生知识教育;配备或者聘请心理健康教育教师、辅导人员,并可以设立心理健康辅导室,对学生进行心理健康教育。学前教育机构应当对幼儿开展符合其特点的心理健康教育。医务人员开展疾病诊疗服务,应当按照诊断标准和治疗规范的要求,对就诊者进行心理健康指导;发现就诊者可能患有精神障碍的,应当建议其到符合本法规定的医疗机构就诊。村民委员会、居民委员会应当协助所在地人民政府及其有关部门开展社区心理健康指导、精神卫生知识宣传教育活动,创建有益于居民身心健康的社区环境。家庭成员之间应当相互关爱,创造良好、和睦的家庭环境,提高精神障碍预防意识;发现家庭成员可能患有精神障碍的,应当帮助其及时就诊,照顾其生活,做好看护管理。

2. 心理咨询与心理治疗　心理咨询在用人单位、学校、医院、监狱等场所,以及社区或福利、慈善等机构开展。心理治疗在医疗机构内开展。综合医院应按照国务院卫生行政部门的规定开设精神科门诊或者心理治疗门诊,为患者服务。心理治疗活动应当在医疗机构内开展。专门从事心理治疗的人员不得从事精神障碍的诊断,不得为精神障碍患者开具处方或者提供外科治疗。

3. 精神障碍的诊断、治疗、住院、出院有严格的法定程序

(1) 诊断精神障碍应以精神健康状况为依据,由精神科执业医师按照精神障碍诊断标准作出。

(2) 个人可以自行到医疗机构进行精神障碍诊断。疑似精神障碍患者的近亲属可以将其送往医疗机构进行精神障碍诊断。疑似精神障碍患者发生伤害自身、危害他人安全的行为,或者有伤害自身、危害他人安全的危险的,其近亲属、所在单位、当地公安机关应当立即采取措施予以制止,并将其送往医疗机构进行精神障碍诊断。

(3) 医疗机构及其医务人员应当遵循精神障碍治疗规范制定患者治疗方案,并向精神障碍患者或者其监护人告知治疗方案和治疗方法、目的以及可能产生的后果。

(4) 精神障碍的住院治疗实行自愿原则。但诊断为严重精神障碍,并且已经发生伤害自身或危害他人安全的行为,或者有伤害自身或危害他人安全的危险的,应对其实施住院治疗。

(5) 已经发生危害他人安全的行为,或者有危害他人安全的危险的严重精神障碍患者或者其监护人对需要住院治疗的诊断结论有异议,不同意对患者实施住院治疗的,可以要求再次诊断和鉴定。

(6) 自愿住院治疗的精神障碍患者可以随时要求出院。对已经发生伤害自身的行为,或者有伤害自身的危险的严重精神障碍患者实施住院治疗的,监护人可以随时要求患者出院。对已经发生危害他人安全的行为,或者有危害他人安全的危险的严重精神障碍患者实施住院治疗,医疗机构认为患者可以出院的,应当立即告知患者及其监护人。

4. 国家实行严重精神障碍发病报告制度　严重精神障碍患者可以依法免费获得基本公共卫生服务。贫困的严重精神障碍患者由政府资助参加基本医疗保险,并可以得到优先医疗救助;符合条件的可获得最低生活保障。

精神卫生法所称严重精神障碍,是指疾病症状严重,导致患者社会适应等功能严重损害、对自身健康状况或者客观现实不能完整认识,或者不能处理自身事务的精神障碍。国家

向严重精神障碍患者提供基本公共卫生服务,包括建立居民健康档案、评估和定期随访、必要的药物剂量调整和对症处理、健康教育和生活技能训练等康复指导、心理支持以及每年1次的健康体检。

在农村和城市已经开展医疗救助工作或试点工作的地方,符合条件的严重精神障碍患者可以向民政部门申请医疗救助。对流浪乞讨人员中有危害他人生命安全或严重影响社会秩序的精神障碍患者,应实施救治。2006年民政部、公安部、财政部、劳动和社会保障部、建设部、国务院卫生行政管理部门联合发布《关于进一步做好城市流浪乞讨人员中危重病人、精神病人救治工作的指导意见》,规定民政部门、公安部门和城建城管监察部门负责将患者送到当地定点医院;国务院卫生行政管理部门确定定点医院并负责患者救治;民政部门按照规定支付救治经费,其所属救助管理站在患者病情稳定或治愈后接回,或通过其他方式帮助患者离院。

5. 持续治疗和康复　持续治疗和康复是严重精神障碍患者回归社会的重要措施,精神卫生法规定应建立向精神障碍患者提供康复服务的社区康复机构。

精神障碍患者的家庭对患者负有照料和监护责任,不仅不应该嫌弃、遗弃患者,还要积极帮助患者接受治疗、进行康复训练,担负起照料和监护责任。

社区不应歧视精神障碍患者,要创造条件帮助患者康复。社区康复机构应当为需要康复的精神障碍患者提供场所和条件,对患者进行生活自理能力和社会适应能力等方面的康复训练。医疗机构应提供技术指导和支持。

向精神障碍患者提供康复服务的社区康复机构,包括各类职业康复训练中心、工(农)疗站、日托康复站、各类长期托养机构、中途宿舍等在社区中提供精神障碍康复服务的机构。社区康复机构在精神障碍康复工作中的职责主要有两方面:一是为需要康复的精神障碍患者提供场所和条件;二是对患者进行生活自理能力和社会适应能力等方面的康复训练。

6. 充分保护精神障碍患者的合法权益　精神障碍患者的人格尊严、人身和财产安全不受侵犯,受教育、参与劳动、个人隐私等合法权益受法律保护。为了有效地保护精神障碍患者的人身权利和财产权利,《精神卫生法》明确了任何组织或者个人不得歧视、侮辱、虐待精神障碍患者,不得非法限制精神障碍患者的人身自由;精神障碍患者的监护人应当履行监护职责,维护精神障碍患者的合法权益等;新闻报道和文学艺术作品等不得含有歧视、侮辱精神障碍患者的内容;精神障碍患者的教育、劳动、医疗以及从国家和社会获得物质帮助等方面的合法权益受法律保护;有关单位和个人应当对患者个人信息和病情信息予以保密。

7. 依法追究有关责任主体的法律责任　精神障碍患者同其他公民一样,享有人身权、财产权,以及教育、劳动、医疗、从国家和社会获得物质帮助等方面的合法权益。在住院治疗期间患者的知情同意权、隐私权、通讯和会见探访者的权利等受法律保护。患者合法权益受到侵害的,患者本人、其监护人或近亲属可以依法提起诉讼。

第四节　精神疾病患者涉法能力的司法鉴定

精神疾病的司法鉴定是指根据案件事实和被鉴定人的精神状况,作出鉴定结论,为委托鉴定机关提供有关法定能力的科学证据。

我国刑法规定:精神病人在不能辨认或者不能控制自己行为的时候造成危害结果,经法定程序鉴定确认的,不负刑事责任。从这方面来看,作出公正、科学的鉴定结论,也是对精神病患者的一种法律保护。

1. 司法鉴定机构和人员　开展精神病司法鉴定工作的组织是各级市以上设立的"精神疾病司法鉴定委员会"。对疑难案件，当地难以鉴定的，可以委托异地进行鉴定。

鉴定委员会由人民法院、人民检察院和公安、司法、精神疾病专家等若干人组成。担任技术鉴定人，必须具有下列资格之一：具有五年以上精神科临床经验并具有司法精神病知识的主治医师以上人员；具有精神病学知识、经验和工作能力的主检医师以上人员。

2. 鉴定对象　对可能患有精神病的下列人员应当进行鉴定：刑事案件的被告人、被害人；民事案件的当事人；行政案件的原告人；违反治安管理应当受到拘留以上处罚的人员；与案件有关需要鉴定的其他人员。

3. 涉法能力的鉴定范围　涉法能力的鉴定范围包括：

（1）刑事案件被鉴定人涉法能力的评定：能否承担刑事责任能力、受审能力、服刑能力、诉讼能力、证明能力等；

（2）民事案件被鉴定人涉法能力的评定：有无民事行为能力、诉讼能力、作证能力等；

（3）其他有关法定能力的评定：性侵害事件中的女当事人的精神状况、受处罚人的服刑能力鉴定等。

1. 简述精神卫生和精神障碍的概念。
2. 简述国外精神卫生立法的内容。
3. 我国精神卫生法的主要内容有哪些？
4. 精神疾病患者在治疗过程中具有哪些权利？

拓 展 阅 读

世界精神卫生日

"世界精神卫生日"是由世界精神病学协会（World Psychiatric Association WPA）在1992年发起的，时间是每年的10月10日。世界各国每年都为"精神卫生日"准备丰富而周密的活动。包括宣传、拍摄促进精神健康的录像片、开设24小时服务的心理支持热线、播放专题片等等。2000年是我国首次组织世界精神卫生日活动。

1991年，尼泊尔提交了第一份关于"世界精神卫生日"活动的报告。随后的十多年里，许多国家参与进来，将每年的10月10日作为特殊的日子：提高公众对精神疾病的认识，分享科学有效的疾病知识，消除公众的偏见。世界卫生组织确定每年的10月10日为"世界精神卫生日"。

世界卫生组织认为，精神卫生是指一种健康状态，在这种状态中，每个人都能够认识到自身潜力，能够适应正常的生活压力，能够有成效地工作，并能够为其居住的社区作出贡献。

当前,精神卫生问题已严重影响到人们的正常生活。世卫组织公布的最新数据显示,全球约有4.5亿精神健康障碍患者,其中3/4生活在中低收入国家。而在大多数国家中,只有不到2%的卫生保健资金用于精神卫生,且每年有1/3的精神分裂者、半数以上的抑郁症患者和3/4的滥用乙醇导致精神障碍者无法获得简单、可负担得起的治疗或护理。此外,在世界范围内,每40秒就有一人死于自杀。精神健康障碍已成为严重而又耗资巨大的全球性卫生问题,影响着不同年龄、不同文化、不同社会经济地位的人群。

中国卫生部2000年曾第一次在精神卫生日组织开展大规模活动,宣传精神卫生普及心理健康知识。在随后的几年中,随着中国经济、社会的高速发展,精神卫生、心理健康工作越来越受到社会各界的广泛重视,世界精神卫生日的活动在中国也更加受到重视并积极开展,已成为普及精神卫生知识、传播精神卫生理念的重要平台和品牌。

（余 靖）

第九章 健康相关产品的卫生法律制度

第一节 食品安全法

一、立法经过

在我国,国家高度重视食品安全,2009年2月28日,十一届全国人大常委会第七次会议通过了《中华人民共和国食品安全法》。食品安全法是适应新形势发展的需要,为了从制度上解决现实生活中存在的食品安全问题,更好地保证食品安全而制定的,其中确立了以食品安全风险监测和评估为基础的科学管理制度,明确食品安全风险评估结果作为制定、修订食品安全标准和对食品安全实施监督管理的科学依据。

2015年4月25日,十二届全国人大常委会第十四次会议表决通过了关于修改食品安全法的决定。新修改的食品安全法共十章,154条,2015年10月1日起正式施行。

这部经全国人大常委会第九次会议、第十二次会议两次审议,三易其稿,被称为"史上最严"的食品安全法,对八个方面的制度构建进行了修改,如完善统一权威的食品安全监管机构;明确建立最严格的全过程监管制度,进一步强调食品生产经营者的主体责任和监管部门的监管责任;更加突出预防为主、风险防范;实行食品安全社会共治,充分发挥媒体、广大消费者在食品安全治理中的作用;突出对保健食品、特殊医学用途配方食品、婴幼儿配方食品等特殊食品的监管完善;加强对高毒、剧毒农药的管理;加强对食用农产品的管理;建立最严格的法律责任制度等。

二、食品安全法的主要内容

(一)关于食品安全监管体制

1. 对国务院有关食品安全监管部门的职责进行明确界定。
2. 在县级以上地方人民政府层面,进一步明确工作职责,理顺工作关系。
3. 为防止各食品安全监管部门各行其是、工作不衔接,食品安全法规定县级以上卫生行政、农业行政、质量监督、工商行政管理、食品药品监督管理部门应当加强沟通、密切配合,按照各自的职责分工,依法行使职权,承担责任。
4. 为了使食品安全监管体制运行更加顺畅,食品安全法规定,国务院设立食品安全委员会,其工作职责由国务院规定。

5. 食品安全法授权国务院根据实际需要，可以对食品安全监督管理体制作出调整。

（二）关于食品安全风险监测和评估
1. 食品安全法从食品安全风险监测计划的制订、发布、实施、调整等方面，规定了完备的食品安全风险监测制度。

2. 食品安全法从食品安全风险评估的启动、具体操作、评估结果的用途等方面规定了完整的食品安全风险评估制度。

（三）关于食品安全标准
针对食品标准政出多门、标准缺失、标准"打架"以及标准过高或过低等问题，食品安全法对食品安全标准作了相应规定。

1. 为防止食品安全标准畸高畸低，食品安全法规定，制定食品标准，应当以保证公众身体健康为宗旨，做到科学合理、安全可靠。同时明确规定，食品安全标准是强制执行的标准，除食品安全标准外，不得制定其他的食品强制性标准。

2. 明确了食品安全国家标准的制定、发布主体，制定方法，明确对有关标准进行整合。

3. 明确了食品安全地方标准和企业标准的地位。

（四）关于食品生产经营
1. 加强对食品生产加工小作坊和食品摊贩的管理。

2. 鼓励食品生产经营企业采用先进管理体系，减轻企业负担。

3. 建立完备的索证索票制度、台账制度等。

4. 严格对声称具有特定保健功能的食品的管理。

5. 建立食品召回制度、停止经营制度。

6. 严格对食品广告的管理。

（五）关于食品检验
1. 明确食品检验由食品检验机构指定的检验人独立进行。

2. 明确食品安全监督管理部门对食品不得实施免检。同时明确规定，进行抽样检验，应当购买抽取的样品，不收取检验费和其他任何费用。

（六）关于食品进出口
1. 明确了进口的食品、食品添加剂以及食品相关产品应当符合我国食品安全国家标准。

2. 完善风险预警机制。

（七）关于食品安全事故处置
1. 规定了制定食品安全事故应急预案及食品安全事故的报告制度。

2. 规定了县级以上卫生行政部门处置食品安全事故的措施，如开展应急救援工作，对因食品安全事故导致人身伤害的人员，卫生行政部门应当立即组织救治；封存被污染的食品用工具及用具，并责令进行清洗消毒；做好信息发布工作，依法对食品安全事故及其处理情况进行发布，并对可能产生的危害加以解释、说明。

（八）关于监督检查
食品安全法第八章"监督管理"重申了对同一违法行为不得给予二次以上罚款的行政处罚。县级以上卫生行政、质量监督、工商行政管理、食品药品监督管理部门应当按照法定权限和程序履行食品安全监督管理职责；对生产经营者的同一违法行为，不得给予二次以上罚款的行政处罚。

三、法律责任

(一) 行政责任

违反食品安全法有关规定的生产经营者,由食品安全监督机构在规定的职权范围内依法作出行政处罚决定。

(二) 民事责任

食品安全法规定了生产不符合食品安全标准的食品或者销售明知是不符合食品安全标准的食品,消费者除要求赔偿损失外,还可以向生产者或者销售者要求支付价款十倍的赔偿金。违反食品安全法的规定,应当承担民事赔偿责任和缴纳罚款、罚金,其财产不足以同时支付时,先承担民事赔偿责任。

(三) 刑事责任

《刑法》第143条规定,生产、销售不符合卫生标准的食品,足以造成严重食物中毒事故或者其他严重食源性疾患的,处3年以下有期徒刑或者拘役,并处或者单处销售金额50%以上2倍以下罚金,对人体健康造成严重危害的,处3年以上7年以下有期徒刑,并处销售金额50%以上2倍以下罚金,后果特别严重的,处7年以上有期徒刑或者无期徒刑,并处销售金额50%以上2倍以下罚金或者没收财产。

《刑法》第144条规定,在生产、销售的食品中掺入有毒、有害的非食品原料的,或者销售明知掺有有毒、有害的非食品原料的食品的,处5年以下有期徒刑或者拘役,并处或者单处销售金额50%以上2倍以下罚金;造成严重食物中毒事故或者其他严重食源性疾患,对人体健康造成严重危害的,处5年以上10年以下有期徒刑,并处销售金额50%以上2倍以下罚金。致人死亡或者对人体健康造成特别严重危害的,处10年以上有期徒刑、无期徒刑或者死刑,并处销售金额50%以上2倍以下罚金或者没收财产。

《刑法》第225条规定,违反国家规定,买卖进出口许可证、进出口原产地证明以及其他法律、行政法规规定的经营许可证或者批准文件的,扰乱市场秩序,情节严重的,处5年以下有期徒刑或者拘役,并处或者单处违法所得1倍以上5倍以下罚金;情节特别严重的,处5年以上有期徒刑,并处违法所得1倍以上5倍以下罚金或者没收财产。

第二节 保健食品法律制度

一、保健食品的审批和技术要求

(一) 保健食品的审批规定

国家食品药品监督管理部门对保健食品、保健食品的说明书实行审批制度。凡声称具有保健功能的食品必须经国家食品药品监督管理部门审查确认。研制者应向所在地的省级食品药品监督管理部门提出申请,经初审同意后,报国家食品药品监督管理总局审批。对审查合格的保健食品发给《保健食品批准证书》,批准文号。获得《保健食品批准证书》的食品准许使用保健食品标志。

进口保健食品时,进口商或代理人必须向国家食品药品监督管理总局提出申请,同时要提供出产国或国际组织的有关标准,生产销售国有关卫生机构出具允许生产或销售的证明。对审查合格的进口保健食品发放《进口保健食品批准证书》,取得此证书的产品必须在包装上标注批准文号和保健食品标志。口岸进口食品,卫生监督检验机构凭《进口保健食品批准证书》进行检验,合格后放行。

(二)保健食品的技术要求

1. 经必要的动物或人群功能试验,证明其具有明确、稳定的保健作用。
2. 各种原料及其产品必须符合食品卫生要求,对人体不产生任何急性、亚急性或慢性危害。
3. 配方的组成及用量必须具有科学依据,具有明确的功效成分,应确定与保健功能有关的重要原料名称。

二、保健食品的生产审批、生产经营、标签说明及广告宣传

(一)保健食品的生产审批

生产保健食品前,食品生产企业必须持《保健食品批准证书》等资料向所在地的省级食品药品监督管理部门提出申请,经审查同意并在申请者的卫生许可证上加注"××保健食品"的许可项目后方可进行生产。

(二)保健食品的生产经营

保健食品的生产者必须按照批准的内容组织生产,保健食品的生产流程、生产条件必须符合相应的食品生产企业安全规范或其他有关要求。直接与保健食品接触的包装材料或者容器必须符合有关安全标准。

保健食品经营者采购保健食品时,必须索取《保健食品批准证书》复印件和产品检验合格证。采购进口保健食品应索取《进口食品批准证书》复印件及口岸进口食品卫生监督检验机构的检验合格证。

(三)保健食品的标签、说明书

保健食品标签和说明书必须符合国家有关标准和要求,并标明下列内容:保健作用和适宜人群;食用方法和适宜的用量;贮藏方法;功效成分的名称及含量(因在现有技术条件下,不能说明功效成分的,则须标明与保健功能有关的原料名称);保健食品批准文号;保健食品标志;有关标准或要求所规定的其他标签内容。

(四)保健食品的广告宣传

在保健食品的广告宣传中,保健食品的名称应当准确、科学,不得使用人名、地名、代号及夸大或容易误解的名称,不得使用产品中非主要功效成分的名称。

保健食品的标签、说明书和广告内容必须真实,符合其产品质量要求。不得有暗示可使疾病痊愈的宣传。

严禁利用封建迷信进行保健食品的宣传。

未按《保健食品管理办法》审查批准的食品,不得以保健食品的名义进行宣传。

三、保健食品的监督管理

(一)对保健食品的重新审查

国家食品药品监督管理总局可根据以下情况确定对已经批准的保健食品进行重新审查:

1. 科学发展后,对原来审批的保健食品的功能有认识上的改变。
2. 产品的配方、生产工艺以及保健功能受到可能改变的质疑。

3. 保健食品监督监测工作的需要。

经审查不合格者或不接受重新审查者,由国家食品药品监督管理总局撤销其《保健食品批准证书》。经审查合格者,原证书仍然有效。

(二) 保健食品的安全监督

保健食品生产经营者的安全监督管理,按照《食品安全法》的有关规定执行。

四、法律责任

凡有下列情形之一者,由县级以上人民政府食品药品管理行政部门按《食品安全法》进行处罚。

(1) 未经国务院卫生行政管理部门按本办法审查批准,而以保健食品的名义生产、经营的。

(2) 未按保健食品批准进口,而以保健食品名义进行经营的。

(3) 保健食品的名称、标签、说明书未按照核准内容使用的。

保健食品广告中宣传疗效或利用迷信进行保健食品宣传的,按照国家工商行政管理总局和国务院卫生行政管理部门《食品广告管理办法》的有关规定进行处罚。

违反《食品安全法》或其他有关食品安全要求的依照相应规定进行处罚。

第三节 转基因食品的法律制度

一、转基因食品的审批

生产或者进口转基因食品必须向国家食品药品监督管理总局提出申请,并提交相关材料。国家食品药品监督管理总局自受理转基因食品申请之日起6个月内做出是否批准的决定。批准的转基因食品,可列入用于食品生产、经营的转基因食品品种目录。

二、转基因食品的标志与监督

(一) 转基因食品的标志

食品产品中(包括原料及其加工的食品)含有基因修饰有机体或表达产物的,要标注"转基因××食品"或"以转基因××食品为原料"。转基因食品来自潜在致敏食物的,还要标注"本品转××食物基因,对××食物过敏者注意"。转基因食品采取下列方法标注:① 定型包装的,在标签的明显位置上标注;② 散装的,在标签上或另行设置的告示牌上标注;③ 转运的,在交运单上标注;④ 进口的,在贸易合同和报关单上标注。

转基因食品标签应当真实、客观,不得有明示或暗示可以治疗疾病,虚假宣传、夸大宣传产品的作用和国务院卫生行政管理部门规定的禁止标志的其他内容。

(二) 转基因食品的监督

国家食品药品监督管理总局对已经批准生产或进口的转基因食品发现有下列情形之一的,进行重新评价:对转基因食品食用安全性和营养质量的科学认识发生改变的;转基因食品食用安全性和营养质量受到质疑的;其他原因需要重新评价的。

国家食品药品监督管理总局对转基因食品的生产经营组织定期或者不定期监督抽查,并向社会公布监督抽查结果。国务院卫生行政管理部门认定的检验机构,按照国务院卫生行政管理部门制定的规程及有关标准,对转基因食品食用安全性和营养质量进行评价。对出具虚假检验报告或者疏于管理难以保证质量的,由国家食品药品监督管理总局责令改正,并予以通报批评,情节严重的,收回认定资格。

第四节　药品管理法

一、药品生产和经营

（一）药品生产企业的法律规定

1. 开办药品生产企业的条件

（1）人员要求：具有依法经过资格认定的药学技术人员、工程人员及相应的技术工人。具有能对所生产药品进行质量管理和质量检验的机构和人员。

（2）设施要求：具有与其药品生产相适应的厂房、设施和卫生环境；具有对药品进行质量检验的仪器设备；药品必须按照国家标准和国务院药品监督管理部门批准的工艺进行生产,生产记录必须完整准确。

（3）规章制度要求：具有保证药品质量的规章制度；药品生产企业必须按照《药品生产质量管理规范》组织生产；药品生产企业改变影响药品质量的生产工艺的,必须报原批准部门审核批准；中药饮片必须按照国家药品标准炮制；国家没有规定的按省、自治区、直辖市人民政府监督管理部门制定的炮制规范炮制。炮制规范应当报国务院药品监管部门备案；生产药品所需原料、辅料必须符合药用要求；药品不符合国家药品标准或不符合中药饮片炮制规范的,不得出厂。

2. 开办药品生产企业的审批程序　任何单位和个人要开办药品生产企业,首先要取得《药品生产企业许可证》和《营业执照》。《药品生产企业许可证》由所在省、自治区、直辖市人民政府药品监督管理部门,对其进行全面审核,批准后发给《药品生产许可证》。工商行政部门凭《药品生产许可证》发给《营业执照》。

《药品生产许可证》有效期为5年,到期重新审查发证。企业破产或关闭由原发证部门缴销。未取得《药品生产企业许可证》和《营业执照》的不准生产药品。

（二）药品经营企业的法律规定

1. 开办药品经营企业的条件

（1）具有依法经过资格认定的药学技术人员。

（2）具有与所经营药品相适应的质量管理机构或者人员。

（3）具有与所经营药品相适应的营业场所、设备、仓储设施、卫生环境。

（4）具有保证所经营药品质量的规章制度。药品经营企业,必须按照国务院药品监督管理部门制定的《药品经营质量管理规范》经营药品。药品经营企业购进药品,必须执行进货检查验收制度,验明药品的合格证书和其他标志。购销药品,必须有真实完整的购销记录,必须准确无误,正确说明用法、用量和注意事项。销售中药材,必须标明产地,必须制定和执行药品保管制度,采取必要的冷藏、防冻防潮、防虫、防鼠等措施保证药品质量。

2. 开办药品经营企业的审批程序　药品经营企业,必须取得《药品经营企业许可证》和《营业执照》。未取得证照的单位和个人不得经营药品。

《药品经营企业许可证》和《营业执照》的审批程序与开办药品生产企业程序相同。

（三）医疗机构制剂管理

1. 医疗单位制剂的条件和范围

（1）医疗单位配制制剂的条件主要为：必须配备依法经过资格认定的药学技术人员；必须具有能够保证制剂质量的设施、管理制度、检验仪器和卫生条件；必须制定和执行药品管理制度，采取必要的冷藏、防冻防潮、防虫、防鼠等措施保证药品质量。

（2）医疗机构制剂范围包括以下几方面：常用而疗效确定的协定处方制剂；为临床科研需要临时配制的处方制剂；医药部门无供应或供应不足的制剂或特殊规格的制剂；本单位临床需要而市场上没有供应的品种。

2.《医疗机构制剂许可证》审批程序　配制制剂的医疗单位具备法定条件后，由省、自治区、直辖市人民政府药品监督管理部门批准，发给《医疗机构制剂许可证》。无《医疗机构制剂许可证》不得随意配制制剂。

二、药品管理和药品监督

（一）药品标准

1. 药品必须符合国家药品标准。国务院药品监督管理部门颁布的《中华人民共和国药典》和药品标准为国家药品标准。

2. 国务院药品监督管理部门组织药典委员会负责国家药品标准的制定和修订。

3. 国务院药品监督管理部门的药品检验机构负责标定国家药品标准品、对照品。

（二）药品注册

药品注册，是指依照法定程序，对拟上市销售的药品的安全性、有效性、质量可控性等进行系统评价，并作出是否同意进行药物临床研究、生产药品或者进口药品的审批过程。包括对申请变更药品批准证明文件及其附件中载明内容的审批。

药品注册申请包括新药申请、已有国家标准药品的申请和进口药品申请及其补充申请。境内申请人按照新药申请、已有国家标准药品的申请办理，境外申请人按照进口药品申请办理。申请药品注册必须进行临床前研究和临床研究。

（三）新药、仿制药品、新生物制品管理

1. 新药

（1）新药：是指我国尚未生产过的药品。已生产的药品改变剂型、改变给药途径、增加新的适应证或制成新的复方剂，亦属于新药范围。新药按审批管理的要求分为中药、化学药品和生物制品。

（2）新药研制：必须按照国家规定如实报送研制方法、质量指标、药理及毒理试验结果等有关资料和样品，经批准后，方可进行临床试验。所谓药物临床试验，是指任何在人体（病人或健康志愿者）进行的药物系统性研究，以证实或揭示试验用药物的作用、不良反应及试验用药物的吸收、分布、代谢和排泄，目的是确定试验用药物的疗效与安全性。为保证药物临床试验过程规范、科学，结果真实可靠，保障受试者的安全和利益，国家食品药品监督管理局制定了《药物临床试验质量管理规范》，同时药物临床试验机构的资格必须通过资格认定。完成临床试验并通过审批的新药，经国家食品药品监督管理局批准，发给新药证书。拥有新品证书的单位在2年内无特殊理由既不生产亦不转让者，国家将中止对该新药的保护。

（3）新药保护和技术转让：国家对新药实行分类保障制度，各类新药的保护期分别为：

第一类新药12年;第二、三类新药8年;第四、五类新药6年。凡有试产期的新药,其保护期包含试产期。在保护期内的新药,未得到新药证书(正本)拥有者的技术转让,任何单位和个人不得仿制生产,药品监督管理部门也不得受理审批。新药保护期满,新药保护自行终止。对已获批准新药的技术转让实行审批制度。

(4)新药生产:生产新药或者已有国家标准的药品的,必须经国务院药品监督管理部门批准,并发给药品批准文号;生产没有实施批准文号管理的中药材和中药饮片除外。新药试生产期满,生产单位应提前3个月提出转为正式生产申请。逾期未提出申请,或经审查不符合规定者,国务院食品药品监督管理局取消其试生产批准文号。

2. 仿制药品　仿制药品,是指仿制国家已批准正式生产、并收载于国家药品标准(包括《中国生物制品规程》)的品种。《仿制药品审批办法》规定,国家鼓励创新和技术进步,控制仿制药品的审批。仿制药品的质量不得低于被仿制药品,使用说明书等应与被仿制药品保持一致。试行标准的药品及受国家行政保护的品种不得仿制。对已有国家标准且不在新药保护期内的化学药品,凡工艺进行重大改变的,应按仿制药品申报。凡申请生产仿制药品的经审核后,由国家食品药品监督管理局对同意仿制的药品编排统一的批准文号。

3. 新生物制品　新生物制品,是指我国未批准上市的生物制品;已批准上市的生物制品,当改换制备疫苗和生产技术产品的菌毒种、细胞株及其他重大生产工艺对制品的安全性、有效性可能有显著影响时按新生物制品审批。新生物制品审批实行国家一级审批制度。

(四)药品审评与药品淘汰的规定

1. 药品审评　《药品管理法》规定,国务院药品监督管理部门组织药学、医学和其他技术人员对新药进行审评,对已经批准生产的药品进行再评估。

2. 药品淘汰　药品淘汰是对上市药品因毒副作用大、不良反应大、使用不方便、疗效差等原因将此品种淘汰。由国务院药品监督管理部门监管、实施。

(五)进出口药品管理规定

1. 药品进口　须经国务院药品监督管理部门组织审查,经审查确认符合质量标准,安全有效的,方可批准进口,并发给进口药品注册证书。药品必须从允许药品进口的口岸进口,并由进口药品的企业向口岸所在地药品监督管理部门登记备案。国务院药品监督管理部门规定的生物制品及首次在中国销售的药品,进口时要指定检验机构进行检验,检验不合格的,不得进口、销售。对已经批准进口的药品,组织调查,疗效不确的、不良反应大的或者其他原因危害人体健康的药品,应当撤销进口药品注册证书,已经进口的,由当地药品监督管理部门监督销毁或者处理。麻醉药品和精神药品必须持有国务院药品监督管理部门发给的《进口许可证》,方可进口。

2. 药品出口　凡我国制造销售的药品,经省级药品监督管理部门审核批准后,根据国外药商需要出具有关证明办理相关出口手续。未经批准,不得组织药品出口。对国内供应不足的中药材、中成药按国务院药品监督管理部门批准的品种出口。限制或禁止的品种不得办理出口业务。出口麻醉药品、精神药品等特殊管理药品必须持有国务院药品监督管理部门发给的出口准许证。

(六)特殊药品和生物制品管理规定

国家对麻醉药品、精神药品、毒性药品、放射性药品的生产、销售、进出口、运输以及使用实行特殊管理办法。对生物制品,国务院卫生行政管理部门制定了《中国生物制品规程》,凡不符合此规程要求的制品,一律不准生产、销售。

(七)处方药与非处方药分类管理

国家对药品实行处方药与非处方药分类管理制度。处方药,是指必须凭具有处方资格的医师开具的处方方可调配、购买和使用,并须在医务人员指导和监控下使用的药品。非处方药,是指由国务院药品监督管理部门公布的,不需要凭执业医师和执业助理医师处方,消费者可以自行判断、购买和使用的药品。

(八)禁止生产和销售假药、劣药

假药,是指药品所含成分名称与国家药品标准规定的成分不合的,以非药品冒充药品或以他种药品冒充此种药品的。有下列情形之一的按假药论处:

1. 国务院药品监督管理部门规定禁止使用的。
2. 依法必须批准而未经批准生产、进口,或者依法必须检验而未经检验即售的。
3. 变质的。
4. 被污染的。
5. 使用依法必须取得批准文号而未取得批准文号的原料药生产的。
6. 所标明的适应证或者功能主治超出规定范围的。

劣药,是指药品成分的含量不符合国家药品标准的。有下列情形之一的药品,按劣药论处:

1. 未标明有效期或者更改有效期的。
2. 不注明或者更改生产批号的。
3. 超过有效期的。
4. 直接接触药品的包装材料和容器未经批准的。
5. 擅自添加着色剂、防腐剂、香料、矫味剂及辅料的。
6. 其他不符合药品标准规定的。

(九)药品监督

1. **药品监督管理机构及职责** 国家食品药品监督管理局主管全国药品监督管理工作。县级以上人民政府设置相应的管理机构负责本行政区域内的药品监督管理工作。其职责为:

按照法律、行政法规的规定对报经其审批的药品研制和药品的生产、经营以及医疗机构使用药品的事项进行监督检查,对有证据证明可能危害人体健康的药品及其有关材料可以采取查封、扣押的行政强制措施。国务院和省级人民政府药品监督管理部门应当定期公告药品质量抽查检验的结果。对经其认证合格的药品生产企业、药品经营企业进行认证后的跟踪检查。不得参与药品生产经营活动,不得以其名义推荐或者监制、监销药品。

2. **药品检验机构及其职责** 药检机构,是指承担药品法定检验工作的机构。我国药检机构分为:中国药品生物制品检定所,省、自治区、直辖市药品检验所,地(市、州、盟)药品检验所,县(市、旗)药品检验所。中国药品生物制品检定所是全国药品生物制品检验的业务技术指导中心。根据《药品管理法》的规定,药品监督管理部门实施药品审批及药品质量监督检查所需的法定药品检验,由药品监督管理部门设置或确定的药品检验机构承担。

3. **药品不良反应报告制度** 国家实行药品不良反应报告制度。药品生产企业、药品经营企业和医疗机构必须经常考察本单位所生产、经营、使用的药品质量、疗效和反应。发现可能与用药有关的严重不良反应,必须及时向省级药品监督管理部门和卫生行政部门报告。对已确认发生严重不良反应的药品,国务院或省级药品监督管理部门可以采取停止生产、销售、使用的紧急控制措施。

三、法律责任

（一）行政责任

对违反《中华人民共和国药品法》等法律法规的生产、经营者给予罚款、吊销营业执照等行政处罚。

（二）民事责任

药品的生产企业、经营企业、医疗机构违反法律规定，给药品使用者造成损害的，依法承担赔偿责任。药品检验机构出具的检验结果不实，造成损失的，应当承担相应的赔偿责任。

（三）刑事责任

《刑法》第 141 条规定，生产、销售假药，足以严重危害人体健康的，处 3 年以下有期徒刑或者拘役，并处或者单处销售金额 50% 以上 2 倍以下罚金；对人体健康造成严重危害的，处 年以上 10 年以下有期徒刑，并处销售金额 50% 以上 2 倍以下罚金，致人死亡或者对人体健康造成特别严重危害的，处 10 年以上有期徒刑、无期徒刑或者死刑，并处销售金额 50% 以上 2 倍以下罚金或者没收财产。

《刑法》第 142 条规定，生产、销售劣药，对人体健康造成严重危害的，处 3 年以上 10 年以下有期徒刑，并处销售金额 50% 以上 2 倍以下罚金；后果特别严重的，处 10 年以上有期徒刑或者无期徒刑，并处销售金额 50% 以上 2 倍以下罚金或者没收财产。

《刑法》第 355 条规定，依法从事生产、运输、管理、使用国家管制的麻醉药品、精神药品的人员，违反国家规定，向吸食、注射毒品的人提供国家规定管制的能够使人形成瘾癖的麻醉药品、精神药品的，处 3 年以下有期徒刑或者拘役，并处罚金；情节严重的，处 3 年以上 7 年以下有期徒刑，并处罚金。向走私、贩卖毒品的犯罪分子或者以牟利为目的，向吸食、注射毒品的人提供国家规定管制的能够使人形成瘾癖的麻醉药品、精神药品的，依照《刑法》第 347 条关于走私、贩卖、运输、制造毒品的规定予以刑事处罚。单位犯上述罪的，对单位判处罚金，并对其直接负责的主管人员和其他直接责任人员，依照上述的规定处罚。

第五节　血液管理法律制度

一、献血法

（一）无偿献血的法律规定

国家实行无偿献血制度，提倡 18 周岁至 55 周岁的健康公民自愿献血。

（二）供血规定

血站发出的血液必须保证质量。血站发出的血液必须标有供血者姓名、血型、品种、采血日期、有效期、采供血机构名称和许可证号。血液采集、包装、储存、运输必须符合标准要求。血站应根据医疗机构的用血计划，开展成分血配制，不得单采原料血浆。特殊血型需要，省卫生行政部门与外省协商调配的血液，需方血站再次检验合格后，提供给医疗机构。

二、血液制品管理的法律规定

（一）原料血浆的管理

原料血浆是指由单采血浆站采集的专用于血液制品生产原料的血浆。国家实行单采血浆站统一规划、设置的制度。

单采血浆站必须由血液制品生产单位或者县级以上人民政府卫生行政部门设置,具有独立的法人资格,专门从事单采血浆的活动。在一个采浆区域内,只能设置一个单采血浆站,由省级卫生行政部门审批,发给《单采血浆许可证》。单采血浆站对本辖区内持《供血浆证》者采集血液。单采血浆站在采集血浆前,必须对供血者进行身份识别,并核实《供血浆证》,确认无误的,方可按规程进行体检和血浆化验,对合格的,按操作程序采集血浆,并建立供血浆者健康检查和供血浆记录档案,对检查化验不合格的收缴《供血浆证》,由所在县级人民政府卫生行政部门监督销毁。严禁采集非区域内的供血浆者和其他人员的血浆。单采血浆站只能向一个与其签订质量责任书的血液制品生产单位供应原料血浆。严禁向其他任何单位供应原料血浆。严禁将采集血液或原料血浆用于临床或者出口。

(二)血液制品生产单位管理

血液制品生产单位必须达到《药品生产质量管理规范》规定的标准,经国务院卫生行政部门审查合格,依法向工商行政部门申领营业执照后,方可从事血液制品的生产活动。血液制品生产单位生产国内已经生产的品种,必须依法向国务院卫生行政部门申请产品批准文号;生产国内尚未生产的品种,按照国家有关新药审批的程序和要求申报。

血液制品生产单位在原料血浆投料生产前,对每一人份血浆进行全面复核,复核不合格的不能投料生产。发现有经血液途径传播的疾病,必须通知供应血浆的单采血浆站,并及时上报省级卫生行政部门。血液制品出厂必须通过质检,质检不合格不能出厂。

(三)血液制品经营单位管理

开办血液制品经营单位,由省、自治区、直辖市人民政府卫生行政部门审核批准。经营单位应具备与所经营产品相适应的冷藏条件和熟悉所经营品种的业务人员。包装、储存、运输、经营血液制品,应当符合国家规定的卫生标准和要求。

县级以上地方各级人民政府卫生行政部门,负责本行政区域内的单采血浆站、原料血浆的采集及血液制品生产经营单位的监督管理。省、自治区、直辖市人民政府卫生行政部门,每年组织一次对本行政区域内单采血浆站的监督检查,并进行年度注册。

第六节　化妆品卫生监督法律制度

一、化妆品卫生要求

(一)化妆品的一般要求

1. 化妆品必须外观良好,不得有异臭。
2. 化妆品不得对皮肤和黏膜产生刺激和损伤作用。
3. 化妆品必须无感染性,使用安全。

(二)化妆品原料的限制性要求

1. 禁用物质　《化妆品卫生标准》所列的禁用物质是指不能用于化妆品生产,禁止在化妆品成分中使用的物质。这类物质均为剧毒性物质,如毒性中草药类;西药中的抗生素、抗肿瘤药物、精神药物类、麻醉药类;农药杀虫剂类;放射性物质类以及有毒化学元素及其化合物等359种。

2. 限用物质

(1)限用防腐剂:化妆品中适当加些防腐剂,主要是为了抑制或防止化妆品中微生物的生长繁殖。但由于防腐剂也有一定的毒性和刺激性,过多地加入防腐剂,会增加化妆品对人体皮肤的刺激性和毒害性;《化妆品卫生标准》列出了可以用于化妆品生产中的防腐剂66种,对它们在化妆品中最大允许使用浓度、限用范围和必要条件以及标签上的必要说明等,作了相应的规定和限制。

(2)限用紫外线吸收剂:紫外线吸收剂主要用于防晒产品中,有吸收紫外线的作用,为防止紫外线对人体皮肤的损伤,《化妆品卫生标准》规定了多种紫外线吸收剂的限用含量。

3. 暂用物质 《化妆品卫生标准》中列出了可用于化妆品中的暂用着色剂45种,并对其允许使用范围及限制条件均作了明确的分类和规定。

(三)化妆品卫生质量的要求

1. 微生物学质量要求 眼部、口唇、口腔黏膜用化妆品以及婴儿和儿童用化妆品细菌总数不得大于 500 个/ml 或 500 个/g,其他化妆品不得大于 1 000 个/ml 或 1 000 个/g,粪大肠菌群、金黄色葡萄球菌、铜绿假单胞菌不得检出。

2. 化妆品中所含有毒物质的限量 汞<1 mg/kg;铅<40 mg/kg;砷<10 mg/kg;甲醇<0.2%。总之,化妆品的8项指标中只要有一项超标,即为不合格产品。

二、化妆品生产、经营和卫生监督

(一)化妆品生产的法律规定

国家对化妆品生产企业实行卫生许可证制度。化妆品生产企业卫生许可证由省、自治区、直辖市卫生行政部门批准并颁发。许可证有效期为4年,每2年进行一次复核。凡未取得化妆品生产企业卫生许可证的单位,不得从事化妆品生产。

(二)化妆品经营的法律规定

1. 化妆品经营单位和个人不得销售
(1)未取得化妆品生产企业卫生许可证的企业所生产的化妆品。
(2)无质量合格标记的化妆品。
(3)标签、小包装或者说明书不符合产品出厂法定要求的化妆品。
(4)未取得批准文号的特殊用途的化妆品。
(5)超过使用期限的化妆品。

2. 进口化妆品的卫生管理 首次进口的化妆品,进口单位必须提供该化妆品的说明书、质量标准、检验方法等有关资料和样品,以及出口国(地区)批准生产的证明文件,经国务院卫生行政部门批准,方可签订进口合同,经国家商检部门检验合格方准进口。个人自用进口的少量化妆品按照海关规定办理进口手续。

(三)化妆品的卫生监督

国家卫生和计划生育委员会主管全国化妆品的卫生监督工作,县以上各级人民政府卫生行政部门主管本辖区内化妆品的卫生监督工作,各级卫生行政部门行使化妆品卫生监督职责,并指定化妆品卫生监督检验机构负责本辖区内化妆品的卫生监督检验工作。

三、法律责任

(一)行政责任

1. 凡未取得化妆品生产企业卫生许可证而擅自生产化妆品的企业。
2. 生产未取得批准文号的特殊用途的化妆品,或者使用化妆品禁用原料和未经批准的化妆品的新原料。

3. 进口或者销售不符合国家卫生标准的化妆品,以及违反其他有关规定的。

卫生监督部门可视具体情节,处以警告、限期改进、停产或停止营业、没收产品及违法所得、罚款、吊销化妆品生产企业卫生许可证、撤销特殊用途化妆品批准文号等行政处罚。

有关违反广告管理的行政处罚,由工商行政管理部门决定。

(二) 民事责任

凡违反化妆品卫生监督法规,造成人体损害或者发生中毒事故的,生产企业和经营单位或个人,对受害者承担民事赔偿责任。

(三) 刑事责任

《刑法》第148条规定,生产不符合卫生标准的化妆品或者销售明知不符合卫生标准的化妆品,造成严重后果的处3年以下有期徒刑或者拘役,并处或者单处销售金额50%以上2倍以下罚金。

第七节 医疗器械、器材和生物材料管理的法律制度

一、医疗器械管理的法律规定

(一) 医疗器械的分类管理

国家对医疗器械实行分类管理。第一类是指通过常规管理足以保证其安全性、有效性的医疗器械。第二类是指对其安全性、有效性应当加以控制的医疗器械。第三类是指植入人体,用于支持、维持生命,对人体具有潜在危险,对其安全性、有效性必须严格控制的医疗器械。医疗器械分类目录由国务院药品监督管理部门依据医疗器械分类规则,由国务院卫生行政部门制定、调整、公布。

(二) 医疗器械的注册管理

国家对医疗器械实行产品生产注册制度。生产第一类医疗器械,由设区的市级人民政府药品监督管理部门审查批准,并发给产品生产注册证书。生产第二类医疗器械,由省、自治区、直辖市人民政府药品监督管理部门审查批准,并发给产品生产注册证书。生产第三类医疗器械,由国务院药品监督管理部门审查批准,并发给产品生产注册证书。注册证书有效期为4年。

(三) 医疗器械的研制管理

医疗机构根据本单位的临床需要,可以研制医疗器械,在执业医师指导下在本单位使用。医疗机构研制的第二类医疗器械,应当报省级以上人民政府药品监督管理部门审查批准;医疗机构研制的第三类医疗器械,应当报国务院药品监督管理部门审查批准。

第二、三类医疗器械新产品应当进行临床试用或者临床验证。省、自治区、直辖市人民政府药品监督管理部门负责审批本行政区域内的第二类医疗器械的临床试用或者临床验证,国务院药品监督管理部门负责审批第三类医疗器械的临床试用或者临床验证。临床试用或者临床验证应当在省级以上人民政府药品监督管理部门指定的医疗机构进行。医疗机构进行临床试用或者临床验证,应当符合国务院药品监督管理部门的规定。完成临床试用或者临床验证并通过国务院药品监督管理部门组织专家评审的医疗器械新产品,由国务院药品监督管理部门批准,并发给新产品证书。

第九章 健康相关产品的卫生法律制度

（四）医疗器械的生产管理

开办第一类医疗器械生产企业,应当向省、自治区、直辖市人民政府药品监督管理部门备案。开办第二、三类医疗器械生产企业,应当经省、自治区、直辖市人民政府药品监督管理部门批准,并发给《医疗器械生产企业许可证》。许可证有效期5年,有效期满应当重新审查发证。无《医疗器械生产企业许可证》的,工商行政管理部门不得发给营业执照。

国家对部分第三类医疗器械实行强制性安全认证制度。

（五）医疗器械的经营管理

医疗器械经营企业应当取得《医疗器械经营企业许可证》,方能开展经营活动。开办第一类医疗器械经营企业,应当向省、自治区、直辖市人民政府药品监督管理部门备案;开办第二、三类医疗器械经营企业,应当经省、自治区、直辖市人民政府药品监督管理部门审查批准,并发给《医疗器械经营企业许可证》。许可证有效期5年,有效期满应当重新审查发证。无《医疗器械经营企业许可证》的,工商行政管理部门不得发给营业执照。

医疗器械经营企业和医疗机构应当从取得《医疗器械生产企业许可证》的生产企业或者取得《医疗器械经营企业许可证》的经营企业购进合格的医疗器械,并验明产品合格证书。

（六）医疗器械的监督管理

国务院药品监督管理部门负责全国的医疗器械监督管理工作。县级以上人民政府药品监督管理部门负责本行政区域内的医疗器械监督管理工作。

二、生物材料和医疗器材管理的法律规定

生物材料和医疗器材是指用于诊断和治疗的介入和植入人体的材料和器材。生物材料和医疗器材品种管理范围由国务院卫生行政管理部门制定并公布。

（一）生物材料和医疗器材的临床研究管理

新生物材料和医疗器材进行临床研究前,研制单位必须向所在地省级卫生行政部门提出申请,由其初审后报国务院卫生行政管理部门审核,经审查合格的,由国务院卫生行政管理部门批准临床研究。

新生物材料和医疗器材的临床研究应在两个以上医疗机构进行,总例数一般不少于100例,计划生育制品不少于1 000例。长期介入和植入体内的生物材料和医疗器材的随访时间不得少于1年,一般生物材料和医疗器材随访时间不得少于实际使用时间的1/3。

（二）生物材料和医疗器材的生产管理

生产生物材料和医疗器材的单位,必须向所在地的省级卫生行政部门提出申请,并报送相关材料和检验样品。省级卫生行政部门经初审后报国务院卫生行政管理部门审核,经审查合格的由国务院卫生行政管理部门核发批准文号。

生产生物材料和医疗器材必须符合国务院卫生行政管理部门颁发的生物材料和医疗器材质量体系管理规定要求。产品出厂前必须经过质量检验,并要建立质量跟踪和不良反应档案。

（三）生物材料和医疗器材的进口管理

进口生物材料和医疗器材必须向国务院卫生行政管理部门提出申请并报送检验样品和有关资料,经中国药品生物制品检定所检验合格后,报国务院卫生行政管理部门审核批准,核发批准文号。

（四）生物材料和医疗器材的监督管理

国务院卫生行政管理部门负责制定生物材料和医疗器材的卫生标准,颁布技术要求;批

准临床研究；审批生物材料和医疗器材，并核发批准文号。省级卫生行政部门负责对生物材料、医疗器材临床研究和批准文号的初审，县级以上卫生行政部门对所辖区域内的生物材料和医疗器材进行卫生监督。

医疗卫生机构要建立生物材料和医疗器材不良反应报告制度，及时向所在地的卫生行政部门报告临床使用中的不良反应和问题，县级以上卫生行政部门根据情况可以决定暂停使用，并将情况报上级卫生行政部门。医疗卫生机构不得使用没有国务院卫生行政管理部门批准文号的生物材料和医疗器材。

1. 食品安全法的主要内容有哪些？
2. 处方药的定义和使用要求是什么？
3. 什么是假药？什么是劣药？
4. 供血规定有哪些？
5. 化妆品原料的限制性要求有哪些？

拓 展 阅 读

转基因食品

所谓转基因食品，就是利用生物技术，将某些生物的基因转移到其他物种中去，改造生物的遗传物质，使其在性状、营养品质、消费品质等方面向人类所需要的目标转变，以转基因生物为直接食品或为原料加工生产的食品就是转基因食品。

根据转基因食品来源的不同可分为植物性转基因食品，转基因酵母疫苗，转基因工程菌抗生素，动物性转基因食品和微生物性转基因食品。

转基因食品带来的安全性问题是人们所关心的。目前以欧洲为主的许多发达国家正在对这个问题进行着激烈的辩论。这场争论在中国消费者中也造成了一定影响，而且随着技术的发展以及产品投放市场，人们将会更加关注。

20世纪80年代，转基因乙肝疫苗被研制成功。其原理是，将乙肝病毒基因中负责表达表面抗原的那一段"剪切"下来，转入酵母菌里。被转入乙肝病毒基因的酵母菌生长时，就会生产出乙肝表面抗原。而酵母菌是一种能快速生长繁殖的生物，于是乙肝表面抗原就被大量生产出来。美国最早对转基因植物进行研究。首例转基因生物（Genetically Modified Organism, GMO）于1983年问世，转基因作物（1986）批准进行田间试验，延熟保鲜番茄（1993）（Calgene公司生产）在美国批准上市，开创了转基因植物商业应用的先例。因此卖给消费者的第一种转基因食物是西红柿。美国是转基因食品最多的国家，60%以上的加工食品含有转基因成分，90%以上的大豆、50%以上的玉米、小麦是转基因的。在我国，转基因食品还比较罕见，到目前为止，经农业部生物工程安全委员会准许商业化的转基因作物仅有6个,其中有3个涉及食品,即两种西红柿、一种甜椒。但是,随着我国加入WTO和全球经济一体化,食用转基因食品将成为不可回避的事实。

人们对转基因食品的担心主要有以下几方面:

其一,担心出现滞后效应。转基因植物的DNA经过重组后,有可能合成出对人体有直接毒性或潜在毒性的蛋白质;但食用转基因农作物所表达的某些蛋白质,进入消化道后,会被消化分解为氨基酸,失去原有毒性及所有危害,被人体吸收利用,不会对人体产生副作用,例如治疗糖尿病的胰岛素,若直接服用就会被人体消化系统分解,失去作用,因此,转基因食物并不会通过食用危害人体健康,但可能会影响到生态系统平衡。

其二,担心出现新的过敏原。转基因植物合成的某些新的蛋白质,也许大多数人食用后没事,但是具有过敏体质的人群,使用后可能会出现严重后果。在自然条件下存在许多过敏原。转基因作物通常插入特定的基因片段以表达特定的蛋白,而所表达蛋白若是已知过敏原,则有可能引起过敏人群的不良反应。例如,为增加大豆含硫氨基酸的含量,研究人员将巴西坚果中的2S清蛋白基因转入大豆中,而2S清蛋白具有过敏性,导致原本没有过敏性的大豆对某些人群产生过敏反应,最终该转基因大豆被禁止商品化生产。即便表达蛋白为非已知过敏原,但只要是在转基因作物的食用部分表达,则也需对其进行评估。目前,对转基因食品的过敏性检测主要是依据1996年国际食品生物技术委员会等制订出的一套对改良食品的分析方法。

其三,担心营养成分改变。转基因农作物尽管只是部分DNA发生了重组,但是,有些基因足以使植物体内某些代谢途径发生变化,这可能会导致转基因农作物营养成分的改变。据美国伦理和毒性中心的实验报告说,与一般大豆相比,耐除草剂的转基因大豆中,防癌的成分异黄酮减少了。

其四,把动物蛋白基因转入农作物,有可能侵犯宗教信仰者或素食者权益。

(陶高清)

第十章 疾病预防与控制法律制度

第一节 传染病防治法

《传染病防治法》将传染病分为甲类、乙类和丙类。甲类传染病是指：鼠疫、霍乱。乙类传染病是指：传染性非典型肺炎、艾滋病、病毒性肝炎、脊髓灰质炎、人感染高致病性禽流感、麻疹、肾综合征出血热、狂犬病、流行性乙型脑炎、登革热、炭疽、细菌性和阿米巴性痢疾、肺结核、伤寒和副伤寒、流行性脑脊髓膜炎、百日咳、白喉、新生儿破伤风、猩红热、布鲁氏菌病、淋病、梅毒、钩端螺体病、血吸虫病、疟疾。丙类传染病是指：流行性感冒、流行性腮腺炎、风疹、急性出血性结膜炎、麻风病、流行性和地方性斑疹伤寒、黑热病、包虫病、丝虫病，除霍乱、细菌性和阿米巴性痢疾、伤寒和副伤寒以外的感染性腹泻病。上述规定以外的其他传染病，根据其暴发、流行情况和危害程度，需要列入乙类、丙类传染病的，由国务院卫生行政部门决定并予以公布。

对乙类传染病中传染性非典型肺炎、炭疽中的肺炭疽和人感染高致病性禽流感，采取本法所称甲类传染病的预防、控制措施。其他乙类传染病和突发原因不明的传染病需要采取本法所称甲类传染病的预防、控制措施的，由国务院卫生行政部门及时报经国务院批准后予以公布、实施。

一、传染病的预防、疫情报告和公布

各级人民政府组织开展群众性卫生活动，进行预防传染病的健康教育，倡导文明健康的生活方式，提高公众对传染病的防治意识和应对能力，加强环境卫生建设，消除鼠害和蚊、蝇等病媒生物的危害。各级人民政府农业、水利、林业行政部门按照职责分工负责指导和组织消除农田、湖区、河流、牧场林区的鼠害与血吸虫危害，以及其他传播传染病的动物和病媒生物的危害。铁路、交通、民用航空行政部门负责组织消除交通工具及相关场所的鼠害和蚊、蝇等病媒生物的危害。地方各级人民政府应当有计划地建设和改造公共卫生设施，改善饮用水卫生条件，对污水、污物、粪便进行无害化处置。

国家实行有计划的预防接种制度。国务院卫生行政部门和省、自治区、直辖市人民政府卫生行政部门。根据传染病预防、控制的需要，制定传染病预防接种规划并组织实施。用于预防接种的疫苗必须符合国家质量标准。国家对儿童实行预防接种证制度。国家免疫规划项目的预防接种实行免费。医疗机构、疾病预防控制机构与儿童的监护人应当相互配合，保

第十章 疾病预防与控制法律制度

证儿童及时接受预防接种。

国家建立传染病监测制度。国家、省级疾病预防控制机构负责对传染病发生、流行以及分布进行监测,对重大传染病流行趋势进行预测,提出预防控制对策,参与并指导对暴发的疫情进行调查处理,开展传染病病原学鉴定,建立检测质量控制体系,开展应用性研究和卫生评价。设区的市和县级疾病预防控制机构负责传染病预防控制规划、方案的落实,组织实施免疫、消毒、控制病媒生物的危害,普及传染病防治知识,负责本地区疫情和突发公共卫生事件监测、报告,开展流行病学调查和常见病原微生物检测。

国家建立传染病预警制度。国务院卫生行政部门和省、自治区、直辖市人民政府根据传染病发生、流行趋势的预测,及时发出传染病预警,根据情况予以公布。县级以上地方人民政府应当制定传染病预防、控制预案,报上一级人民政府备案。

各级疾病预防控制机构在传染病预防控制中履行下列职责:
(1)实施传染病预防控制规划、计划和方案;
(2)收集、分析和报告传染病监测信息,预测传染病的发生、流行趋势;
(3)开展对传染病疫情和突发公共卫生事件的流行病学调查、现场处理及其效果评价;
(4)开展传染病实验室检测、诊断、病原学鉴定;
(5)实施免疫规划,负责预防性生物制品的使用管理;
(6)开展健康教育、咨询,普及传染病防治知识;
(7)指导、培训下级疾病预防控制机构及其工作人员开展传染病监测工作;
(8)开展传染病防治应用性研究和卫生评价,提供技术咨询。

医疗机构必须严格执行国务院卫生行政部门规定的管理制度、操作规范,防止传染病的医源性感染和医院感染。

疾病预防控制机构、医疗机构的实验室和从事病原微生物实验的单位,应当符合国家规定的条件和技术标准,建立严格的监督管理制度,对传染病病原体样本按照规定的措施实行严格监督管理,严防传染病病原体的实验室感染和病原微生物的扩散。

疾病预防控制机构、医疗机构使用血液和血液制品,必须遵守国家有关规定,防止因输入血液、使用血液制品引起经血液传播疾病的发生。

县级以上人民政府农业、林业行政部门以及其他有关部门,依据各自的职责负责与人畜共患传染病有关的动物传染病的防治管理工作。与人畜共患传染病有关的野生动物、家畜家禽,经检疫合格后,方可出售、运输。

国家建立传染病菌种、毒种库,建立健全严格的管理制度。

对被传染病病原体污染的污水、污物、场所和物品,有关单位和个人必须在疾病预防控制机构的指导下或者按照其提出的卫生要求,进行严格消毒处理;拒绝消毒处理的,由当地卫生行政部门或者疾病预防控制机构进行强制消毒处理。用于传染病防治的消毒产品、饮用水供水单位供应的饮用水和涉及饮用水卫生安全的产品,应当符合国家卫生标准和卫生规范。

传染病疫情报告制度。遵循属地原则,疾病预防控制机构、医疗机构和采供血机构及其执行职务的人员,发现本法规定的传染病时应当遵循疫情报告属地管理原则,按照规定的时限、内容、程序和方式报告;增加传染病疫情通报制度,县级以上地方政府卫生主管部门应当及时向本行政区域内的疾病预防控制机构和医疗机构通报传染病疫情以及监测、预警的相关信息。

规范传染病疫情公布制度,国务院卫生行政部门和省、自治区、直辖市人民政府卫生行政部门定期公布全国或者各地的传染病疫情信息。传染病暴发、流行时,由国务院卫生主管部门负责向社会发布传染病疫情信息,并可以授权省、自治区、直辖市人民政府卫生主管部门向社会发布发生在本行政区域的传染病疫情信息。国家建立传染病疫情信息发布制度。

二、疫情控制和医疗救治

（一）疫情控制

医疗机构发现甲类传染病时,应当及时采取下列措施：

1. 对病人、病原携带者,予以隔离治疗,隔离期限根据医学检查结果确定。

2. 对疑似病人,确诊前在指定场所单独隔离治疗。

3. 对医疗机构内的病人、病原携带者、疑似病人的密切接触者,在指定场所进行医学观察和采取其他必要的预防措施。

医疗机构发现乙类或者丙类传染病病人,应当根据病情采取必要的治疗和控制传播措施。

医疗机构对本单位内被传染病病原体污染的场所、物品以及医疗废物,必须依照法律、法规的规定实施消毒和无害化处置。

疾病预防控制机构发现传染病疫情或者接到传染病疫情报告时,应当及时采取下列措施：

1. 对传染病疫情进行流行病学调查,根据调查情况提出划定疫点、疫区的建议,对被污染的场所进行卫生处理,对密切接触者,在指定场所进行医学观察和采取其他必要的预防措施,并向卫生行政部门提出疫情控制方案。

2. 传染病暴发、流行时,对疫点、疫区进行卫生处理,向卫生行政部门提出疫情控制方案,并按照卫生行政部门的要求采取措施。

3. 指导下级疾病预防控制机构实施传染病预防、控制措施,组织、指导有关单位对传染病疫情的处理。

政府应当采取下列措施：

1. 隔离　对已经发生甲类传染病病例的场所或者该场所内的特定区域的人员,所在地的县级以上地方人民政府可以实施隔离措施,并同时向上一级人民政府报告；接到报告的上级人民政府应当即时作出是否批准的决定。上级人民政府作出不予批准决定的,实施隔离措施的人民政府应当立即解除隔离措施。在隔离期间,实施隔离措施的人民政府应当对被隔离人员提供生活保障；被隔离人员有工作单位的,所在单位不得停止支付其隔离期间的工作报酬。

传染病暴发、流行时,县级以上地方人民政府应当立即组织力量,按照预防、控制预案进行防治,切断传染病的传播途径,必要时,报经上一级人民政府决定,可以采取下列紧急措施并予以公告：

（1）限制或者停止集市、影剧院演出或者其他人群聚集的活动；

（2）停工、停业、停课；

（3）封闭或者封存被传染病病原体污染的公共饮用水源、食品以及相关物品；

（4）控制或者扑杀染疫野生动物、家畜家禽；

（5）封闭可能造成传染病扩散的场所。

2. 封锁　省、自治区、直辖市人民政府可以决定对本行政区域内的甲类传染病疫区实施封锁；但是,封锁大中城市的疫区或者封锁跨省、自治区、直辖市的疫区,以及封锁疫区导致中断干线交通或者封锁国境的,由国务院决定。

3. 检疫　甲类、乙类传染病暴发、流行时,县级以上地方人民政府报经上一级人民政府决定,可以宣布本行政区域部分或者全部为疫区；国务院可以决定并宣布跨省、自治区、直辖市的疫区。县级以上地方人民政府可以在疫区内采取本法第四十二条规定的紧急措施,并可以对出入疫区的人员、物资和交通工具实施卫生检疫。

4. 征调　传染病暴发、流行时,根据传染病疫情控制的需要,国务院有权在全国范围或者跨省、自治区、直辖市范围内,县级以上地方人民政府有权在本行政区域内紧急调集人员或者调用储备物资,临时征用房屋、交通工具以及相关设施、设备。

5. 尸体处理　患甲类传染病、炭疽死亡的,应当将尸体立即进行卫生处理,就近火化。患其他传染病死亡的,必要时,应当将尸体进行卫生处理后火化或者按照规定深埋。为了查找传染病病因,医疗机构在必要时可以按照国务院卫生行政部门的规定,对传染病病人尸体或者疑似传染病病人尸体进行解剖查验,并应当告知死者家属。

6. 污染或者可能被污染物品的处理　疫区中被传染病病原体污染或者可能被传染病病原体污染的物品,经消毒可以使用的,应当在当地疾病预防控制机构的指导下,进行消毒处理后,方可使用、出售和运输。

7. 供给　运输传染病暴发、流行时,药品和医疗器械生产、供应单位应当及时生产、供应防治传染病的药品和医疗器械。铁路、交通、民用航空经营单位必须优先运送处理传染病疫情的人员以及防治传染病的药品和医疗器械。县级以上人民政府有关部门应当做好组织协调工作。

(二) 医疗救治

县级以上人民政府应当加强和完善传染病医疗救治服务网络的建设,指定具备传染病救治条件和能力的医疗机构承担传染病救治任务,或者根据传染病救治需要设置传染病医院。医疗机构应当按照国务院卫生行政部门规定的传染病诊断标准和治疗要求,采取相应措施,提高传染病医疗救治能力。医疗机构应当对传染病病人或者疑似传染病病人提供医疗救护、现场救援和接诊治疗,书写病历记录以及其他有关资料,并妥善保管。医疗机构应当实行传染病预检、分诊制度;对传染病病人、疑似传染病病人,应当引导至相对隔离的分诊点进行初诊。医疗机构不具备相应救治能力的,应当将患者及其病历记录复印件一并转至具备相应救治能力的医疗机构。

三、监督管理和保障措施

(一) 监督管理

县级以上人民政府卫生行政部门对传染病防治工作履行监督检查职责,在履行监督检查职责时,发现被传染病病原体污染的公共饮用水源、食品以及相关物品,如不及时采取控制措施可能导致传染病传播、流行的,可以采取封闭公共饮用水源、封存食品以及相关物品或者暂停销售的临时控制措施,并予以检验或者进行消毒。经检验,属于被污染的食品,应当予以销毁;对未被污染的食品或者经消毒后可以使用的物品,应当解除控制措施。

(二) 保障措施

1. 政策保障　国家将传染病防治工作纳入国民经济和社会发展计划,县级以上地方人民政府将传染病防治工作纳入本行政区域的国民经济和社会发展计划。

2. 经费保障　县级以上地方人民政府按照本级政府职责负责本行政区域内传染病预防、控制、监督工作的日常经费。国务院卫生行政部门会同国务院有关部门,根据传染病流行趋势,确定全国传染病预防、控制、救治、监测、预测、预警、监督检查等项目。中央财政对困难地区实施重大传染病防治项目给予补助。省、自治区、直辖市人民政府根据本行政区域内传染病流行趋势,在国务院卫生行政部门确定的项目范围内,确定传染病预防、控制、监督等项目,并保障项目的实施经费。国家加强基层传染病防治体系建设,扶持贫困地区和少数民族地区的传染病防治工作。地方各级人民政府应当保障城市社区、农村基层传染病预防工作的经费。

3. 医疗援助　国家对患有特定传染病的困难人群实行医疗救助,减免医疗费用。

4. 物资储备　县级以上人民政府负责储备防治传染病的药品、医疗器械和其他物资,以备调用。

5. 职业保护　对从事传染病预防、医疗、科研、教学、现场处理疫情的人员,以及在生产、工作中接触传染病病原体的其他人员,有关单位应当按照国家规定,采取有效的卫生防护措施和医疗保健措施,并给予适当的津贴。

四、法律责任

（一）行政责任

1. 县级以上各级人民政府及其有关主管部门违反《传染病防治法》的有关规定,或者不履行职责的,由上一级人民政府或者上级人民政府有关主管部门给予行政处罚;对主要领导人、主要负责人给予行政处分。

2. 疾病预防控制机构、医疗卫生机构违反《传染病防治法》的有关规定,或者不履行职责的,由县级以上卫生主管部门给予行政处罚;对主要负责人、负有责任的主管人员和其他直接责任人员给予行政处分或者纪律处分。

3. 其他机构和人员违反《传染病防治法》的行为,由监督机构按照法定程序给予行政处罚或采取强制措施予以纠正。

（二）刑事责任

根据《中华人民共和国刑法》的规定,有下列情形之一,引起甲类传染病传播或者有传播严重危险的,处三年以下有期徒刑或者拘役;后果特别严重的,处三年以上七年以下有期徒刑:

1. 供水单位供应的饮用水不符合国家规定的卫生标准的。

2. 拒绝按照卫生防疫机构提出的卫生要求,对传染病病原体污染的污水、污物、粪便进行消毒处理的。

3. 准许或者纵容传染病病人、病原携带者和疑似传染病病人从事国务院卫生行政部门规定禁止从事的易使该传染病扩散的工作的。

4. 拒绝执行卫生防疫机构依照传染病防治法提出的预防、控制措施的。若为单位犯罪的,对单位判处罚金,并对其直接负责的主管人员和其他直接责任人员,依法处罚。

从事实验、保藏、携带、运输传染病菌种、毒种的人员,违反国务院卫生行政部门的有关规定,造成传染病菌种、毒种扩散,后果严重的,处三年以下有期徒刑或者拘役;后果特别严重的,处三年以上七年以下有期徒刑。

第二节　国境卫生检疫法

一、国境卫生检疫执法主体及其职责

（一）国境卫生检疫机关

中华人民共和国国家质量监督检验检疫总局（简称国家质检总局）,主管全国国境卫生检疫工作。

（二）国境卫生检疫的职责

国境卫生检疫的职责主要包括：

1. 执行《国境卫生检疫法》及其实施细则和国家有关卫生法规。
2. 收集、整理、报告国际和国境口岸传染病的发生、流行和终止情况。
3. 对国境口岸的卫生状况实施卫生监督；对入境、出境的交通工具、人员、集装箱、尸体、骸骨以及可能传播检疫传染病的行李、货物、邮包等实施检疫查验、传染病监测、卫生监督和卫生处理。
4. 对入境、出境的微生物、生物制品、人体组织、血液及其制品等特殊物品以及能传播人类传染病的动物，实施卫生检疫。
5. 对入境、出境人员进行预防接种、健康检查、医疗服务、国际旅行健康咨询和卫生宣传。
6. 签发卫生检疫证件。
7. 进行流行病学调查研究，开展科学实验。
8. 执行国务院卫生行政部门指定的其他工作。

二、国境卫生检疫的范围及病种

（一）国境卫生检疫范围

1. 入境、出境人员。
2. 交通工具和运输设备　交通工具是指船舶、航空器、列车和其他车辆。运输设备是指货物集装箱等。
3. 行李、货物、邮包等　行李是指入境、出境人员携带的物品。货物是指由国外运进或者由国内运出的一切生产和生活资料。邮包是指入、出国境的邮件，包括与人类健康有关的啮齿动物、病媒昆虫、废旧物、微生物、人体组织、生物制品、血液及其制品等特殊物品。
4. 尸体、骸骨　入境、出境的尸体、骸骨托运人或者代理人应当申请卫生检疫，并出示死亡证明或者其他有关证件，对不符合卫生要求的，必须接受卫生检疫机关实施的卫生处理。经卫生检疫机关签发尸体、骸骨入境、出境许可证后，方准运进或者运出。对因患检疫传染病而死亡的病人尸体，必须就近火化，不准移运。

（二）国境卫生检疫所涉及的传染病

根据《国境卫生检疫法》和国务院有关部门的规定，目前我国检疫传染病及监测传染病包括以下几种：

1. 检疫传染病　鼠疫、霍乱、黄热病。
2. 监测传染病　回归热、流行性斑疹伤寒、登革热、脊髓灰质炎、疟疾、流行性感冒。
3. 禁止入境的疾病　艾滋病、麻风病、精神病、开放性肺结核、性病。

三、国境卫生检疫管理和传染病监测管理

（一）入、出境检疫的管理

1. 入、出境的交通工具和人员的检疫管理　入境的交通工具和人员，必须在最先到达的国境口岸的指定地点接受检疫；出境的交通工具和人员，必须在最后离开的国境口岸接受检疫；徒步入境、出境的人员，必须在指定的场所接受入境、出境查验，未经卫生检疫机关许可，不准离开指定的场所。通过卫生检疫前，除引航员外，未经国境卫生检疫机关许可，任何人

不准上下交通工具，不准装卸行李、货物、邮包等物品。国境卫生检疫机关有权要求入境、出境的人员填写健康申明卡，出示某种传染病的预防接种证书、健康证明或者其他有关证件。国境卫生检疫机关依据检疫医师提供的检疫结果，对未染有检疫传染病或者已实施卫生处理的交通工具，签发入境检疫证或者出境检疫证。

2. 入、出境的集装箱、行李、货物、邮包等物品的管理　国境卫生检疫法实施细则规定，可能传播检疫传染病的行李、货物、邮包等，均应当按照本细则的规定接受检疫，经卫生检疫机关许可方准入境或者出境。入境、出境的集装箱、货物、废旧物等物品在到达口岸的时候，承运人、代理人或者货主，必须向卫生检疫机关申报并接受卫生检疫。对来自疫区的、被传染病污染的以及可能传播检疫传染病或者发现与人类健康有关的啮齿动物和病媒昆虫的集装箱、货物、废旧物等物品，应当实施消毒、除鼠、除虫或者其他必要的卫生处理。海关凭卫生检疫机关签发的卫生处理证明放行。

入境、出境的旅客、员工个人携带或者托运可能传播传染病的行李和物品，应当接受卫生检查。卫生检疫机关对来自疫区或者被传染病污染的各种食品、饮料、水产品等应当实施卫生处理或者销毁，并签发卫生处理证明。海关凭卫生检疫机关签发的卫生处理证明放行。

卫生检疫机关对应当实施卫生检疫的邮包进行卫生检查和必要的卫生处理时，邮政部门应予配合。未经卫生检疫机关许可，邮政部门不得运递。

3. 入、出境特殊物品的管理　入境、出境的微生物、人体组织、生物制品、血液及其制品等特殊物品的携带人、托运人或者邮递人，必须向卫生检疫机关申报并接受卫生检疫，未经卫生检疫机关许可，不准入境、出境。海关凭卫生检疫机关签发的特殊物品审批单放行。

（二）检疫传染病病人的管理

1. 报告　国境卫生检疫机关发现检疫传染病或者疑似检疫传染病时，除采取必要措施外，必须立即通知当地卫生行政部门，同时用最快的方法报告国务院卫生行政部门，最迟不得超过二十四小时。邮政部门对疫情报告应当优先传送。

2. 就地诊验　应当发给被诊验者就地诊验记录簿，被诊验者按照卫生检疫机关指定的期间、地点，接受医学检查。

3. 隔离、留验　国境卫生检疫机关对检疫传染病染疫人必须立即将其隔离，隔离期限根据医学检查结果确定；对检疫传染病染疫嫌疑人应当将其留验，留验期限根据该传染病的潜伏期确定。

（三）传染病监测的措施

1. 填报健康申明卡，出示某种预防接种和有效健康证明　入境、出境检疫的人员，必须根据检疫医师的要求，如实填报健康申明卡，出示某种有效的传染病预防接种证书、健康证明或者其他有关证件。健康申明卡是一种法律文书，应如实填写，否则将要承担相应的法律责任。

2. 禁止五类疾病患者入境　卫生检疫机关应当阻止所发现的患有艾滋病、性病、麻风病、精神病、开放性肺结核病的外国人入境。

四、卫生监督和卫生处理

国境卫生检疫机关根据国家规定的卫生标准，对国境口岸的卫生状况和停留在国境口岸的入境、出境的交通工具的卫生状况实施卫生监督。其主要任务是：监督和指导有关人员对啮齿动物、病媒昆虫的防除；检查和检验食品、饮用水及其储存、供应、运输设施；监督从事食品、饮用水供应的从业人员的健康状况,检查其健康证明书;监督和检查垃圾、废物、污水、粪便、压舱水的处理。

卫生处理是指隔离、留验和就地诊验等医学措施,以及消毒、除鼠、除虫等卫生措施。

五、法律责任

（一）行政责任

违反《国境卫生检疫法》和实施细则相关规定者,给予警告、罚款等。

（二）刑事责任

《中华人民共和国刑法》规定：违反国境卫生检疫规定,引起检疫传染病传播或者有传播严重危险的,处三年以下有期徒刑或者拘役,并处或者单处罚金。

单位犯前款罪的,对单位判处罚金,并对其直接负责的主管人员和其他直接责任人员,依照前款的规定处罚。

第三节　职业病防治法

职业病是指企业、事业单位和个体经济组织（以下统称用人单位）的劳动者在职业活动中,因接触粉尘、放射性物质和其他有毒、有害物质等因素而引起的疾病。主要包括：尘肺、职业性放射性疾病、职业中毒、物理因素所致职业病、生物因素所致职业病、职业性皮肤病、职业性眼病、职业性耳鼻喉口腔疾病、职业性肿瘤及其他职业病等十大类115种。

一、职业病预防和防护的法律规定

（一）职业病前期预防

1. 职业病危害预评价报告　新建、扩建、改建建设项目和技术改造、技术引进项目可能产生职业病危害的,建设单位在可行性论证阶段应当向卫生行政部门提交职业病危害预评价报告。

2. 职业病防护设施建设　任何建设项目的职业病防护设施所需费用应当纳入建设项目工程预算,并与主体工程同时设计,同时施工,同时投入生产和使用。

3. 职业病危害控制效果评价　建设项目在竣工验收前,建设单位应当进行职业病危害控制效果评价;建设项目竣工验收时,其职业病防护设施经卫生行政部门验收合格后,方可投入正式生产和使用。

（二）职业病的防护

1. 职业病防治管理用人单位应当健全职业病防治管理措施。

2. 加强对劳动者保护　用人单位与劳动者订立劳动合同时,应当将工作过程中可能产生的职业病危害及其后果、职业病防护措施和待遇等如实告知劳动者,并在劳动合同中写明,不得隐瞒或者欺骗;用人单位必须采用有效的职业病防护设施,并为劳动者提供个人使用的,符合防治职业病要求的职业病防护用品;对职业病防护设备、应急救援设施和个人使用的职业病防护用品,用人单位应当进行经常性的维护、检修,定期检测其性能和效果,确保其处于正常状态,不得擅自拆除或者停止使用。

3. 用人单位应当对劳动者进行上岗前的职业卫生培训和在岗期间的定期职业卫生培训。

4. 加强健康监护。

二、职业病的诊断与职业病病人保障的法律规定

(一)职业病的诊断

职业病诊断应当由省级以上人民政府卫生行政部门批准的医疗卫生机构承担。

职业病诊断应当根据病人的职业史、职业病危害接触史和现场危害调查与评价、临床表现以及辅助检查结果等进行综合分析。没有证据否定职业病危害因素与病人临床表现之间的必然联系的,在排除其他致病因素后,应当诊断为职业病。

承担职业病诊断的医疗卫生机构在进行职业病诊断时,应当组织三名以上取得职业病诊断资格的执业医师集体诊断,并共同签署"职业病诊断证明书",经承担职业病诊断的医疗卫生机构审核盖章。

当事人对职业病诊断有异议的,可以向作出诊断的医疗卫生机构所在地的人民政府卫生行政部门申请鉴定,设区的市级以上地方人民政府卫生行政部门根据当事人的申请,组织职业病诊断鉴定委员会(职业病诊断鉴定委员会由相关专业的专家组成)进行鉴定。

当事人对设区的市级职业病诊断鉴定委员会的鉴定结论不服的,可以向省、自治区、直辖市人民政府卫生行政部门申请再鉴定。

(二)职业病患者的保障

《职业病防治法》规定,职业病病人依法享受国家规定的职业病待遇。主要包括工伤医疗待遇、伤残待遇、因伤死亡待遇、职业康复待遇以及其他工伤保险待遇。还有权向用人单位提出民事赔偿。职业病待遇的保障机制,主要包括三个方面:一是工伤保险;二是用人单位责任;三是社会救济。

1. 工伤保险 工伤保险,是指国家通过社会统筹和建立工伤保险基金,对因工伤、职业病造成损坏劳动能力、死亡的劳动者及其遗属提供必要的物质补偿和对其劳动者提供医疗救治、职业康复等服务的一种社会保险制度。《职业病防治法》规定,用人单位必须依法参加工伤社会保险;国务院和县级以上地方人民政府劳动保障行政部门应当加强对工伤社会保险的监督管理。确保劳动者依法享受工伤社会保险待遇。

2. 用人单位责任 用人单位应当对其职业病病人待遇承担保障责任,这是对造成职业病强制性的法定义务。主要包括:用人单位按国家规定的费率交纳工伤保险费;劳动者被诊断患有职业病,但用人单位没有依法参加工伤社会保险的,其医疗和生活保障由最后的用人单位承担;职业病病人除享有社会保险待遇外,还依法享有民事赔偿的权利。

3. 社会救济 社会救济,是指国家和社会对因各种原因无法维持最低生活保障水平的公民给予无偿救助的一种社会保障制度。职业病病人是曾经在创造社会财富时付出了沉重的健康代价的劳动者,对他们的社会救济属于整个社会救济的一部分。对职业病病人的社会救济,不影响职业病病人对造成其职业病的原用人单位的追偿权利。

三、职业病防治的监督

1. 县级以上人民政府卫生行政部门依照职业病防治法律、法规、国家职业卫生标准和卫生要求,依据职责划分,对职业病防治工作及职业病危害检测、评价活动进行监督检查。

2. 发生职业病危害事故或者有证据证明危害状态可能导致职业病危害事故发生时,卫生行政部门可以采取下列临时控制措施:① 责令暂停导致职业病危害事故的作业;② 封存造成职业病危害事故或者可能导致职业病危害事故发生的材料和设备;③ 组织控制职业病

危害事故现场。

3. 对违反职业病防治法规定的用人单位和个人,县级以上卫生行政部门可以视其情节轻重,给予警告、责令限期改正、罚款、责令停止产生职业病危害的作业直至责令关闭等行政处罚;对造成重大职业病危害事故或者其他严重后果,构成犯罪的,对直接负责的主管人员和其他直接责任人员,依法追究刑事责任。

第四节　传染性非典型肺炎防治管理法律制度

一、疫情报告、通报和公布

(一)疫情报告

传染性非典型肺炎的疫情报告、通报和公布,应按照《中华人民共和国传染病防治法》的有关规定来执行。考虑到该病的危害,《传染性非典型肺炎管理办法》作出了更严格的要求。

1. 任何单位和个人发现传染性非典型肺炎病人或者疑似传染性非典型肺炎病人(以下简称病人或者疑似病人)时,都应当及时向当地疾病预防控制机构报告。任何单位和个人对传染性非典型肺炎疫情,不得隐瞒、缓报、谎报或者授意他人隐瞒、缓报、谎报。

2. 医疗机构及其医务人员、疾病预防控制机构的工作人员发现病人或者疑似病人,必须立即向当地疾病预防控制机构报告。疾病预防控制机构发现疫情或者接到疫情报告,应当立即报告上级疾病预防控制机构和当地卫生行政部门。

3. 卫生行政部门接到报告后应当立即报告本级人民政府,同时报告上级卫生行政部门和国务院卫生行政部门。

4. 县级以上卫生行政部门应当加强农村疫情监测和疫情报告体系建设,建立健全县、乡、村三级疫情信息网络。

(二)疫情通报

1. 国务院卫生行政管理部门根据传染性非典型肺炎疫情情况,及时向国务院有关部门和各省、自治区、直辖市卫生行政部门以及军队卫生主管部门通报。

2. 传染性非典型肺炎疫情发生地的省、自治区、直辖市卫生行政部门,应当及时向毗邻省、自治区、直辖市卫生行政部门通报。

(三)疫情公布

国务院卫生行政管理部门及时、如实向社会公布疫情;省、自治区、直辖市卫生行政部门及时、如实公布本行政区域的疫情。

二、预防与控制

(一)各级疾病预防控制机构的职责

1. 对传染性非典型肺炎疫情进行监测与预警。
2. 对疫情报告进行汇总、分析、评估。
3. 对病人或者疑似病人及其密切接触者进行流行病学调查。
4. 对病人或者疑似病人的密切接触者采取必要的医学观察措施。
5. 对医疗机构的消毒、隔离工作进行技术指导。
6. 对疫点进行隔离控制和消毒。

7. 对医疗机构外死亡的病人或者疑似病人的尸体进行消毒处理。

8. 对疾病预防控制人员进行专门的业务培训。

9. 对公众开展健康教育和医学咨询服务。

10. 依据有关规定实施其他疾病预防控制措施。

（二）医疗机构的职责

1. 及时、如实报告疫情。

2. 承担责任范围内的传染性非典型肺炎的预防、诊断、治疗任务。

3. 对医疗机构内病人或者疑似病人污染的场所、物品、排泄物进行严格的卫生处理。

4. 负责对医疗机构内死亡的病人或者疑似病人的尸体进行消毒处理。

5. 对医护人员进行专门的业务培训。

6. 宣传疾病防治科学知识。

7. 依据有关规定开展其他防治工作。

（三）采取的控制措施

1. 疾病预防控制机构发现传染性非典型肺炎疫情或者接到疫情报告时，应当立即采取的控制措施

（1）及时到达现场，调查登记病人或者疑似病人的密切接触者。

（2）对密切接触者按照有关规定进行流行病学调查，并根据情况采取集中隔离或者分散隔离的方法进行医学观察。

（3）对医疗机构外被病人或者疑似病人污染的场所、物品进行卫生处理。

2. 病人、疑似病人的预防控制措施 病人或者疑似病人以及密切接触者及其他有关单位和人员，应当配合疾病预防控制机构和医疗机构采取预防控制措施。

3. 尸体及被污染的场所、物品的卫生处理

（1）传染性非典型肺炎病人死亡后，尸体依法立即消毒、就地火化。

（2）医疗机构、疾病预防控制机构必要时可以对尸体进行解剖查验。

（3）有关单位和个人必须按照疾病预防控制机构的要求，对被传染性非典型肺炎病原体污染的污水、污物、粪便进行严格消毒后处理。

三、医疗救治与监督管理

1. 医疗救治

（1）县级以上地方卫生行政部门应当指定专门的医疗机构负责收治病人或者疑似病人；指定专门机构和车辆负责转运工作，并建立安全的转诊制度。卫生行政部门对定点医疗机构的建设应当给予必要的支持。

（2）县级以上地方卫生行政部门应当指定医疗机构设立发热门诊和隔离观察室，负责收治可疑发热病人，实行首诊负责制。发现病人或者疑似病人时，应当采取应急控制措施，并及时报告当地疾病预防控制机构。

（3）乡（镇）卫生院应当根据县级以上卫生行政部门的要求设立发热病人隔离观察室，发现可疑发热病人时，及时通知县级医疗机构派专门技术人员诊断或者转诊。县级以上地方卫生行政部门应当加强县级医院、乡（镇）卫生院传染病医疗救治设施的改造和建设。

（4）对流动人口中的病人、疑似病人应当按照就地隔离、就地观察、就地治疗的原则，及时送当地指定的专门收治病人和疑似病人的医疗机构治疗。

（5）医疗机构收治病人或者疑似病人，实行先收治、后结算的办法，任何医疗机构不得以费用为由拒收病人。对农民（含进城务工农民）和城镇困难群众中的传染性非典型肺炎病人实行免费医疗，所发生救治费用由政府负担。

2. 监督管理

（1）医疗机构和疾病预防控制机构的疫情报告。

（2）医疗机构、留验站（所）的隔离、消毒、防护和医疗废弃物处理。

（3）公共场所的消毒。

（4）密切接触者的医学观察、疫点的环境消毒。

（5）生产、经营和使用单位的消毒产品、防护用品的质量。

（6）依法开展其他监督检查工作。

四、法律责任

（一）卫生行政部门的责任

县级以上地方卫生行政部门有下列行为之一的，由上级卫生行政部门责令改正，通报批评，给予警告，对其主要负责人由有关部门依法给予降级或者撤职的行政处分；造成传染性非典型肺炎传播、流行或者对社会公众健康造成其他严重危害后果的，依法给予开除的行政处分；构成犯罪的，依法追究刑事责任：

1. 未按照规定履行报告职责，隐瞒、缓报、谎报或授意他人隐瞒、缓报、谎报疫情的。

2. 在防治工作中玩忽职守，失职、渎职的。

3. 对上级卫生行政部门的督察、指导不予配合，或者采取其他方式阻碍、干涉的。

（二）疾病预防控制机构和医疗机构的责任

疾病预防控制机构和医疗机构及其人员有下列行为之一的，由县级以上卫生行政部门责令改正，通报批评，给予警告；情节严重的，依法吊销医疗机构执业许可证，并由有关部门对主要负责人给予降级或者撤职的行政处分；对有关医疗卫生人员，由其所在单位或者上级机关给予纪律处分，并由县级以上卫生行政部门依法吊销执业证书；造成传染性非典型肺炎传播、流行或者对社会公众健康造成其他严重危害后果，构成犯罪的，依法追究刑事责任：

1. 未依法履行疫情报告职责，隐瞒、缓报或者谎报的。

2. 拒绝服从卫生行政部门调遣的。

3. 未按照规定及时采取预防控制措施的。

4. 拒绝接诊病人或者疑似病人的。

5. 未按照规定履行监测职责的。

（三）有关单位和人员的责任

有关单位和人员有下列行为之一的，由县级以上卫生行政部门责令改正，可以处五千元以下罚款，情节较严重的，可以处五千元以上两万元以下的罚款；对主管人员和直接责任人员，由所在单位或有关部门给予行政处分；构成犯罪的，依法追究刑事责任：

1. 对传染性非典型肺炎病原体污染的污水、污物、粪便不按规定进行消毒处理的。

2. 造成传染性非典型肺炎的医源性感染、医院内感染、实验室感染或者致病性微生物扩散的。

3. 生产、经营、使用消毒产品、隔离防护用品等不符合规定与标准，可能造成传染病的传播、扩散或者造成传染病的传播、扩散的。

4. 拒绝、阻碍或者不配合现场调查、资料收集、采样检验以及监督检查的。
5. 拒绝执行疾病预防控制机构提出的预防、控制措施的。
6. 病人或者疑似病人故意传播传染性非典型肺炎,造成他人感染的。

第五节　性病、艾滋病防治法律制度

一、性病防治法律规定

（一）法定管理的八种性病
艾滋病、淋病、梅毒、软下疳、性病性淋巴肉芽肿、非淋菌性尿道炎、尖锐湿疣和生殖器疱疹。

（二）性病防治机构
1. 各级人民政府领导性病防治工作。
2. 各级卫生行政部门组织开展性病防治工作。
3. 性病防治机构（县以上皮肤病性病防治院、所、站或卫生行政部门指定承担皮肤病性病防治职责的医疗预防保健机构）具体实施性病防治和疫情报告监测工作。
4. 医疗预防保健机构（经所在地卫生行政部门许可,具有性病防治专业技术人员、具有性病辅助诊断技术设备和人员）。
5. 经执业所在地卫生行政部门许可从事专科性性病诊断治疗业务的个体医生。

（三）性病预防
1. 性病防治机构要利用多种形式宣传性病的危害、传播方式和防治知识。
2. 性病防治机构应严格执行各项管理制度和技术操作规程,防止性病的医源性感染,推广使用一次性医疗用品。
3. 加强对特定职业的从业人员和有关出、入境人员的健康体检和健康管理。
4. 性病防治机构要积极协助配合公安、司法部门对查禁的卖淫、嫖娼人员,进行性病检查。
5. 各级医疗、预防和保健机构要建立新生儿"1%硝酸银"点眼制度。

（四）性病治疗
1. 凡性病患者或疑似患有性病的,应当及时到性病防治机构进行诊断治疗。
2. 性病防治机构和从事性病诊断治疗业务的个体医师对前来诊治的性病患者应当进行规范化治疗。
3. 性病患者在就诊时,应当如实提供染病及有关情况,并遵照医嘱进行定期检查,彻底治疗。
4. 性病防治机构和从事性病诊断治疗业务的个体医师在诊治性病患者时,必须采取保护性医疗措施,严格为患者保守秘密。
5. 各级医疗预防保健机构在发现孕妇患有性病时,应当给予积极治疗。

（五）性病的疫情报告
1. 性病防治机构和从事性病防治、诊断和治疗业务的个体医师发现艾滋病、淋病和梅毒及疑似病人时,必须按规定向所在地卫生防疫机构报告。
2. 各级医疗、预防和保健机构及个体医师发现软下疳、性病性淋巴肉芽肿、非淋菌性尿道炎、尖锐湿疣、生殖器疱疹病病人及疑似病人时,应当按规定向所在地县级性病防治机构报告。

3.性病防治机构对所在地区的艾滋病、淋病和梅毒疫情,必须及时向上级性病防治机构报告。

4.性病防治机构对所在地区其他性病疫情,必须按月向上级性病防治机构报告。

二、艾滋病防治法律规定

(一)艾滋病的监测管理

1.监测管理机构及内容

(1)地方各级人民政府负责对艾滋病病人和艾滋病病毒感染者的管理实行统一领导,协调有关部门,落实各项管理措施,及时解决工作中存在的问题。

(2)各级卫生行政部门负责辖区内艾滋病病人和艾滋病病毒感染者的治疗和疫情监测工作,公安、司法、民政、劳动和社会保障、人事等有关部门应按职责分工,密切配合,共同做好管理工作。

(3)加强法制教育和道德教育,采取加强医疗照顾与提供社区服务,鼓励社会与家庭关怀相结合的方式,对艾滋病病人和艾滋病病毒感染者进行管理。

(4)对艾滋病病人和艾滋病病毒感染者主要在社区进行管理。社区要为他们营造一个友善、理解、健康的生活环境,鼓励他们采取积极的生活态度,改变高危行为,积极配合治疗,以延长生命并提高生活质量。

(5)监测工作的主要内容:疫情收集、整理、分析;重点人群的血清学检查;流行病学因素调查、分析。

2.监测管理的对象

(1)艾滋病病人。

(2)艾滋病病毒感染者。

(3)疑似艾滋病病人及与艾滋病病人、艾滋病病毒感染者有密切接触者。

(4)被艾滋病病毒污染或可能造成艾滋病传播的血液和血液制品、毒株、生物组织、动物及其他物品。

3.艾滋病病人和病毒感染者的处理

(1)艾滋病为国家法定报告传染病。民政、公安、司法行政等部门在执行公务时,发现有可能传播艾滋病者,应立即送国务院卫生行政管理部门进行艾滋病检查。

(2)医疗单位要密切注意就诊病人,发现疑似艾滋病病人,应当立即诊断、报告和处理。

(3)从事预防、医疗和保健工作的人员确诊或疑诊艾滋病病人和感染者后,应立即向当地疾病控制机构报告。疾病控制机构在接到报告后,于十二小时内向上级卫生行政部门报告疫情。

(4)任何公民发现疑似艾滋病病人,应就近向预防、医疗和保健机构报告。任何单位和个人不得隐瞒、延迟疫情上报。

(5)预防、医疗和保健机构发现艾滋病病人时,应立即采取隔离措施,并送其到卫生行政部门指定的医疗单位治疗。

(6)预防、医疗和保健机构发现艾滋病病毒感染者、疑似艾滋病病人及与其有密切接触者时,应当根据预防的需要,对其实施以下部分或全部措施:留验;限制活动范围;医学观察;定期或不定期访视。

（7）艾滋病病人或艾滋病病毒感染者的尸体必须就地火化。

（二）艾滋病病人和病毒感染者的权利、义务

1. 权利　艾滋病病毒感染者和艾滋病病人及其家属不受歧视，他们享有公民依法享有的权利和社会福利。不能剥夺艾滋病病毒感染者工作、学习、享受医疗保健和参加社会活动的权利。也不能剥夺其子女入托、入学、就业等权利。

2. 义务

（1）艾滋病病人应暂缓结婚，艾滋病病毒感染者如申请结婚，双方应接受医学咨询。

（2）艾滋病病毒感染者和艾滋病病人应对社会承担义务和责任。认真听取医务人员的医学指导，服从疾病控制机构管理。到医疗机构就诊时，应当主动向医务人员说明自身的感染情况，防止将病毒传播给他人。对艾滋病病毒感染者和艾滋病病人所从事的工作有传播艾滋病病毒危险的，其所在单位应负责安排其从事其他工作。

（3）艾滋病病毒感染者和艾滋病病人不得捐献血液、精液、器官、组织和细胞。

（三）卫生行政部门及预防、医疗机构的义务

1. 保密义务　经确认实验室确认的阳性报告，应按传染病报告制度报告，确认报告属于个人隐私，不得泄漏。任何单位和个人不得将病人和感染者的姓名、住址等有关情况公布或传播。医护人员必须严格遵守职业道德，要为病人保密，不得歧视病人。

2. 救治义务　各级政府卫生行政部门应指定医疗机构为艾滋病病毒感染者和艾滋病病人提供医疗服务。被指定的医疗机构必须及时收治就诊的艾滋病病毒感染者和艾滋病病人，并应及时安排医务人员为其进行疾病的诊治，不得拒绝。依据《中华人民共和国传染病防治法》，应对艾滋病病人实行住院隔离治疗。在病程缓解期或因其他原因确实无法住院隔离治疗的，可以设立"家庭病床"，并由收治单位指定1～2名医务人员在保密的情况下，定期进行访视并给予家庭护理指导。对于农村地区以及城市中经济较为困难的艾滋病感染者提供免费治疗。

第六节　结核病防治法律规定

一、预防接种

1. 各级卫生行政部门负责制定本地区卡介苗接种工作规划、目标，并组织实施。

2. 各级各类医疗、预防和保健机构都有义务按规定承担所在地区、单位或指定区域的卡介苗接种任务。

3. 卡介苗接种人员必须经过专门技术培训，经县级以上结核病防治机构考核合格后方可从事接种工作。

4. 接种必须按计划免疫程序进行。

5. 卡介苗接种情况应当及时填入统一发放的计划免疫接种证和预防接种卡片。

6. 卡介苗接种发生差错事故和发生严重异常反应时，必须立即采取措施进行抢救和治疗，并如实报告当地县级卫生防疫机构，不得延误或隐瞒不报。

7. 卡介苗的订购计划供应由结核病防治机构和卫生防疫机构共同制定，由省级防疫机构统一订货。

8. 负责实施卡介苗接种的机构，应将卡介苗接种率及接种质量考核情况，定期书面报告卫生行政部门，并抄送同级卫生防疫机构以及结核病防治机构或卫生行政部门指定的医疗

预防保健机构。

二、调查与报告

1. 结核病防治机构和指定的医疗、预防和保健机构,应当按规定进行结核病疫情和传染源的调查。

2. 发生结核病暴发流行的地区或单位,应当积极配合当地结核病防治机构或指定的医疗预防保健机构的流行病学调查工作,组织集体结核病检查,查明传染源,并采取有效措施控制疫情蔓延。

3. 医疗、预防和保健机构及个体开业医生对确诊的肺结核病人,必须按下列规定时间,向当地结核病防治机构或指定的医疗预防保健机构报出《结核病报告卡》(监测区在24小时内报告、城市非监测区在1周内报告、农村非监测区在2周内报告)。

4. 县(区)级结核病防治机构或承担结核病防治职责的医疗预防保健机构在接到《结核病报告卡》后应对病人进行登记和管理。

5. 国家统计局审批备案的结核病统计报表是国家取得结核病患、发病登记资料的重要来源,各级结核病防治机构应按规定逐级上报。

三、治疗

1. 医疗预防保健机构对收治的肺结核病人,应当按《全国结核病防治工作手册》和《肺结核病诊疗规程》实施诊断、治疗和管理。不能按工作手册和诊疗规程实施诊断、治疗和管理的,必须将肺结核病人及时转至当地结核病防治机构或指定的医疗预防保健机构。《全国结核病防治手册》和《肺结核病诊疗规程》由国务院卫生行政部门制定。

2. 乡村医生和个体开业医生遇有疑似结核病的就诊病人,应及时转至当地结核病防治机构或中心卫生院。

3. 已确诊的排菌期肺结核病人,应当按结核病防治要求,主动配合治疗单位的治疗与管理。

四、控制传染

1. 结核病防治机构或指定的医疗预防保健机构,对下列从业人员中患有传染性肺结核病的,应当按规定通知其单位和当地卫生监督管理机构:

(1)食品、药品、化妆品从业人员;

(2)《公共场所卫生管理条例》规定范围内的从业人员;

(3)教育、托幼单位的从业人员;

(4)国务院卫生行政部门规定的其他从业人员。

2. 下列人员应当按规定进行预防性结核病体检:

(1)新参加工作、参军、入学的人员;

(2)食品、药品、化妆品从业人员;

(3)接触粉尘和有害气体的厂矿企业职工;

(4)排菌期肺结核病人的家属及其密切接触者;

(5)国务院卫生行政部门规定的其他人员。

3. 排菌期肺结核病人应当避免可能传播结核病的行为。结核病防治机构、医疗、预防和保健机构,必须按照卫生防疫机构规定的卫生要求对结核菌污染的污水、带有结核病病菌的排泄物和痰液进行消毒或卫生处理。

4. 对从事结核病预防、医疗、科研、教学的人员,以及在生产工作中经常接触结核菌的其他人员,有关单位应根据国家规定,采取有效的防护措施和医疗预防保健措施。

第七节　地方病防治法律规定

一、血吸虫病

血吸虫病是由血吸虫寄生在人或哺乳动物体内的门静脉和肠系膜静脉里所引起的一种地方病,分布于我国湖南、湖北、江西、安徽、江苏、浙江、四川、云南、广东、广西、福建和上海等12个省、市、自治区的400个县、市、区,5 161个乡、镇、场。主要是长江中下游沿江5省和四川、云南等省。但在上述范围内并非普遍流行血吸虫病,各省有一定的县、乡,一定的居民点为疫区,疫区呈点状或片状分布。对血吸虫病的防治我国科学家提出了分三步走的防治策略:控制病情、控制传播和阻断传播。三步到位的目标:病情控制、传播控制和传播阻断。突出了健康教育、人畜同步治疗的对策。国家先后制定了《血吸虫病防治技术方案》《我国控制和消灭血吸虫病标准》《日本血吸虫病诊断标准和处理标准》等法律、法规。

二、碘缺乏危害

碘缺乏危害是指由于环境缺碘、公民摄碘不足所引起的地方性甲状腺肿、地方性克汀病和对儿童智力发育的潜在性损伤。1994年8月23日国务院令第163号发布了《食盐加碘消除碘缺乏危害管理条例》。提出了国家对消除碘缺乏危害,采取长期供应加碘食盐为主的综合防治措施;国务院卫生行政部门负责碘缺乏危害防治和碘盐的卫生监督管理工作;县级以上人民政府有关部门应当按照职责分工,密切配合,共同做好食盐加碘消除碘缺乏危害工作,加大执法力度,强化对盐业市场的监督管理等一系列强制性措施,以保证实现消除碘缺乏病的目标。

三、地方性氟(砷)中毒

在《改水防治地方性氟中毒暂行办法》《国务院卫生行政管理部门关于完善地方病防治工作达标考核验收办法的通知》和《国务院卫生行政管理部门关于进一步加强地方病防治工作的几点意见》等法规、规章的指导下,我国地方性氟(砷)中毒防治工作也有了明显进展。近年来,国务院卫生行政管理部门对饮用水中氟含量超过2 mg/L,当地出生的八至十二岁人群中氟斑牙患病率大于30%,出现氟骨症病人的地区和饮用水中砷含量超过0.05 mg/L,出现砷中毒病人的地区进行改水项目建设。今后国家将继续加大资金投入用于中毒地区的改水、改灶,以造福于民。

1. 医疗机构有哪些疫情控制措施?
2. 职业病病人有哪些法律保障?
3. 艾滋病病人有哪些权利和义务?
4. 目前我国检疫传染病和监测传染病包括哪些?

拓展阅读

世界艾滋病日

为提高人们对艾滋病的认识,世界卫生组织于 1988 年 1 月将每年的 12 月 1 日定为世界艾滋病日,号召世界各国和国际组织在这一天举办相关活动,宣传和普及预防艾滋病的知识。世界卫生组织将历年 12 月 1 日定为世界艾滋病日,是因为第一个艾滋病病例是在 1981 年此日诊断出来的。

1. 主要标志　世界艾滋病日的标志是红绸带。红绸带标志的意义:红绸带像一条纽带,将世界人民紧紧联系在一起,共同抗击艾滋病,它象征着我们对艾滋病病人和感染者的关心与支持;象征着我们对生命的热爱和对和平的渴望;象征着我们要用"心"来参与预防艾滋病的工作。

2. 社会现状　12 月 1 日是一年一度的世界艾滋病日。在地球上,平均每分钟都有一个孩子死于艾滋病,有超过 1 500 万的儿童因为艾滋病而失去父母。中国艾滋病病毒感染人数在全球居第 14 位,更以每年 40% 的速度递增。防治艾滋病任重道远,需要全社会共同努力。面对因艾滋酿成的一桩桩悲剧,我们不需要旁观者,我们要用自己的力量来扭转这场恶性流行病的传播态势——团结全社会的力量,以我们所能做到的各种方式,共同抗击艾滋。12 月 1 日是世界艾滋病日,这天旨在提高公众对 HIV 病毒引起的艾滋病在全球传播的意识。从 1981 年 12 月 1 日以来,艾滋病已造成超过 2 500 万人死亡。

3. 历史起源　艾滋病日的概念来源于 1988 年全球卫生部关于艾滋病预防计划的高峰会议上。自 1981 年世界第一例艾滋病病毒感染者发现至今,短短 30 多年间,艾滋病在全球肆虐流行,已成为重大的公共卫生问题和社会问题,引起世界卫生组织及各国政府的高度重视。为号召全世界人民行动起来,团结一致共同对抗艾滋病,1988 年 1 月,世界卫生组织在伦敦召开了一个有 100 多个国家参加的"全球预防艾滋病"部长级高级会议,会上宣布每年的 12 月 1 日为"世界艾滋病日"(World Aids Day);1996 年 1 月,联合国艾滋病规划署(UNAIDS)在日内瓦成立;1997 年联合国艾滋病规划署将"世界艾滋病日"更名为"世界艾滋病防治宣传运动",使艾滋病防治宣传贯穿全年。

4. 设立目的

第一,让人们都知道艾滋病在全球范围内是能够加以控制和预防的;

第二,让大家都知道,防止艾滋病很重要的一条就是每个人都要对自己的行为负责;

第三,通过艾滋病日的宣传,唤起人们对艾滋病病毒感染者的同情和理解,因为他们的身心已饱受疾病的折磨,况且有一些艾滋病病毒感染者可能是被动的、无辜的;

第四,是希望大家支持各自国家制定的防治艾滋病的规划,以唤起全球人民共同行动起来支持这方面的工作。

(陶高清)

第十一章 公共卫生监督与管理法律制度

第一节 突发公共卫生事件应急法律制度

突发公共卫生事件(以下简称突发事件),是指突然发生,造成或者可能造成社会公众健康严重损害的重大传染病疫情、群体性不明原因疾病、重大食物和职业中毒以及其他严重影响公众健康的事件。据此,突发公共卫生事件应具备以下几个特征:具有突发性,突然发生、突如其来、不易预测;具有公共卫生属性,针对的不是特定的人,而是不特定的社会群体;对公众健康的损害和影响要达到一定程度。

一、预防与应急准备

(一)制订应急预案

1. 国务院卫生行政主管部门按照分类指导、快速反应的要求,制定全国突发事件应急预案,报请国务院批准。

2. 省、自治区、直辖市人民政府根据全国突发事件应急预案,结合本地实际情况,制定本行政区域的突发事件应急预案。应急预案应包括以下几个方面:

(1)突发事件应急处理指挥部的组成和相关部门的职责;

(2)突发事件的监测与预警;

(3)突发事件信息的收集、分析、报告、通报制度;

(4)突发事件应急处理技术和监测机构及其任务;

(5)突发事件的分级和应急处理工作方案;

(6)突发事件预防、现场控制,应急设施、设备、救治药品和医疗器械以及其他物资和技术的储备与调度;

(7)突发事件应急处理专业队伍的建设和培训。突发事件应急预案应当根据突发事件的变化和实施中发现的问题及时进行修订、补充。

(二)建立突发事件监测预警机制

1. 地方各级人民政府应当依照法律、行政法规的规定,做好传染病预防和其他公共卫生工作,防范突发事件的发生。

2. 县级以上各级人民政府卫生行政主管部门和其他有关部门,应当对公众开展突发事件应急知识的专门教育,增强全社会对突发事件的防范意识和应对能力。

3. 县级以上地方人民政府应当建立和完善突发事件监测与预警系统。

4. 县级以上各级人民政府卫生行政主管部门,应当指定机构负责开展突发事件的日常监测,并确保监测与预警系统的正常运行。监测与预警工作应当根据突发事件的类别,制定监测计划,科学分析、综合评价监测数据。对早期发现的潜在隐患以及可能发生的突发事件,应当依照《突发公共卫生事件应急条例》规定的报告程序和时限及时报告。

(三) 应急储备

1. 国务院有关部门和县级以上地方人民政府及其有关部门,应当根据突发事件应急预案的要求,保证应急设施、设备、救治药品和医疗器械等物资储备。

2. 县级以上各级人民政府应当加强急救医疗服务网络的建设,配备相应的医疗救治药物、技术、设备和人员,提高医疗卫生机构应对各类突发事件的救治能力。

3. 设区的市级以上地方人民政府应当设置与传染病防治工作需要相适应的传染病专科医院,或者指定具备传染病防治条件和能力的医疗机构承担传染病防治任务。

4. 县级以上地方人民政府卫生行政主管部门,应当定期对医疗卫生机构和人员开展突发事件应急处理相关知识、技能的培训,定期组织医疗卫生机构进行突发事件应急演练,推广最新知识和先进技术。

二、报告与信息发布

(一) 突发事件应急报告及通报制度

1. 国务院卫生行政主管部门制定突发事件应急报告规范,建立重大、紧急疫情信息报告系统。有下列情形之一的,省、自治区、直辖市人民政府应当在接到报告一小时内,向国务院卫生行政主管部门报告:

(1) 发生或者可能发生传染病暴发、流行的;

(2) 发生或者发现不明原因的群体性疾病的;

(3) 发生传染病菌种、毒种丢失的;

(4) 发生或者可能发生重大食物和职业中毒事件的。国务院卫生行政主管部门对可能造成重大社会影响的突发事件,应当立即向国务院报告。

2. 突发事件监测机构、医疗卫生机构和有关单位发现有突发公共卫生事件的,应当在2小时内向所在地县级人民政府卫生行政主管部门报告;接到报告的卫生行政主管部门应当在2小时内向本级人民政府报告,并同时向上级人民政府卫生行政主管部门和国务院卫生行政主管部门报告。

县级人民政府应当在接到报告后2小时内向设区的市级人民政府或者上一级人民政府报告;设区的市级人民政府应当在接到报告后2小时内向省、自治区、直辖市人民政府报告。

3. 任何单位和个人对突发事件,不得隐瞒、缓报、谎报或者授意他人隐瞒、缓报、谎报。

4. 接到报告的地方人民政府、卫生行政主管部门依照本条例规定报告的同时,应当立即组织力量对报告事项调查核实、确证,采取必要的控制措施,并及时报告调查情况。

5. 国务院卫生行政主管部门应当根据发生突发事件的情况,及时向国务院有关部门和各省、自治区、直辖市人民政府卫生行政主管部门以及军队有关部门通报。

6. 突发事件发生地的省、自治区、直辖市人民政府卫生行政主管部门,应当及时向毗邻省、自治区、直辖市人民政府卫生行政主管部门通报。接到通报的省、自治区、直辖市人民政府卫生行政主管部门,必要时应当及时通知本行政区域内的医疗卫生机构。

7. 县级以上地方人民政府有关部门,已经发生或者发现可能引起突发事件的情形时,应当及时向同级人民政府卫生行政主管部门通报。

(二)突发事件应急举报制度

任何单位和个人有权向人民政府及其有关部门报告突发事件隐患,有权向上级人民政府及其有关部门举报地方人民政府及其有关部门不履行突发事件应急处理职责,或者不按照规定履行职责的情况。接到报告、举报的有关人民政府及其有关部门,应当立即组织对突发事件隐患、不履行或者不按照规定履行突发事件应急处理职责的情况进行调查处理。

对举报突发事件有功的单位和个人,县级以上各级人民政府及其有关部门应当予以奖励。

(三)突发事件的信息发布制度

国务院卫生行政主管部门负责向社会发布突发事件的信息。必要时,可以授权省、自治区、直辖市人民政府卫生行政主管部门向社会发布本行政区域内突发事件的信息。信息发布应当及时、准确、全面。

三、突发事件应急处理

(一)启动应急预案

1. 突发事件发生后,卫生行政主管部门应当组织专家对突发事件进行综合评估,初步判断突发事件的类型,提出是否启动突发事件应急预案的建议。

2. 在全国范围内或者跨省、自治区、直辖市范围内启动全国突发事件应急预案,由国务院卫生行政主管部门报国务院批准后实施。省、自治区、直辖市启动突发事件应急预案,由省、自治区、直辖市人民政府决定,并向国务院报告。

3. 全国突发事件应急处理指挥部对突发事件应急处理工作进行督察和指导,地方各级人民政府及其有关部门应当予以配合。省、自治区、直辖市突发事件应急处理指挥部对本行政区域内突发事件应急处理工作进行督察和指导。

4. 省级以上人民政府卫生行政主管部门或者其他有关部门指定的突发事件应急处理专业技术机构,负责突发事件的技术调查、确证、处置、控制和评价工作。

5. 国务院卫生行政主管部门对新发现的突发传染病,根据危害程度、流行强度,依照《中华人民共和国传染病防治法》的规定及时宣布为法定传染病;宣布为甲类传染病的,由国务院决定。

6. 应急预案启动后,突发事件发生地的人民政府有关部门,应当根据预案规定的职责要求,服从突发事件应急处理指挥部的统一指挥,立即到达规定岗位,采取有关的控制措施。

7. 医疗卫生机构、监测机构和科学研究机构,应当服从突发事件应急处理指挥部的统一指挥,相互配合、协作,集中力量开展相关的科学研究工作。

8. 突发事件发生后,国务院有关部门和县级以上地方人民政府及其有关部门,应当保证突发事件应急处理所需的医疗救护设备、救治药品、医疗器械等物资的生产、供应;铁路、交通、民用航空行政主管部门应当保证及时运送。

(二)采取应急控制措施

1. 根据突发事件应急处理的需要,突发事件应急处理指挥部有权紧急调集人员、储备的物资、交通工具以及相关设施、设备;必要时,对人员进行疏散或者隔离,并可以依法对传染病疫区实行封锁。

2. 突发事件应急处理指挥部根据突发事件应急处理的需要,可以对食物和水源采取控制措施。

3. 县级以上地方人民政府卫生行政主管部门应当对突发事件现场等采取控制措施,宣传突发事件防治知识,及时对易受感染的人群和其他易受损害的人群采取应急接种、预防性投药、群体防护等措施。

4. 参加突发事件应急处理的工作人员,应当按照预案的规定,采取卫生防护措施,并在专业人员的指导下进行工作。国务院卫生行政主管部门或者其他有关部门指定的专业技术机构,有权进入突发事件现场进行调查、采样、技术分析和检验,对地方突发事件的应急处理工作进行技术指导,有关单位和个人应当予以配合;任何单位和个人不得以任何理由予以拒绝。

5. 对新发现的突发传染病、不明原因的群体性疾病、重大食物和职业中毒事件,国务院卫生行政主管部门应当尽快组织力量制定相关的技术标准、规范和控制措施。

6. 交通工具上发现根据国务院卫生行政主管部门的规定需要采取应急控制措施的传染病病人、疑似传染病病人,其负责人应当以最快的方式通知前方停靠点,并向交通工具的营运单位报告。交通工具的前方停靠点和营运单位应当立即向交通工具营运单位行政主管部门和县级以上地方人民政府卫生行政主管部门报告。卫生行政主管部门接到报告后,应当立即组织有关人员采取相应的医学处置措施。

交通工具上的传染病病人密切接触者,由交通工具停靠点的县级以上各级人民政府卫生行政主管部门或者铁路、交通、民用航空行政主管部门,根据各自的职责,依照传染病防治法律、行政法规的规定,采取控制措施。涉及国境口岸和入出境的人员、交通工具、货物、集装箱、行李、邮包等需要采取传染病应急控制措施的,依照国境卫生检疫法律、行政法规的规定办理。

7. 医疗卫生机构应当对因突发事件致病的人员提供医疗救护和现场救援,对就诊病人必须接诊治疗,并书写详细、完整的病历记录;对需要转送的病人,应当按照规定将病人及其病历记录的复印件转送至接诊的或者指定的医疗机构。医疗卫生机构内应当采取卫生防护措施,防止交叉感染和污染。医疗卫生机构应当对传染病病人密切接触者采取医学观察措施,传染病病人密切接触者应当予以配合。医疗机构收治传染病病人、疑似传染病病人,应当依法报告所在地的疾病预防控制机构。接到报告的疾病预防控制机构应当立即对可能受到危害的人员进行调查,根据需要采取必要的控制措施。

(三) 应急处理

1. 传染病暴发、流行时,街道、乡镇以及居民委员会、村民委员会应当组织力量,团结协作,群防群治,协助卫生行政主管部门和其他有关部门、医疗卫生机构做好疫情信息的收集和报告、人员的分散隔离、公共卫生措施的落实工作,向居民、村民宣传传染病防治的相关知识。

2. 对传染病暴发、流行区域内流动人口,突发事件发生地的县级以上地方人民政府应当做好预防工作,落实有关卫生控制措施;对传染病病人和疑似传染病病人,应当采取就地隔离、就地观察、就地治疗的措施。

3. 有关部门、医疗卫生机构应当对传染病做到早发现、早报告、早隔离、早治疗,切断传播途径,防止扩散。

4. 县级以上各级人民政府应当提供必要资金,保障因突发事件致病、致残的人员得到及时、有效的救治。具体办法由国务院财政部门、卫生行政主管部门和劳动保障行政主管部门制定。

5. 突发事件中需要接受隔离治疗、医学观察措施的病人、疑似病人和传染病病人密切接触者在卫生行政主管部门或者有关机构采取医学措施时应当予以配合;拒绝配合的,由公安机关依法协助强制执行。

四、法律责任

(一)各级政府部门的责任

1. 县级以上地方人民政府及其卫生行政主管部门未依照本条例的规定履行报告职责,对突发事件隐瞒、缓报、谎报或者授意他人隐瞒、缓报、谎报的,对政府主要领导人及其卫生行政主管部门主要负责人,依法给予降级或者撤职的行政处分;造成传染病传播、流行或者对社会公众健康造成其他严重危害后果的,依法给予开除的行政处分;构成犯罪的,依法追究刑事责任。

2. 国务院有关部门、县级以上地方人民政府及其有关部门未依照本条例的规定,完成突发事件应急处理所需要的设施、设备、药品和医疗器械等物资的生产、供应、运输和储备的,对政府主要领导人和政府部门主要负责人依法给予降级或者撤职的行政处分;造成传染病传播、流行或者对社会公众健康造成其他严重危害后果的,依法给予开除的行政处分;构成犯罪的,依法追究刑事责任。

3. 突发事件发生后,县级以上地方人民政府及其有关部门对上级人民政府有关部门的调查不予配合,或者采取其他方式阻碍、干涉调查的,对政府主要领导人和政府部门主要负责人依法给予降级或者撤职的行政处分;构成犯罪的,依法追究刑事责任。

4. 县级以上各级人民政府卫生行政主管部门和其他有关部门在突发事件调查、控制、医疗救治工作中玩忽职守、失职、渎职的,由本级人民政府或者上级人民政府有关人员依法给予降级、撤职的行政处分;造成传染病传播、流行或者对社会公众健康造成其他严重危害后果的,依法给予开除的行政处分;构成犯罪的,依法追究刑事责任。

5. 县级以上各级人民政府有关部门拒不履行应急处理职责的,由同级人民政府或者上级人民政府有关部门责令改正、通报批评、给予警告;对主要负责人、负有责任的主管人员和其他责任人员依法给予降级、撤职的行政处分;造成传染病传播、流行或者对社会公众健康造成其他严重危害后果的,依法给予开除的行政处分;构成犯罪的,依法追究刑事责任。

(二)医疗卫生机构责任

医疗卫生机构有下列行为之一的,由卫生行政主管部门责令改正、通报批评、给予警告;情节严重的,吊销《医疗机构执业许可证》;对主要负责人、负有责任的主管人员和其他直接责任人员依法给予降级或者撤职的纪律处分;造成传染病传播、流行或者对社会公众健康造成其他严重危害后果,构成犯罪的,依法追究刑事责任:

1. 未依照本条例的规定履行报告职责,隐瞒、缓报或者谎报的。
2. 未依照本条例的规定及时采取控制措施的。
3. 未依照本条例的规定履行突发事件监测职责的。
4. 拒绝接诊病人的。
5. 拒不服从突发事件应急处理指挥部调度的。

（三）有关单位和个人责任

1. 突发事件应急处理工作中,有关单位和个人未依照本条例的规定履行报告职责,隐瞒、缓报或者谎报,阻碍突发事件应急处理工作人员执行职务,拒绝国务院卫生行政主管部门或者其他有关部门指定的专业技术机构进入突发事件现场,或者不配合调查、采样、技术分析和检验的,对有关责任人员依法给予行政处分或者纪律处分；触犯《中华人民共和国治安管理处罚法》的,将依法追究其法律责任。

2. 在突发事件发生期间,散布谣言、哄抬物价、欺骗消费者,扰乱社会秩序、市场秩序的,由公安机关或者工商行政管理部门依法给予行政处罚；构成犯罪的,依法追究刑事责任。

第二节　学校卫生法律制度

一、学校卫生工作的法律规定

学校卫生工作包括教学过程卫生、学校建筑和设备卫生、学生卫生保健、营养与饮食卫生以及卫生宣传和健康教育等几个主要方面。

（一）教学过程卫生

《学校卫生工作条例》规定教学过程卫生主要包括以下三方面：

1. 教学、作息卫生　教学过程中要严格遵守卫生保健原则,根据学生年龄,合理安排教学进度和作息时间,使学生的学习能力保持在最佳状态。学生每日学习时间(包括自习),小学不超过六小时,中学不超过八小时,大学不超过十小时。学校或者教师不得以任何理由和方式,增加授课时间和作业量,加重学生学习负担。

2. 劳动卫生　普通中小学组织学生参加劳动,不得让学生接触有毒有害物质或者从事不安全的作业,不得让学生参加夜班劳动。普通高等学校、中等专业学校、技工学校、农业中学、职业中学组织学生参加生产劳动,接触有毒有害物质的,按照国家有关规定提供保健待遇。学校应当定期对他们进行体格检查,加强卫生防护。注意女学生的生理特点,给予必要的照顾。

3. 体育卫生　主要包括体育课、课外体育活动和假期活动卫生。学校要根据学生的生理特点和健康状况指导体育锻炼。学校体育场地和器材应当符合卫生和安全要求；运动项目和运动强度应当适合学生的生理承受能力和体质健康状况,防止发生伤害事故。

（二）建筑和设备卫生

根据《学校卫生工作条例》规定,新建、改建、扩建校舍,其选址、设计应当符合国家的卫生标准,并取得当地卫生行政部门的许可。竣工验收应当有当地卫生行政部门参加。学校的教学建筑、环境噪声、室内微小气候、采光、照明等环境质量以及黑板、课桌椅的设置应符合国家的卫生标准。学校应当按照有关规定为学生设置厕所和洗手设施；寄宿制学校应当为学生提供相应的洗漱、洗澡等卫生设施；为学生提供充足的符合卫生标准的饮用水。

（三）卫生保健

学校应当根据条件定期进行健康检查。有条件的应每年对中、小学生作一次体检；暂时尚无条件的地区可在学生进入初小、高小及初中时各进行一次,初中及高中毕业时再进行一次。大学要认真做好新生入学体检复查工作。学校要建立学生健康管理制度,建立学生体质健康卡片,纳入学生档案。对体格检查中发现学生有器质性疾病的,学校应当配合学生家长做好转诊治疗。对残疾、体弱学生,学校要加强照顾和心理卫生工作。学校应当积极做好近视、弱视、龋齿、寄生虫、营养不良、贫血、脊柱弯曲、神经衰弱等学生常见疾病的群体预防和矫治工作,认真贯彻执行传染病防治法律、法规,做好急、慢性传染病的预防和控制管理工作,同时做好地方病的预防和控制工作。

(四)营养与饮食卫生

学校应当认真贯彻食品安全法律、法规,加强饮食卫生管理,办好学生膳食,加强营养指导,为学生提供优质卫生的食品,保障身体健康。

(五)卫生宣传和健康教育

积极开展卫生宣传教育,树立以讲卫生为光荣,不讲卫生为耻辱的新风尚。建立健全卫生管理制度,加强对学生个人卫生、环境卫生以及教室、宿舍卫生管理。学校应当把健康教育纳入教学计划。普通中小学必须开设健康教育课,普通高等学校、中等专业学校、技工学校、农业中学、职工中学应当开设健康教育选修课或者讲座;同时开展学生健康咨询活动。艾滋病健康教育应纳入教学计划,落实教学内容和时间。卫生行政部门要为教育行政部门和学校提供预防艾滋病健康教育的信息、资料,协助培训师资等。

二、学校卫生监督与管理

(一)学校卫生监督

根据《学校卫生工作条例》规定,县以上卫生行政部门对学校卫生工作行使监督职权。其职责是:对新建、改建、扩建校舍的选址、设计实施预防性卫生监督,以保证学校基建、设备等符合国家颁布的各项卫生标准和要求,为学生创造良好的学习和生活环境;对学校内影响学生健康的学习、生活、劳动、环境、食品等方面的卫生和传染病防治工作实行经常性卫生监督,提出改进措施;对学生使用的文具、娱乐器具、保健用品实行卫生监督。行使学校卫生监督职权的机构可设立学校卫生监督员,由省级以上卫生行政部门聘任,并颁发学校卫生监督员证书。

(二)学校卫生管理

各级教育行政部门负责学校卫生管理。大、中、小学校要设立卫生管理机构。高等院校设立校医院或卫生科;高级中学、职业中学、技工学校、城市普通中学、小学、农村中心校、普通中学设立卫生室,按600:1比例配备卫生技术人员,不足600人的学校可配备专职或兼职保健教师。

经当地卫生行政机构批准,教育行政部门可设立区域性中小学生卫生保健机构,它的主要任务是:调查与研究本地区中小学生体质健康状况,开展中小学生常见疾病的预防与矫治;对学校校医及卫生人员进行技术指导和业务培训。区域性中小学保健机构在全国部分省、市已成立并开展工作,没有成立相应机构的地方,其工作任务由本地区的卫生监督机构承担。

三、奖励与处罚

(一)奖励

为了切实做好学校卫生管理工作,保护和增进儿童青少年的健康,《学校卫生工作条例》规定,对在学校卫生工作中成绩显著的单位或者个人,各级教育、卫生行政部门和学校应当给予表彰和奖励。

（二）处罚

1. 对违反学校卫生法规有关规定的,应予以处罚。未经卫生行政部门许可新建、改建、扩建校舍的,由卫生行政部门对直接责任单位或者个人给予警告、责令停止施工或者限期改进。

2. 违反学校卫生要求有关规定的,由卫生行政部门对直接责任单位或者个人给予警告、责令限期改进;情节严重的,可以同时建议教育行政部门给予行政处分。

3. 使用的文具、娱乐器具、保健用品不符合国家有关卫生标准的,由卫生行政部门对直接责任单位或者个人给予警告;情节严重的,可以会同工商行政部门没收其不符合国家有关卫生标准的物品,并处以非法所得两倍以下的罚款。

4. 拒绝或者妨碍学校卫生监督员依法实施卫生监督的,由卫生行政部门对直接责任单位或者个人给予警告;情节严重的,可以建议教育行政部门给予行政处分或者处以二百元以下的罚款。

第三节 放射卫生防护法律制度

一、放射卫生防护标准

（一）基本标准

我国现行的国家基本标准是1984年12月国务院卫生行政管理部门颁布的《放射卫生防护基本标准》。这个标准遵守国际上公认的实践的正当化、放射防护最优化、个人剂量的限制三原则,对电离辐射最大容许剂量当量和限制剂量当量(包括放射工作人员和公众中个人的剂量限值)以及放射物质的最大容许浓度和限制浓度作了规定。

（二）专业标准

专业标准(行业标准或部颁标准)主要有：

1.《核电站放射卫生防护标准》对核电站非居住区与卫生防护区的划分、正常运行目标值、事故应急水平和计划、卫生控制和调查等作了规定。

2. 医用放射卫生防护标准如《医用诊断X线卫生防护标准》《关于肿瘤放射治疗剂量学的若干规定》等。

3. 放射病诊断标准与处理原则 包括外照射急性放射病、外照射慢性放射病、内照射放射病、放射性皮肤病、放射性白内障等诊断标准及处理原则。

4.《食品中放射性物质限制量标准》对饮用水、粮食等16类食品中放射性同位素的限制浓度作了规定;《辐照食品卫生管理暂行规定》和大蒜等8种辐照食品卫生标准的实施,将推动辐照保藏食品技术的应用。

二、放射卫生防护监督

1. 卫生、公安、环境保护部门对放射卫生防护实施监督管理 县以上卫生行政部门负责本辖区内的放射性同位素与射线装置放射防护监督;各省、自治区、直辖市的环境保护部门对放射性同位素和含有放射源的射线装置在应用中排放放射性废水、废气、固体废物,实施监督监测;县以上公安部门对放射性同位素应用中的安全保卫实施监督管理。

2. 县以上卫生行政部门对放射卫生实施监督管理。

三、法律责任

对违反放射卫生法规的单位或个人,县以上卫生行政部门可以视其情节轻重,给予警告并限期改进、停工或者停业整顿,或者处以罚款和没收违法所得,直至会同公安部门吊销其许可登记证的行政处罚。在放射性废水、废气、固体废物排放中造成环境污染事故的单位和个人,由省级环境保护部门,按国家环境保护法规的有关规定执行处罚。对于违反放射卫生法规而发生放射事故尚未造成严重后果的,可以由公安机关按照治安管理处罚条例予以处罚。对造成严重后果构成犯罪的,由司法机关依法追究刑事责任。

第四节　公共场所卫生管理法律制度

一、公共场所的定义、分类及卫生质量要求

(一)公共场所的定义

公共场所是指为满足公众对生活、文化和人际交往的需求而设立,供公众共同使用,具有一定围护结构的场所。一般来讲每一个公共场所皆具有环境的封闭性、人群的流动性、活动的固定性的特征。

(二)公共场所分类

公共场所按其服务功能,目前限定为七类:
1. 住宿和交易场所　宾馆、饭馆、旅店、招待所、车马店、咖啡店、酒吧、茶座。
2. 净身和美容场所　公共浴室、理发店、美容店。
3. 文化娱乐场所　影剧院、录像厅(室)、游艺厅(室)、舞厅、音乐厅。
4. 体育休息场所　体育场(馆)、游泳场(馆)、公园。
5. 文化交流场所　展览馆、博物馆、美术馆、图书馆。
6. 商业活动场所　商店(场)、书店。
7. 就诊和交通场所　医院候诊室、候车(机、船)室、公共交通工具。

(三)公共场所卫生质量要求

基本卫生要求:选址设计合理、卫生设施完备、空气质量优良、采光照明良好、环境整洁安静、饮用水质卫生、公用物品清洁、卫生制度健全、从业人员健康、个人卫生讲究。但不同行业有不同的重点,不同类型的场所有不同的具体要求。

二、公共场所的卫生管理与监督

(一)卫生管理

1. 建立卫生管理制度　主管部门应当建立卫生管理制度,配备专职或者兼职卫生管理人员,对所属经营单位包括个体经营者的卫生状况进行经常性检查,并提供必要的条件。
2. 卫生知识培训　经营单位应当负责经营的公共场所的卫生管理,建立卫生责任制度,对从业人员进行卫生知识的培训和考核工作。
3. 从业人员持证上岗　公共场所直接为顾客服务的人员,持有健康合格证方能从事本职工作。
4. 办理卫生许可证　经营单位须取得卫生许可证后,方可向工商行政管理部门申请登记,办理营业执照。卫生许可证2年复核一次。

5. 事故报告　公共场所因不符合卫生标准和要求造成危害健康事故的,经营单位应妥善处理,并及时报告卫生防疫机构。

(二) 卫生监督

卫生监督机构实施卫生监督,其职责:

1. 对公共场所进行卫生监测和卫生技术指导。
2. 监督公共场所从业人员进行健康检查,指导公共场所经营单位对从业人员进行卫生知识教育和培训。
3. 对新建、改建、扩建公共场所的选址和设计进行卫生审查,并参加竣工验收。
4. 对违反公共场所卫生管理条例的单位和个人进行行政处罚。

三、法律责任

(一) 行政责任

公共场所经营单位或者个体经营者,有下列行为之一的,卫生防疫机构有权根据情节轻重给予警告、罚款、停业整顿、吊销卫生许可证等行政处罚:

1. 卫生质量不符合国家卫生标准和要求而继续营业的。
2. 未获得健康合格证而从事直接为顾客服务的。
3. 拒绝卫生监督的。
4. 未取得卫生许可证擅自营业的。

(二) 刑事责任

违反公共场所卫生法规,造成严重危害公民健康的事故或中毒事故的单位和个人,应负损害赔偿责任;致人残疾或死亡,构成犯罪的,由司法机关依法追究直接责任人员的刑事责任。

第五节　生活饮用水卫生管理法律制度

一、生活饮用水的卫生质量要求

1. 生活饮用水的水质卫生要求
(1) 水中不得含有病原微生物,保证流行病学的安全性;
(2) 水中所含化学物质和放射性物质,不得对人体健康产生危害,不影响后代的健康;
(3) 水的感官性状良好。
2. 生活饮用水的水源选择　应保证水质良好,水量充沛,便于防护,技术经济合理。
3. 生活饮用水的水源防护　必须设置水源防护区,作好水源防护,防止水源污染。
4. 要保证取水、输水、净水、贮水和配水过程中,均不能造成水质污染。
5. 涉及饮用水卫生安全的产品在与水直接接触时,均不得造成水质污染。

二、生活饮用水的卫生管理与监督

(一) 办理卫生许可证

城市集中式供水单位必须取得县级以上政府卫生行政部门签发的卫生许可证。城市供水企业和自建设施对外供水企业还必须取得建设行政主管部门的《城市供水企业资质书》方可供水。二次供水设施和从事二次供水设施清洗消毒的单位,必须取得当地人民政府卫生行政部门的卫生许可证,方可供水和洗消。生产涉及饮用水卫生安全的产品的生产单位和个人,必须向当地人民政府卫生行政部门申请办理产品卫生许可批准文件,方可生产和销售。

(二) 设立卫生管理机构,建立规章制度

供水单位要建立饮用水卫生管理规章制度,设立专门的卫生管理机构,配备专、兼职卫生管理人员,做好本单位的日常卫生管理工作。

(三) 人员培训、体检和持证上岗

直接从事供水、管水人员,包括从事净水、取样、化验、二次供水卫生管理和水池水箱清洗人员,都必须经过健康体检,取得体检合格证后方可上岗工作,并每年进行一次检查。未经卫生知识培训不得上岗。

(四) 卫生监督机构对生活饮用水实施卫生监督

县级以上人民政府卫生行政部门负责本行政区域内饮用水卫生监督监测工作。

第六节 爱国卫生法律制度

一、爱国卫生工作的方针、目标和主要任务

(一) 爱国卫生工作的基本方针

政府组织,地方负责,部门协调,群众动手,科学治理,社会监督。

(二) 爱国卫生工作的重要目标

贯彻"预防为主","卫生工作与群众运动相结合",宣传和动员广大群众,协调和组织全社会参与,从社会大卫生观出发,自觉地除四害、讲卫生,创建文明卫生城乡,提高环境质量和生活质量,提高全民的健康水平。

(三) 爱国卫生工作的主要任务

1. 坚持用科学方法,继续组织领导除"四害"活动。制定以灭鼠为中心的除四害规划,督促检查,组织考核评比,把四害危害降到最低限度。

2. 全国城乡,特别是大中城市,开放旅游区,要统一部署,有重点地治理内外环境,增添卫生基础措施,加强公共卫生监督,进一步改善环境卫生面貌,创建卫生城市,为群众的生活、生产、学习、工作提供卫生整洁,优美舒适的环境。

3. 在农村要协调有关部门,继续开展以改水改厕为重点的环境卫生整治工作,使广大农村人口饮用安全卫生水,以期从根本上控制水传疾病的发生和流行。

4. 开展全民健康教育事业,普及卫生科学知识,破除迷信,提高群众的自我保健能力。

5. 组织协调有关部门,做好重大疫情,重大灾害和中毒事故等突发事件防范措施和应急对策,控制此类事件发生和减轻危害。

二、爱国卫生工作监督

爱国卫生工作是一项长期、复杂的社会性工作,必须建立一系列的卫生制度、法规,加强管理和卫生监督。爱国卫生工作法规以及相关的卫生法规为爱国卫生工作监督提供了法律依据。

爱国卫生工作监督法规中,明确规定了各级政府必须切实加强对爱国卫生工作的领导,爱国卫生工作实行专业监督和群众监督相结合的社会监督制度。同时还对爱国卫生工作的监督职权、任务以及卫生监督员、检查员的职能、范围作了明确规定。各级爱卫会办事机构依法对区域内的管理相对人遵守有关卫生法规的情况进行监督管理,并对违法行为进行处罚。

1. 突发事件发生时应采取哪些应急措施?
2. 教学过程卫生有哪些具体内容?
3. 公共场所卫生质量有哪些基本要求?
4. 爱国卫生工作的主要任务是什么?

拓 展 阅 读

我国新时期的爱国卫生工作

2014年,国务院印发《关于进一步加强新时期爱国卫生工作的意见》(以下简称《意见》),就做好新形势下的爱国卫生工作提出明确要求。这是国务院时隔25年又一次专题印发指导开展爱国卫生工作的重要文件。

《意见》指出,做好新时期的爱国卫生工作,是坚持以人为本、解决当前影响人民群众健康突出问题的有效途径,是改善环境、加强生态文明建设的重要内容,是建设健康中国、全面建成小康社会的必然要求。要坚持政府领导、部门协作、群众动手、社会参与、依法治理、科学指导,全面推进改革创新,充分发挥群众运动的优势,着力治理影响群众健康的危害因素,不断改善城乡环境,切实维护人民群众健康权益,为经济社会协调发展提供有力保障。

《意见》要求,通过广泛开展爱国卫生运动,使城乡环境卫生条件明显改善,影响健康的主要环境危害因素得到有效治理,人民群众文明卫生素质显著提升,健康生活方式广泛普及,有利于健康的社会环境和政策环境进一步改善,重点公共卫生问题防控干预取得明显成效,城乡居民健康水平得到明显提高。

《意见》提出了四个领域的重点工作任务。

一是努力创造促进健康的良好环境。深入开展城乡环境卫生整洁行动,统筹治理城乡环境卫生问题;切实保障饮用水安全,建立从水源地保护、自来水生产到安全供水的全程监管体系;加快农村改厕步伐,力争到2020年东部地区和有条件的中西部地区基本完成农村户厕无害化建设改造,中小学校、乡镇卫生院、集贸市场等公共场所和旅游景点、铁路公路沿线要建设无害化卫生公厕;科学预防控制病媒生物,建立健全病媒生物监测网络,定期开展监测调查,有针对性地组织开展"除四害"活动。

二是全面提高群众文明卫生素质。加强健康教育和健康促进;推进全民健身活动;落实控烟各项措施,全面推行公共场所禁烟。

三是积极推进社会卫生综合治理。深入推进卫生城镇创建,争取到2020年,国家卫生城市数量提高到全国城市总数的40%,国家卫生乡镇(县城)数量提高到全国乡镇(县城)总数的5%;探索开展健康城市建设,结合推进新型城镇化建设,编制健康城市发展规划,促进城市建设与人的健康协调发展。

四是提高爱国卫生工作水平。积极发挥爱国卫生运动在疾病防控中的统筹协调作用;提高爱国卫生工作依法科学治理水平;改革创新动员群众的方式方法;加强组织领导,健全爱国卫生组织体系。

《意见》强调,各地区、各部门要进一步提高对爱国卫生工作重要性的认识,继承和发扬爱国卫生运动优良传统,不断丰富工作内涵,完善工作机制,创新工作方法,以改革创新的精神切实加强新时期爱国卫生工作。

(吴以兵)

第十二章 母婴保健法律制度

第一节 母婴保健法概述

一、立法意义

母婴保健法是调整母亲和婴儿健康,提高出生人口素质活动中产生的各种社会关系的法律规范的总和。

保证母亲和儿童的健康权利,是世界各国共同关心的社会问题。"儿童优先"、"母亲安全"已成为国际社会的共识。新中国成立以来,在党和政府的关怀下,我国妇幼保健事业得到了较快的发展。在全国城乡形成了比较健全的三级妇幼卫生保健网,培养了一批思想素质好、技术水平高的专业队伍,建立了一整套管理方法、必要的规章、服务规范、技术标准和工作程序,开展了大量的妇女、儿童保健服务,使我国妇女儿童的健康水平得到了普遍提高。但是,我国地域辽阔,发展水平很不平衡,在边远贫困地区妇女儿童的健康水平还有较大差距,孕产妇死亡率、婴儿死亡率还很高。所以,必须以法律手段来保障母亲和婴儿的健康,使母亲和婴儿获得高效、优质的保健服务,促进我国母婴保健事业的发展。

人口素质直接关系到民族的盛衰和国家的兴亡。提高人口素质是涉及经济、科技、教育、文化、卫生、体育诸多领域的庞大社会系统工程。国家在母婴保健方面做了大量科研、服务和宣传工作,并倡导性地推行了一些保健措施。由于母婴保健工作没有相应的法律保障,加之经济落后和某些错误观念的影响,目前我国劣生的现象仍很严重。先天性残疾、智力残疾在老、少、边、穷地区,尤为严重。如果大量痴呆和各种遗传性、先天性残疾儿出生,势必给国家带来更加沉重的经济负担,给千百万家庭造成不幸。因此,加强母婴保健,保证优生,减少劣生,提高出生人口质量是十分必要的。

为了保障母亲和婴儿健康,提高出生人口素质,我国已制定了一系列有关优生保健方面的法律、法规。例如《婚姻法》《妇女权益保障法》《婚姻登记管理条例》《妇幼卫生工作条例》《婚姻保健工作常规》等法律法规中均规定了保护妇女儿童的专门条款。1991年,我国政府签署了《儿童生存、保护和发展世界宣言》和《执行九十年代儿童生存、保护和发展世界宣言行动计划》,并向国际社会作出了"对儿童的权利,对他们的生存及对他们的保护和发展给予高度优先"的庄严承诺。1993年,东亚及太平洋地区各国通过《马尼拉共同声明》,规定了90年代儿童发展目标,我国政府对此也作出了承诺。1994年10月27日,第八届全国人民代表大会常务委员会第十次会议通过了《中华人民共和国母婴保健法》(以下简称《母婴保健法》),自1995年6月1日起施行。2001年国务院公布了《母婴保健法实施办法》。这是宪法对人民的健康和对妇女、儿童保护原则规定的具体化。《母婴保健法》的颁布,充分显示了党和政府对我国妇女儿童健康的关怀和重视,有利于改善农村和边远贫困地区妇女儿童的健康状况,对于发展我国妇幼卫生事业,保障妇女儿童健康,提高人口素质,促进家庭幸福、民族兴旺和社会进步,都具有十分重要的意义。

二、工作方针

母婴保健工作以保健为中心,以保障生殖健康为目的,实行保健和临床相结合,面向群众、面向基层和预防为主的工作方针。

新时期卫生工作和母婴保健工作必须牢牢把握以保健为中心、以保障生殖健康为目的,坚持面向群体、面向基层的工作方针。按照妇幼卫生的公共卫生管理职能和妇幼保健机构的公共卫生服务的定位,积极开展妇幼卫生管理和服务的改革创新。当前,尤其要认真解决好妇幼保健机构管理体制和内部运行机制问题。不管体制和机制怎样改变,但公共卫生服务机构的性质不能变,必须坚持得到国家全额拨款和对保健工作经费投入随经济发展逐年增加的政策。妇幼保健机构要找准位置,正确处理城乡统筹协调、社会效益与经济效益、临床与保健的关系,发挥好妇幼保健的培训、指导和服务中心的功能作用。在坚持做好农村基层孕产妇和儿童保健系统管理的基础工作、高危孕产妇和体弱儿童筛查监护的重点工作、降低孕产妇和儿童死亡率的中心工作的同时,扬长避短,充分发挥自身优势,找准保健与临床的结合点,依托政府,面向市场,主动适应市场,拓展保健服务领域。扩大服务项目,提高服务质量,打造保健特色品牌。同时要继续加大国家对西部妇幼卫生的开发支持,尤其对基层保健工作在人员培养、设备等方面给予项目支持。以项目有重点地帮助解决贫困地区开展孕产妇和儿童保健服务、危急抢救等工作的基础设备、交通工具等问题,努力促进贫困地区提高保健服务能力,降低孕产妇和儿童死亡率。

《母婴保健法》规定,国家发展母婴保健事业,提供必要的条件和帮助,使母亲和婴儿获得医疗保健服务,国家对边远贫困地区的母婴保健事业给予扶持。各级人民政府领导母婴保健工作,采取措施,坚持对母婴保健工作的领导和管理,主要包括:

1. 将母婴保健事业纳入本级国民经济和社会发展计划,制定本地区母婴保健工作发展计划,并为规划目标的实现提供政策保障。

2. 为母婴保健事业的发展提供必要的经济、技术和物质条件,对少数民族地区、贫困地区的母婴保健事业给予特殊支持。

3. 组织、协调各级财政、公安、民政、教育、劳动和社会保障、人口与计划生育等部门在各自职责范围内,配合卫生行政部门做好母婴保健工作。

4. 根据本地区实际情况,设立母婴保健事业发展专项资金。

三、保健技术服务

公民享有母婴保健的知情选择权,国家保障公民获得适宜的母婴保健服务的权利。母婴保健技术服务主要包括以下事项:

1. 有关母婴保健的科普宣传、教育和咨询。
2. 婚前医学检查。
3. 产前诊断和遗传病诊断。

4. 助产技术。
5. 实施医学上需要的节育手术。
6. 新生儿疾病筛选。
7. 有关生育、节育、不育的其他生殖保健服务。

第二节　婚前保健和孕产期保健

一、婚前保健服务

婚前保健服务，是指对准备结婚的男女双方，在结婚登记前所进行的婚前医学检查、婚前卫生指导和婚前卫生咨询服务。其中婚前卫生指导，是指关于性卫生知识、生育知识和遗传病知识的教育；婚前卫生咨询，指对有关婚配、生育保健等问题提供医学意见；婚前医学检查，指对准备结婚的男女双方可能影响结婚和生育的疾病进行医学检查。我国《母婴保健法》第七条所称婚前卫生指导，包括下列事项：

1. 有关性卫生的保健和教育。
2. 新婚避孕知识及计划生育指导。
3. 受孕前的准备、环境和疾病对后代影响等孕前保健知识。
4. 遗传病的基本知识。
5. 影响婚育的有关疾病的基本知识。
6. 其他生殖健康知识。

根据《母婴保健法》及其实施办法的规定，医疗保健机构应当为公民提供婚前保健服务，对准备结婚的男女双方提供与结婚和生育有关的生殖健康知识，并根据需要提出医学指导意见。

二、婚前医学检查

1. 婚前医学检查　婚前医学检查疾病的范围是：严重遗传性疾病；指定传染病；有关精神病。

（1）严重遗传性疾病：指由于遗传因素先天形成，患者全部或者部分丧失自主生活能力，而且后代再现风险高，医学上认为不宜生育的疾病。

（2）指定传染病：指《中华人民共和国传染病防治法》中规定的艾滋病、淋病、梅毒、麻风病以及医学上认为影响结婚和生育的其他传染病在传染期内的。

（3）有关精神病：指精神分裂症、躁狂抑郁型精神病以及其他重型精神病。

婚检医师应针对医学检查结果发现的异常情况以及服务对象提出的具体问题进行解答、交换意见、提供信息，帮助受检对象在知情的基础上作出适宜的决定。医师在提出"不宜结婚"、"不宜生育"和"暂缓结婚"等医学意见时，应充分尊重服务对象的意愿，耐心、细致地讲明科学道理，对可能产生的后果给予重点解释，并由受检双方在体检表上签署知情意见。

2. 出具《婚前医学检查证明》　婚前医学检查单位应向接受婚前医学检查的当事人出具《婚前医学检查证明》，并在"医学意见"栏内注明：

（1）双方为直系血亲、三代以内旁系血亲关系，以及医学上认为不宜结婚的疾病，如发现一方或双方患有重度、极重度智力低下,不具有婚姻意识能力;重型精神病,在病情发作期有攻击危害行为的等等,注明"建议不宜结婚"。

(2)发现医学上认为不宜生育的严重遗传性疾病或其他重要脏器疾病,以及医学上认为不宜生育的疾病的,注明"建议不宜生育"。

(3)发现指定传染病在传染期内、有关精神病在发病期内或其他医学上认为应暂缓结婚的疾病时,注明"建议暂缓结婚";对于婚检发现的可能会终生传染的不在发病期的传染病患者或病原体携带者,在出具婚前检查医学意见时,应向受检者说明情况,提出预防、治疗及采取其他医学措施的意见。若受检者坚持结婚,应充分尊重受检双方的意愿,注明"建议采取医学措施,尊重受检者意愿"。

(4)未发现前款第(1)、(2)、(3)类情况,为婚检时法定允许结婚的情形,注明"未发现医学上不宜结婚的情形"。

在出具任何一种医学意见时,婚检医师应当向当事人说明情况,并进行指导。同时规定男女双方对婚前医学检查、遗传病诊断有异议的,可以提出医学技术鉴定。

母婴保健医学技术鉴定是指母婴保健医学技术鉴定组织,依法受理接受母婴保健服务的公民的申请,对婚前医学检查、遗传病诊断和产前诊断有异议,所进行的医学技术鉴定。母婴保健医学技术鉴定组织为母婴保健医学技术鉴定委员会,分为省、市、县三级,由具有较丰富临床实践经验和相关的学科理论知识及良好医德医风的人员组成。委员会成员须由卫生行政部门提名、同级人民政府聘任。

三、孕产期保健服务内容、医学指导和意见

孕产期保健服务是指孕前、孕时、产时、产后的保健和指导,通过一系列保健服务不仅保护母亲的健康,同时保护孩子的健康。具体内容有:

1. 母婴保健指导 对孕育健康后代以及严重遗传性疾病和碘缺乏病等地方病的发病原因、治疗和预防方法提供医学意见。

2. 孕妇、产妇保健 为孕妇、产妇提供卫生营养、心理等方面的咨询和指导以及产前定期检查等医疗保健服务。

3. 胎儿保健 为胎儿生长发育进行监护,提供咨询和医学指导。

4. 新生儿保健 为新生儿生长发育、哺乳和护理提供医疗保健服务。

我国有些省份的地方行政法规规定,医疗保健机构进行产前诊断时,对有下列情形之一的应当给予医学指导:

(1)出生过某种遗传病患儿或者夫妻一方为某种遗传病患者的。

(2)夫妻一方为染色体异常的。

(3)早孕阶段曾服用致畸药物或者有病毒感染史等致畸因素的。

(4)原因不明多次流产、死胎、死产的。

(5)医学上认为其他需要指导的情况。

医疗保健机构在产前检查中对患严重疾病或者接触致畸物质,妊娠可能危及孕妇生命安全或者可能严重影响孕妇健康和胎儿正常发育的,应当予以医学指导;医师发现或者怀疑患严重遗传性疾病的育龄夫妇,应当提出医学意见;育龄夫妇应当根据医师的医学意见采取相应的措施。医师发现或者怀疑胎儿异常的,应当对孕妇进行产前诊断。诊断时发现有下列情形之一的,医师应当向孕妇及家属说明情况,并提出终止妊娠的医学意见:胎儿患有严

重遗传性疾病的；胎儿有严重缺陷的；因患严重疾病，继续妊娠可能危及孕妇生命安全或者严重危害孕妇健康的。

《母婴保健法》还规定实施终止妊娠或者结扎手术，要采取自愿原则。医师进行手术时，要征求本人同意，并签署意见；本人无行为能力的，应征得监护人的同意，并签署意见。

孕产期保健还包括为婴幼儿提供保健服务，如为新生儿开展疾病筛查、对婴幼儿进行体格检查、预防接种、多发病和常发病的防治、心理行为指导、眼保健和牙保健等。

第三节　保健机构及保健工作管理的法律规定

一、医疗保健机构的法律规定

医疗保健机构是指各级妇幼保健院以及经卫生行政部门批准并登记注册的医疗机构。《母婴保健法》规定，省级人民政府卫生行政部门指定的母婴保健机构，即各省、自治区、直辖市妇幼保健院，负责本行政区域内的母婴保健监测和技术指导。医疗保健机构要按照国务院卫生行政管理部门制定的《妇幼卫生机构分级分类标准》和《妇幼卫生服务规范》，负责其职责范围内的母婴保健工作。建立母婴保健工作规范，提高医学技术水平，采取各种措施方便人民群众。开展婚前医学检查、遗传病诊断、产前诊断以及实行结扎手术和终止妊娠手术的，在设备、人员和技术方面必须符合国务院卫生行政管理部门的要求，并经县级以上卫生行政部门许可后方可进行。为了防止性别歧视，保护妇女的利益，严禁采用技术手段对胎儿进行性别鉴定，但医学上确有需要的，如某些遗传性疾病只与性别有关，必须进行胎儿性别鉴定，避免遗传性疾病引起的严重缺陷儿时，允许对胎儿性别进行鉴定。

《母婴保健法》还规定，从事遗传病诊断、产前诊断的人员，必须经过省、自治区、直辖市人民政府卫生行政部门的考核，并取得相应的合格证书；从事婚前医学检查、实行结扎手术和妊娠手术的人员以及从事家庭接生的人员，必须经过县级以上地方人民政府卫生行政部门的考核，并取得相应的合格证书。上述人员取得合格证书后方可从事工作，以保证保健对象的健康权益。

婚前保健和孕产期保健等母婴保健工作可能涉及保健对象的个人隐私，为保护保健对象的个人及家庭利益，从事母婴保健工作的人员应当严格遵守职业道德，为当事人保密。

二、母婴保健工作管理的法律规定

（一）政府领导母婴保健工作

《母婴保健法》规定，国家发展母婴保健事业，提供必要条件和物质帮助，使母亲和儿童获得医疗保健服务。各级人民政府领导母婴保健工作，母婴保健事业应当纳入国民经济和社会发展计划。各级人民政府必须采取措施，加强对母婴保健工作的领导和管理，包括：

1. 投入人力和物力，进一步完善母婴保健三级网络，为母婴保健机构提供必需的医疗设施和交通工具，提供配套资金；积极发展母婴保健领域的教育和科学研究，培养一支思想素质好、技术水平高的专业队伍，以确保广大的母亲和婴儿获得优质的保健服务。

2. 采取措施，创造良好的生存环境，采取积极措施治理污染，保护环境，重点防治由环境因素所致的严重危害孕妇、胎儿、新生儿健康的地方性高发性疾病。

3. 认真执行母婴保健工作的许可制度，确保工作质量。政府有关部门在各自的职责范围内要配合卫生行政部门做好母婴保健工作,促进母婴保健事业的发展。

(二)母婴保健工作管理机构及其职责

1. 国务院卫生行政部门及其职责　中华人民共和国国务院卫生行政管理部门主管全国母婴保健工作,并对母婴保健工作实施监督管理。其主要职责是:执行《母婴保健法》及其实施办法;制定《母婴保健法》配套规章及技术规范,并负责解释;按照分级分类指导原则制定全国母婴保健工作发展规划和实施步骤;组织推广母婴保健适宜技术并进行评价;对母婴保健工作进行监督管理。

2. 县级以上卫生行政部门及其职责　县级以上地方人民政府卫生行政部门管理本行政区域内的母婴保健工作,并实施监督。其主要职责是:按照国务院卫生行政部门规定的条件和技术标准,对婚前医学检查、遗传病诊断、产前诊断及结扎手术和终止妊娠手术单位进行审批和注册;对从事婚前医学检查、遗传病诊断、产前诊断、结扎手术和终止妊娠手术的人员以及从事家庭接生的人员进行考核,并颁发相应的证书;对《母婴保健法》及其实施办法的执行情况进行监督检查;依照《母婴保健法》及其实施办法进行行政处罚。

3. 母婴保健监督员职责　县级以上地方人民政府卫生行政部门根据需要可以设立母婴保健监督员。母婴保健监督员从卫生行政部门和妇幼保健院中聘任,由省级卫生行政部门审核,同级卫生行政部门发证。其主要职责是:监督检查《母婴保健法》及其实施办法的执行情况;对违反《母婴保健法》及其实施办法的单位和个人提出处罚意见;提出改进母婴保健工作的建议;完成卫生行政部门交给的其他监督检查任务。

(三)法律责任

1. 行政责任

(1)未取得国家颁发的有关合格证书,包括未按照《母婴保健法》取得县级以上卫生行政部门许可的医疗保健机构和非医疗保健机构,未按照《母婴保健法》规定经考核取得合格证书的医疗保健人员和非医疗保健人员,有下列行为之一的:从事婚前医学检查、遗传病诊断或者医学技术鉴定的;实施终止妊娠手术的;出具法律规定的有关医学证明的,县级以上地方人民政府卫生行政部门首先应当予以制止,其次可以根据情节给予警告或者罚款的行政处罚,出具的有关婚前医学检查证明、医学技术鉴定证明、遗传病诊断、产前诊断以及医师的医学意见等证明应视为无效。

(2)经考核取得相应合格证书的从事母婴保健的工作人员违反规定,出具有关虚假医学证明或者进行胎儿性别鉴定的,按干部人事管理权限由所在的医疗保健机构或所属的卫生行政部门根据情节给予行政处分;情节严重的,依法取消执业资格。

2. 民事责任　母婴保健工作人员在诊疗护理过程中,因诊疗护理过失,造成病员死亡、残废、组织器官损伤导致功能障碍的,应根据医疗事故处理条例的有关规定,承担相应的民事责任。

3. 刑事责任

(1)取得相应合格证书的从事母婴保健的工作人员由于严重不负责任,造成就诊人死亡或者严重损害就诊人身体健康的,依照《刑法》第335条医疗事故罪追究刑事责任。

(2)未取得国家颁发的有关合格证书,包括取得合法行医资格而未取得《母婴保健法》规定的合格证书者和非法行医者,施行终止妊娠手术或者采取其他方法终止妊娠,致人死亡、残疾、丧失或者基本丧失劳动能力的,依照《刑法》的有关规定追究刑事责任。

1. 婚前保健服务内容有哪些?
2. 简述母婴保健法的立法意义。
3. 简述医疗保健机构的法律规定。

拓 展 阅 读

食物金字塔

食物金字塔（Food Pyramid）是一个人为制造出的像金字塔形状的为应对人生理特征而做成的一个黄金三角。美国农业部（USDA）在1992年正式发布《食物金字塔指南》，目的是指导美国公民正确地选择饮食，以保持健康的身体和减少患慢性病的危险。

美国农业部（USDA）在1992年正式发布《食物金字塔指南》，以保持健康的身体和减少患慢性病的危险。指南中的建议很快家喻户晓：人们应该尽量减少脂肪和油的摄入量；每天应吃6～11份含有丰富碳水化合物的食物，如面包、谷类、大米、面食等；饮食金字塔还建议多吃蔬菜（包括土豆，土豆也是一种含有丰富碳水化合物的食物）、水果和乳制品；每天至少吃2份肉类和豆类食物，如家禽、鱼类、坚果、豆科植物、鸡蛋与红肉类（牛肉、羊肉、猪肉等）食品。

按照林德曼10%定律，任何一个营养级的生物所吸收的能量最多是上一营养级的10%，所以在一条食物链中，假设第一营养级的能量为100%，那么第二营养级的能量就是10%，第三营养级就是1%，以此类推，所以它就像一个▲一样，处在最下面的表示第一营养级的生物，也就是我们所说的绿色植物，处在最上面的就是这条食物链中处在最高营养级的生物，比如说老鹰之类的大型肉食动物。

在这里，油脂类属于金字塔的最顶端，每天不超过25 g。而第二层，是奶制品、豆制品以及鱼禽肉蛋。其中，奶制品每天需要100 g，豆制品每天需要50 g，鱼禽肉蛋每天要吃125～200 g。在金字塔的第三层，我们所需要的就是水果类和蔬菜类。在这里，蔬菜类每天要400～500 g而水果类每天则要100～200 g。最后，这个五谷类，属于金字塔第四层，也是最底部，每天要300～500 g，是我们最不可缺少的。

美国农业部的食物金字塔在过去的十几年里，一直是营养学的象征，但直到1968年才对那些坚持该饮食指南的人的健康情况进行了评估。该指南确实对人体健康有某些好处，特别是它提倡多吃水果和蔬菜；降低脂肪总摄取量以减少对有害饱和脂肪酸和不饱和脂肪酸的摄取量。然而，该指南可能减少了有益于健康的不饱和脂肪酸的摄入量，而增加了精制淀粉的摄入量，因此，该指南需进一步完善。

（李　强）

第十三章 人口与计划生育法律制度

第一节 人口与计划生育法概述

一、人口发展规划的制定与实施

人口与计划生育法律制度,是调整人口与经济、社会、资源、环境的协调发展,保障公民计划生育的合法权益,促进家庭幸福、民族繁荣与社会进步活动中产生的各种社会关系的法律规范的总称。

我国是世界上人口最多的国家,人均占有资源相对不足,它严重制约着我国经济和社会发展进程。解决好人口问题,直接关系到人民生活改善,全民素质提高和中华民族的复兴。因此,我国把实行计划生育,控制人口增长,提高人口素质确定为一项基本国策。

1962年12月18日,中共中央、国务院发出《关于认真提倡计划生育的指示》号召计划生育,提倡使用避孕药具。1978年,我国第一次在《中华人民共和国宪法》中规定国家提倡和推行计划生育,从而确立了计划生育工作在中国经济和社会发展全局中的重要地位。1982年五届全国人大五次会议通过的《中华人民共和国宪法》,进一步增加了关于计划生育的条款和内容。《宪法》第二十五条规定:"国家推行计划生育,使人口的增长同经济和社会发展计划相适应。"明确指出:实行计划生育的目的是为了使人口增长与经济社会发展相适应。《宪法》中的这一规定确定了计划生育在经济和社会发展中的地位,保障了计划生育基本国策的有效推行。《宪法》第四十九条规定:"夫妻双方有实行计划生育的义务。"充分强调了夫妻在实行计划生育上承担的共同责任。《宪法》第八十九条和第一百零七条还规定了国务院和县级以上人民政府在计划生育方面的职责。

我国其他法律中也有许多关于人口与计划生育的规定。如《婚姻法》第十六条规定:夫妻双方都有实行计划生育的义务。1992年颁布的《妇女权益保障法》第四十七条规定:妇女有按照国家有关规定生育子女的权利,也有不生育的自由。

我国各地还颁布了许多地方性法规,进一步详细地阐明了人口与计划生育规定。2001年12月29日第九届全国人民代表大会常务委员会第二十五次会议通过了《中华人民共和国人口与计划生育法》(2002年9月1日施行)。规定了人口发展规划的制定与实施,生育调节,奖励与社会保障,计划生育技术服务等方面的问题。标志着我国人口与计划生育法制建设进入了一个新阶段,为进一步做好人口与计划生育工作,为计划生育事业长期稳定、健康发展提供了重要保证。

(一) 人口发展规划的制定

人口发展规划是我国国民经济和社会经济发展计划的重要组成部分,也是贯彻计划生育基本国策和控制人口增长、提高人口素质的重要手段。

国务院编制人口发展规划,并将其纳入国民经济和社会发展计划中。县以上人民政府负有制定人口发展规划的责任,根据全国人口发展规划以及上一级人民政府人口发展规划,结合当地实际情况编制本行政区域的人口发展规划,并将其纳入国民经济和社会发展计划中。

(二) 人口发展规划的实施

人口与计划生育实施方案是指为保证人口与计划生育法律、法规和人口发展规划在本行政区域内得到实施而制定的工作计划、目标、任务、措施、要求和方法的总称。人口与计划生育实施方案应当包括控制人口数量,加强母婴保健,提高人口素质等方面的措施。

县级以上各级人民政府根据人口发展规划,制定人口与计划生育实施方案并组织实施。县级以上各级人民政府计划生育行政部门负责实施人口与计划生育实施方案的日常工作。乡、民族乡、镇的人民政府和城市街道办事处负责本管辖区域内的人口与计划生育工作,贯彻落实人口与计划生育实施方案。村民委员会、居民委员会应当依法做好计划生育工作。机关、部队、社会团体、企事业组织应当做好本单位的计划生育工作。计划生育、教育、科技、文化、卫生、民政、新闻出版、广播电视等部门应当组织开展人口与计划生育宣传教育。国家根据国民经济和社会发展状况逐步提高人口与计划生育经费投入的总体水平,各级人民政府应当保障人口与计划生育工作的必要经费,以确保人口与计划生育发展规划方案的实施。

二、计划生育与生殖健康

生殖健康是20世纪90年代国际上提出的新概念,是指在生命各阶段,生殖系统及其功能和生殖过程中的体质、精神和社会适应的完好状态,而不仅仅是没有疾病或不适。生殖健康是一个含义深刻、涉及面很广的概念,它体现了以人为本、以妇女为中心的全新理念。它突破了传统的生物医学的范畴,其内涵扩展到了更为深层的心理和社会领域。生殖健康概念的出现,是广大群众,特别是育龄人群对生殖保健的需求日益增长的结果,是新形势下计划生育工作的延伸和发展。它对计划生育工作提出了更高的要求,同时为计划生育工作的进一步发展开拓了更为广阔的前景。但计划生育并不等于生殖健康,两者既有联系也有区别。

1. 计划生育是生殖健康的主要组成部分　生殖健康的四要素是计划生育、母亲健康、婴幼儿健康和性健康。计划生育项目的目的是使夫妇和个人能自由地和负责任地决定他们的生育时间、生育间隔和孩子数目,达到此目的的前提是获得安全、有效、可负担得起、可接受的生育调节方法,包括不得已的情况下所采用的安全的人工流产方法。如果不能获得并使用安全、有效的避孕方法,无法自主地控制生育,很难保证安全地怀孕、分娩及生育健康的婴儿。提高妇女自主控制生育的能力,使之从无计划的生育中解放出来,就能更好享受教育的权利,更好地享受其他的生殖权利。20世纪80年代以来,出于性病、艾滋病的肆虐和流行使避孕套的使用重新受到青睐,为满意、安全而且负责的性生活提供了有力的保障。因此,不仅计划生育本身是生殖健康的内容之一,而且计划生育的开展也大力地促进了生殖健康其他方面的发展,包括母亲健康、婴儿健康和性健康。因此,在生殖健康诸要素中,计划生育占有重要地位。在人口增长速度过快,生育率高的地区,计划生育更是生殖健康的中心。在广大的发展中国家,包括中国在内强调这一点尤为重要。

2. 生殖健康是计划生育的重要目标之一　计划生育的目的是为了控制人口数量,提高人口质量,促进人口与经济、社会、资源、环境的协调发展。人口质量主要包括人口的身体素质及文化素质。人口的身体素质即人群的健康状况,生殖健康是人群健康状况的重要方面。由此可见,生殖健康是国家和社区实行计划生育的重要目标之一。计划生育在国外称为家庭计划。因为从家庭角度来看,计划生育的目的是使家庭规模按意愿及计划发展,促进家庭健康,增进家庭幸福。因此生殖健康也是家庭计划的一个重要目标。总之,无论从国家的大社会看或从家庭的小社会看,生殖健康无疑是计划生育的重要目标之一。

3. 计划生育和生殖健康相互促进、互相制约　众所周知,婴儿死亡率高的地区不易接受计划生育。生殖道感染可妨碍宫内节育器和杀精剂的使用。生殖道肿瘤可妨碍宫内节育器和避孕药的使用。反之,不安全的计划生育可损害母婴健康及夫妇满意的性生活。人工流产后遗症（感染、穿孔、出血可能导致下一次的不良妊娠结局：流产、死胎、低出生体重等）,绝育术后的感染可导致性功能障碍。因此,计划生育和生殖健康密不可分,它们相互促进,相互制约。

第二节　我国计划生育的法律规定

一、生育调节

（一）生育权利和义务

1. 生育权利　我国《人口与计划生育法》关于生育权利的规定主要有以下几个方面：公民有生育的权利；男女在实行计划生育上享有平等的权利；夫妻双方在实行计划生育中负有共同的责任；获得计划生育信息、手段和教育,知情选择的权力；健康与安全保障的权利；公民的生育权益受法律保护。

2. 生育义务　生育方面的义务主要有：公民有依法实行计划生育的义务；育龄夫妻应当落实计划生育避孕节育措施,接受计划生育技术服务指导；公民有协助人民政府开展人口与计划生育工作的义务。

（二）现行的计划生育的政策

我国《人口与计划生育法》规定："国家稳定现行生育的政策,鼓励公民晚婚、晚育,提倡一对夫妻生育一个子女；符合法律、法规规定条件的可以要求安排生育第二个子女。具体办法由省、自治区、直辖市人民代表大会或者常务委员会规定。""少数民族也要实行计划生育,具体办法由省、自治区、直辖市人民代表大会或者其常务委员会规定。"

（三）计划生育措施与保障

我国实行计划生育,以避孕为主。国家创造条件,保障公民知情选择安全、有效、适宜的避孕节育措施。实施避孕节育手术,应当保证受术者的安全。

育龄夫妻应当自觉落实计划生育避孕节育措施,接受计划生育技术服务指导。实行计划生育的育龄夫妻免费享受国家规定的基本项目的计划生育技术服务。所需经费按照国家有关规定列入财政预算或者由社会保险予以保障。

禁止歧视、虐待生育女婴的妇女和不育的妇女。禁止歧视、虐待、遗弃女婴。

二、优生优育

一般认为,"出生素质"是"生命素质"的基础,"生育质量"是"人口质量"的基础。先天遗传的素质是奠基性的,后天养育的素质往往有其生物学的极限。

优生学自19世纪末英国遗传学家弗兰西斯·高尔顿创立以来,走过了一条曲折的道路。我国新中国成立以来,优生学也一直没有得到足够的重视甚至受到贬抑。我国著名社会学家潘光旦先生在抗战时期编译的名著《优生原理》阐明了优生学的基本观点,介绍了当时国际上的重要研究成果以及如何提高人类素质的一些优生学方法。在"优生"问题上,一个共知的问题是:遗传和环境、先天与后天、性与养从"优生学"创立之初起就开始纠缠在一起,难分难解。对此问题的争论种种。潘光旦认为:我们论人才,原有两个很分得开的方面,一是方向,即才智走的是哪条出路;二是造诣,即才智的成功能到达什么程度。前者的决定大半由于环境,而后者的决定则大半由于遗传。

对人类的优生起重大作用的一条途径是生育选择。然而,我国人口政策从一开始在很大程度上就表现出了这样的特点:在人口数量的控制上做得很严,而提高人口素质的措施却较少认真得到落实。正因为如此,我国的计划生育工作重点正在逐步由控制人口数量向提高人口素质转变。这一转变,具有极其重大的现实意义:

1. 人口素质的提高是经济发展的根本保证　人是生产中首要的能动要素,人口素质的高低,特别是科学文化素质状况,直接决定和影响着生产力的发展水平和发展速度。当今社会竞争日益激烈,可以肯定地说,谁拥有高素质的劳动者,谁就可以提高劳动生产率和资本生产率,可以在全球范围内吸收和组合各种生产要素以弥补本国资源的不足。特别是信息技术高度发达的今天,人类越来越依靠脑力而非体力来创造新的财富,人口能不能变为庞大的经济资源,并不在于总体数量的大小,而在于其中有多少高素质的头脑,劳动者只有具备较高的科学文化水平、丰富的生产经验、先进的劳动技能,才能在现代化的生产中发挥作用。所以在国内、国际竞争日趋激烈的今天,全面提高我国人口素质已直接地表现为一种强烈的时代要求和现实呼唤。

2. 全面提高人口素质是实现我国社会现代化和全面小康社会的需要　全面提高人口素质,是实现全面小康的基本任务之一,也是实现社会和人的全面自由发展的重要一环。没有社会的进步,就没有人的发展;同样没有人的发展,也就没有社会的进步。我国正处于社会主义初级阶段,社会主义的本质决定了社会主义要以人的全面发展为价值目标。实现全面小康社会的奋斗目标,更是明确了提高国民素质和实现人的全面发展的重要性。因此无可否认,全面提高我国人口素质,正是实现全面小康社会的基本要求。

3. 全面提高人口素质是控制人口数量的需要　人口素质提高了,人们会更加重视对下一代综合素质的培养,淡化对人口数量的追求。事实证明越是高素质人口生育率越低,越是低素质人口生育率越高,因而我国的计划生育政策应从单纯的数量控制转向数量控制与素质提高并举并逐步以提高人口素质为重点。这是我国国情的需要,也是社会发展的需要。

三、奖励与社会保障

(一)国家建立奖励与社会保障制度

国家对实行计划生育的夫妻,按照规定给予奖励。

国家建立、健全基本养老保险、基本医疗保险、生育保险和社会福利等社会保障制度,促进计划生育。

国家鼓励保险公司举办有利于计划生育的保险项目。有条件的地方可以根据政府引导、农民自愿的原则,在农村实行多种形式的养老保障办法。

公民晚婚晚育,可以获得延长婚假、生育假的奖励或者其他福利待遇。

（二）独生子女奖励制度

自愿终身只生育一个子女的夫妻，国家发给《独生子女父母光荣证》。获得《独生子女父母光荣证》夫妻，按照国家和省、自治区、直辖市有关规定享受独生子女父母奖励。

法律、法规或者规章规定给予终身只生育一个子女的夫妻奖励的措施中由其所在单位落实的，有关单位应当执行。

独生子女发生意外伤残、死亡，其父母不再生育和收养子女的，地方人民政府应当给予必要的帮助。

（三）政府支持

地方各级人民政府对农村实行计划生育的家庭发展经济，给予资金、技术、培训等方面的支持、优惠；对实行计划生育的贫困家庭，在扶贫贷款、以工代赈、扶贫项目和社会救济等方面给予优先照顾。

以上规定的奖励措施，省、自治区、直辖市和较大的市的人民代表大会及其常务委员会或者人民政府可以依据有关法律、行政法规的规定，结合当地实际情况，制定具体实施办法。

第三节 计划生育技术服务

一、计划生育技术服务的原则

计划生育技术服务，是指计划生育技术指导、咨询以及与计划生育有关的临床医疗服务。加强计划生育技术服务工作，对控制人口，实现计划生育目标，提高人口素质，保障公民的生殖健康权利，保护妇女的身心健康，都具有十分重要的意义。

计划生育技术服务实行国家指导与个人自愿相结合的原则。为此，公民享有避孕方法的知情选择权，国家保障公民获得适宜的计划生育技术服务的权利；国家向农村实行计划生育的育龄夫妻免费提供避孕、节育技术服务，所需经费由地方财政予以保障，中央财政对西部困难地区给予适当补助；计划生育技术服务网络纳入区域卫生规划；国家依靠科技进步提高计划生育技术服务质量，鼓励研究、开发、引进和推广计划生育的新技术、新药具。

二、计划生育技术服务内容

计划生育技术服务机构和从事计划生育技术服务的医疗、保健机构应当在各自的职责范围内，针对育龄人群开展人口与计划生育基础知识宣传教育，对已婚育龄妇女开展孕情检查、随访服务工作，承担计划生育、生殖保健的咨询、指导和技术服务。

计划生育技术服务人员应当指导实行计划生育的公民选择安全、有效、适宜的避孕措施。对已生育子女的夫妻，提倡选择长效避孕措施。国家鼓励计划生育新技术、新药具的研究、应用和推广。

严禁利用超声技术和其他技术手段进行非医学需要的胎儿性别鉴定；严禁非医学需要的选择性别的人工终止妊娠。

三、计划生育技术服务机构和人员

（一）计划生育技术服务机构

从事计划生育技术服务的机构包括计划生育技术服务机构和从事计划生育技术服务的医疗、保健机构。设立计划生育技术服务机构，由设区的市级以上地方人民政府计划生育行政部门批准,发给《计划生育技术服务机构执业许可证》,并注明开展服务的项目。从事计划生育技术服务的医疗、保健机构,由县级以上地方人民政府卫生行政部门审查批准,在其《医疗机构执业许可证》上注明开展服务的项目,并向同级计划生育行政部门通报。

乡、镇已有医疗机构的,不再新设立计划生育技术服务机构。但是,医疗机构内必须设有计划生育技术服务科(室),专门从事计划生育技术服务工作。乡、镇既有医疗机构,又有计划生育技术服务机构的,各自在批准的范围内开展计划生育技术服务工作。乡、镇没有医疗机构,需要设立计划生育技术服务机构的,依法从严审批。

计划生育技术服务机构从事产前诊断的,应当经省级人民政府计划生育行政部门同意后,由同级卫生行政部门审查批准,并报国务院有关部门备案;从事计划生育技术服务的机构使用辅助生殖技术治疗不育症的,由省级以上人民政府卫生行政部门审查批准,并向同级计划生育行政部门通报。

(二)计划生育技术服务人员

计划生育技术服务人员中从事与计划生育有关的临床服务人员,应当依法分别取得执业医师、执业助理医师、乡村医生或者护士的资格,并在依法设立的计划生育技术服务机构中执业。在计划生育技术服务机构中执业的执业医师、执业助理医师应当依法向所在地县级以上地方人民政府卫生行政部门申请注册。

1. 生殖健康的含义是什么?简述计划生育与生殖健康的关系。
2. 我国现行的计划生育政策有哪些内容?
3. 简述计划生育技术服务的内容。

拓 展 阅 读

比例原则

行政比例原则是行政法的重要原则,是指行政主体实施行政行为应兼顾行政目标的实现和保护相对人的权益,如果行政目标的实现可能对相对人的权益造成不利影响,则这种不利影响应被限制在尽可能小的范围和限度之内,二者有适当的比例。比例原则以维护和发展公民权为最终归宿,是行政法上控制自由裁量权行使的一项重要原则。当国家行使公权力而与基本权利发生冲突时,必须审查该公权力的行使是否为宪法所规定,国家权力对公民权利的侵害是否适度、合比例。

1. **历史** 比例原则的思想最早可追溯至英国大宪章的规定,人们不得因为轻罪而受重罚。19世纪,德国的警察法中首次出现比例原则观念,之后比例原则在理论与实践中均得到了极大的发展。德国行政法学者奥托·迈尔(Ottomayer)在1895年出版的《德国行政法》中,主张"警察权力不可违反比例原则"。1923年在同书第三版中认为,"超越必要性原则即违法的滥用职权行为"。20世纪初,德国另一位行政法学者弗莱纳(F·Fleiner)在《德国行政法体系》一书中用"不可用大炮打小鸟"的名言,比喻警察行使权力的限度。观念上倡行的结果是比例原则在法律上的体现。1931年的《普鲁士警察行政法》规定,警察处分必须具有必要性方属合法。同时该法第14条对必要性定义为:"若有多种方法足以维持公共安全或秩序,或有效地防御对公共安全或秩序有危害之危险,则警察机关得选择其中一种,唯警察机关应尽可能选择对关系人与一般大众造成损害最小方法为之。"此一立法例证,被德国各邦广泛采纳。在司法实践中,当时的高级行政法院将警察采取的措施是否超过为实现目的所需的必要限度作为审查内容之一。随着民主、法制的发展,比例原则后来超越了警察法领域,被德国联邦法院赋予宪法地位,但其核心内容仍是行政成本应与行政效果之间保持合理的比例关系。比例原则要求行政主体的行政活动,在合法的范围内,注意合理的比例和协调。

2. 概念　比例原则的概念有广狭之分。狭义比例原则是广义比例原则的一个下位概念。对于广义比例原则含义,在学说及其用语上,不同学者并不一致。通说认为比例原则包含适当性原则、必要性原则和狭义比例原则三个子原则。我们可以称之为"三分法"。

3. 原则

(1) 适当性原则:又称为妥当性原则、妥适性原则、适合性原则,是指所采行的措施必须能够实现行政目的或至少有助于行政目的达成并且是正确的手段。也就是说,在目的——手段的关系上,必须是适当的。这个原则是一个"目的导向"的要求。通说认为,即使只有部分有助于目的之达成,即不违反适当性原则。并且这个最低标准不是以客观结果为依据的,而是以措施作出时有权机关是否考虑到相关目的为准。在行政实践中,任何一个措施都"多多少少"会有助于达成目的,因此本原则实际很少起作用。

(2) 必要性原则:又称为最少侵害原则、最温和方式原则、不可替代性原则。其是指在前述"适当性"原则已获肯定后,在能达成法律目的诸方式中,应选择对人民权利最小侵害的方式。换言之,已经没有任何其他能给人民造成更小侵害而又能达成目的的措施来取代该项措施了。这里实际包含两层意思:其一,存在多个能够实现法律目的行为方式,否则必要性原则将没有适用的余地;其二是在能够实现法律目的诸方式中,选择对公民权利自由侵害最轻的一种。可见,必要性原则是从"法律后果"上来规范行政权力与其所采取的措施之间的比例关系的。

(3) 狭义比例原则:又称比例性原则、相称性原则、均衡原则,即行政权力所采取的措施与其所达到的目的之间必须合比例或相称。具体讲,要求行政主体执行职务时,面对多数可能选择之处置,应就方法与目的的关系权衡更有利者而为之。比例性原则是从"价值取向"上来规范行政权力与其所采取的措施之间的比例关系的。但其所要求的目的与手段之间关系的考量,仍需要根据具体个案来决定。也就是说,狭义的比例原则并非一种精确无误的法则。它仍是一个抽象而非具体的概念。当然,狭义的比例原则也不是毫无标准,至少有三项重要的因素需要考虑:"人性尊严不可侵犯"的基本准则;公益的重要性;手段的适合性程度。

(胡义钦)

第十四章 环境污染防治法律制度

第一节 环境污染防治概述

一、环境污染的概念

环境污染是指由于人类生产、生活等活动产生的某些物质直接或间接进入自然环境,导致自然环境的物理、化学和生物等特质的变化,从而引起环境质量下降,危害人体健康、影响环境的有效利用和破坏环境的现象。

当前,全球面临十分严重的环境污染问题,对人类健康造成的影响也越来越严重。如:空气污染、极地臭氧层空洞、海洋污染、水污染、化学污染、温室效应、危险废料的大量倾泻等。《世界资源报告1998—1999》指出,23%的全球疾病与环境污染因素有关。从1930至1968年间,曾发生了震惊世界的"八大公害"事件,给人类的生命健康造成了重大的损失。

二、环境污染防治法制建设

环境污染防治法是指国家为预防和治理环境污染和其他公害,对产生或者可能产生环境污染和其他公害的活动实施管理,以保护人类生活环境和生态环境,促进人体健康的法律规范的总称。

随着经济的发展,环境污染也越来越成为影响我国国民健康的重要因素。其中主要是大气污染、水污染、工业废料污染、噪声污染以及食品污染等。我国政府对环境污染问题给予了高度重视,将保护环境和治理环境污染列为我国的三大基本国策之一。我国1982年《宪法》对国家环境保护作了原则性规定,即:国家保护和改善生活环境和生态环境,防治污染和其他公害。根据《宪法》的规定和我国加入国际公约承诺的义务,为了保护和改善生活环境与生态环境,防治污染和其他社会公害,保障人体健康,1989年,我国颁布了《环境保护法》。在此前后还制定了《大气污染防治法》、《水污染防治法》、《环境噪声污染防治法》、《固体废物污染环境防治法》和《海洋环境保护法》等。

三、环境污染防治的主要原则和基本制度

（一）环境污染防治的主要原则

1. 环境保护与经济和社会发展相协调原则　国家制定的环境保护规划必须纳入国民经

济和社会发展计划,国家采取有利于环境保护的经济、技术政策和措施,使环境保护工作同经济建设和社会发展相协调。

2. 预防为主、防治结合原则　建设对环境有污染的项目,必须遵守国家有关建设项目环境保护管理的规定。产生环境污染和其他公害的单位,必须把环境保护工作纳入计划,建立环境保护责任制度,采取有效措施,防治对环境的污染和公害。

3. 谁污染、谁治理原则　排放污染物超过国家或者地方规定标准的,要负责治理;对造成环境严重污染的,要限期治理。开发利用自然资源,必须采取措施保护生态环境。

4. 全社会参与保护环境原则　一切单位和个人都有保护环境的义务,并有权对污染和破坏环境的单位和个人进行检举和控告。

(二) 环境污染防治的基本制度

1. 国家环境质量标准制度　国家制定国家环境质量标准,并根据国家环境质量标准和国家经济、技术条件,制定国家污染物排放标准。

2. 环境监测制度　国家建立监测制度、监测规范,组织监测网络,加强对环境监测的管理,定期发布环境状况公报。

3. 环境影响评价制度　建设项目的环境影响报告书,必须对建设项目产生的污染和对环境的影响做出评价,规定防治措施,经项目主管部门预审并依照规定的程序报环境行政主管部门批准。环境影响报告书经批准后,计划部门方可批准建设项目设计任务书。

4. 现场检查制度　县级以上人民政府环境保护行政主管部门或者其他依照法律规定行使环境监督管理权的部门,有权对管辖范围内的排污单位进行现场检查。被检查的单位应当如实反映情况,提供必要的资料。

5. "三同时"制度　建设项目中防治污染的设施,必须与主体工程同时设计、同时施工、同时投产使用。

6. 标准排污收费制度　排放污染物超过国家或者地方规定的污染物排放标准的企业事业单位,依照国家规定缴纳超标准排污费,并负责治理。

7. 排污申报登记制度　排放污染物的企事业单位,必须依照国务院环境保护行政主管部门的规定申报登记。

8. 限期治理制度　对造成环境严重污染的企业事业单位,限期治理。被限期治理的企业事业单位必须如期完成治理任务。

9. 环境污染与破坏事故的报告及处理制度　因发生事故或者其他突发性事件,造成或者可能造成污染事故的单位,必须立即采取措施处理,及时通报可能受到污染危害的单位和居民,并向当地环境保护行政主管部门和有关部门报告,接受调查处理。

第二节　我国环境污染防治的相关法律规定

一、大气污染防治法的相关规定

大气污染是指因自然现象或人为活动使某种物质进入大气而导致其化学、物理、生物或者放射性等方面的特性改变,使人们的生产、生活、工作、身体健康和精神状态以及财产等直接或间接遭受破坏或者受到恶劣影响的现象。大气污染是常见的公害之一,具有污染扩散速度快、范围大、持续时间较长的特点。

第十四章 环境污染防治法律制度

凡能引起大气污染的物质称为大气污染物。大气污染物种类繁多,常见的有100多种,其中危害较大的是二氧化硫、氮氧化物、碳氧化物和放射性物质等。我国空气污染以煤烟型为主。其主要污染物是二氧化硫和烟尘。我国大气污染的程度在1995年以前就相当于发达国家五、六十年代污染最严重时期的水平。目前,我国已成为世界上最大的二氧化硫排放国之一,致使我国出现大面积的酸雨,大气污染已成为阻碍我国经济和社会发展的一个重要环境问题。

(一)防治大气污染的监督管理原则和制度

1. 达标排放原则　这一原则不仅适用于所有向大气排放的污染物,而且还适用于总量控制区域、大气污染防治重点城市、特别保护区域、二氧化硫和酸雨控制区域的达标要求。不仅是对排污的限制,而且还扩大到环境质量和产品方面。"达标排放"的要求和适用范围具体包括:向大气排放污染物的浓度必须达标;大气环境质量必须达标;总量控制要达标;二氧化硫和酸雨控制区要达标;煤炭中的含硫分、含灰分要达标;锅炉产品质量要达标。

2. 征收排污费制度　国家实行按照向大气排放污染物的种类和数量征收排污费的制度,根据加强大气污染防治的要求和国家的经济、技术条件合理制定排污费的征收标准。

3. 主要大气污染物的排放总量控制制度和排污许可证制度　实行总量控制的对象,一是对尚未达到规定的大气环境质量标准的区域,二是对国务院批准划定的酸雨控制区、二氧化硫污染控制区。有大气污染物总量控制任务的企业事业单位的义务是:必须依照核定的主要大气污染物排放总量和许可证规定的排放条件排放污染物。

4. 划定大气污染防治重点城市制度　国务院按照城市总体规划、环境保护规划目标和城市大气环境状况,划定大气污染防治重点城市。应当列入大气污染防治重点城市的有直辖市、省会城市、沿海开放城市和重点旅游城市。大气污染防治重点城市的法定义务是:未达到大气环境质量标准的,应当按照规定的期限,达到大气环境质量标准。该城市应当制定限期达标规划,并可以根据国务院的授权或者规定,采取更加严格的措施,按期实现达标规划。

5. 划定酸雨控制区和二氧化硫控制区(简称"两控区")制度　所谓"两控区"是指国务院环境行政主管部门及有关部门根据气象、地形、土壤等自然条件,对已经产生、可能产生酸雨的地区或者其他二氧化硫污染严重的地区,划定为酸雨控制区或者二氧化硫污染控制区。根据《大气污染防治法》的规定,采取下列措施来防治酸雨和二氧化硫的污染:限制高硫煤的开采和使用。即新建的所采煤炭属于高硫份的煤矿,必须建设配套的煤炭洗选设施,使煤炭中的含硫份达到规定标准;推广清洁能源的生产和使用。大气污染防治重点城市的人民政府可在本辖区内划定禁止销售、使用高污染燃料的区域。该区域内的单位和个人应当在限期内停止燃用高污染燃料,改用其他清洁能源。大、中城市人民政府应当制定规划,对饮食服务企业限期使用天然气、液化石油气、电或其他清洁能源。对未划定为禁止使用高污染燃料区域的大、中城市市区内的其他民用炉灶,限期改用固硫型煤或者使用其他清洁能源;新建、扩建排放二氧化硫的大电厂和其他大中型企业,超过规定的污染物排放标准或者总量控制指标的,必须建设配套脱硫、除尘装置或者采用其他控制二氧化硫排放的措施;在"两控区"内属于已建企业超过规定的标准排放大气污染物的,应当限期治理等。

(二)防治大气污染的法律措施

1. 防治燃煤产生的大气污染的法律措施

(1)推行洁净煤:所谓"洁净煤"是指低硫分和低灰分的煤。依照国家规定的标准,煤炭中的含硫不得高于3%,含灰不得高于40%。国家主要采取以下措施推行洁净煤:限制开采高硫分、高灰分的煤;新建的煤矿属于高硫分、高灰分的,必须建设配套的洗选设施,使煤炭中的硫份和灰份达到规定的标准；对已建成的煤矿，属于高硫分、高灰分的应限期建成配套的煤炭洗选设施；禁止开采含放射性和砷等有毒有害物质超过标准的煤炭；规定大中城市人民政府应当作出规划，对市区民用炉灶限期使用固硫型煤或者其他清洁燃料，逐步替代直接燃用散煤。

（2）锅炉产品必须符合环境标准：锅炉制造部门的主管单位，应当根据《锅炉烟尘排放标准》，在锅炉产品中规定相应的烟尘排放要求，达不到标准的，则禁止制造、销售或者进口。

（3）发展集中供热：城市建设应当统筹规划，在燃烧供热地区，解决热源，发展集中供热。在集中供热管网覆盖地区，不得新建燃煤供热锅炉。

（4）加强对烟尘污染物质的存放管理：在人口集中地区存放煤炭、煤矸石、煤渣、煤灰、石灰，必须采取防燃、防尘措施。

2. 防治机动车船排放污染的法律措施　机动车船向大气排放污染物不得超过规定的排放标准；任何单位和个人不得制造、销售或者进口污染物排放超过标准的机动车船；国家鼓励和支持生产、使用优质燃料油，采取措施减少燃料油中有害物质对大气环境的污染。单位和个人应当按照国务院规定的期限，停止生产、进口、销售含铅汽油；省、自治区、直辖市人民政府环境行政主管部门可以委托已取得公安机关资质认定的单位，对机动车排污进行检测；县级以上地方人民政府环境行政主管部门可以在机动车停放地对机动车的污染物排放状况进行监督抽测。

3. 防治废气、烟尘和恶臭污染的法律措施

（1）防治废气污染：严格限制向大气排放含有毒物质的废气。确需排放的，必须经过净化处理，不得超过规定的排放标准；工业生产中产生的可燃性气体应当回收利用，不具备回收利用条件而向大气排放的，应当进行防治污染处理。

（2）防治烟尘和恶臭污染：向大气排放恶臭气体的，必须采取措施防止周围居民区受到污染；在人口集中地区和其他依法需要特殊保护的区域内，禁止焚烧沥青、油毡、橡胶、塑料、皮革、垃圾以及其他产生有毒有害烟尘和恶臭气体的物质；禁止在人口集中地区、机场周围、交通干线附近以及当地人民政府划定的区域内露天焚烧秸秆、落叶等产生烟尘污染的物质；城市人民政府应当采取绿化等措施，减少市区裸露地面和地面尘土，防治城市扬尘污染；从事饮食服务业的经营者，必须采取措施，防治油烟对居民的居住环境造成污染。

二、水污染防治法的相关规定

水污染是指由于人类活动排放的污染物进入河流、湖泊、海洋或地下水等水体，而导致其产生化学、物理、生物或放射性等方面特性的改变，从而影响水体的有效利用，危害人体健康或破坏生态环境，造成水质恶化的现象。

水污染依其污染物的不同性质，大体可分为：病原体污染，需氧物质污染，植物营养物质污染，石油污染，有毒有害物质污染，酸、碱、盐污染，放射性物质污染，热污染，重金属污染等九类。

目前，我国的水污染恶化的形势仍然十分严峻。水资源短缺和水污染严重，已成为我国经济和社会发展的制约因素。

（一）水污染防治的监督管理体制

我国水污染防治采取"统一监督管理和各部门分工负责"的监督管理体制。

1. 各级人民政府的环境行政主管部门对水污染防治实施统一监督管理　其主要职责

是：审批环境影响报告书（表）登记表；验收和检查"三同时"；排污申报登记管理；征收排污费和超标排污费；在紧急情况下，经同级人民政府批准，采取强制性的应急措施；对排污单位进行现场检查；调查处理水污染事故和其他突发性事件；对水污染防治设施的正常运行进行监督；对违法行为进行行政处罚；调解处理民事纠纷等。

2. 各级交通部门的航政机关对船舶污染实施监督管理　各级人民政府的水利部门、国务院卫生行政管理部门、地质矿产部门、市政部门、重要江河的水源保护机构，结合各自的职责，协同环保部门对水污染防治实施监督管理。

3. 地方各级人民政府行使的职责　省、自治区、直辖市人民政府制定地方水环境质量补充标准和地方污染物排放标准；维护江河的合理流量及水体的合理水位；编制流域水污染防治规划；规划工业布局；划定特殊水体保护区；实施重点污染物排放的总量控制制度和核定制度；建设和完善城市排水管网；建设城市污水集中处理设施；划定生活饮用水地表水源保护区；批准采取应急措施；决定企业事业单位限期治理；解决跨行政区域的水污染纠纷；决定企业事业单位停业或者关闭等。

（二）水污染防治的原则

1. 流域管理原则　对流域水污染防治的制定程序及其法律地位、省界水体适用的水环境质量标准的确定权限及其批准程序，以及省界水体水环境质量状况的监测与报告等作出了规定，从原则上确定了流域管理的要求和适用范围。

2. "达标排放"原则　达标排放的要求和范围包括：排放污染物的浓度应达标；总量应达标，即达标排放要求亦适用于总量控制；达标要求也适用于流域控制和水环境质量控制；达标要求还包括饮用水质达标；城市污水集中处理设施出水水质达标；船舶防污设备达标；按规定设置排污口，即排污口设置达标和排污口管理规范化达标。

（三）防治水污染的管理制度

1. 排污申报登记制度　水污染防治法的排污申报登记制度与大气污染防治法排污申报登记制度的内容基本相同。

2. 排污收费制度　根据《水污染防治法》规定，水污染物的排污收费制度是"排污即收费"，即对排放水污染物的单位不仅征收超标排污费，而且只要排放水污染物，不管是否超标，都要征收排污费。

3. 重点污染物排放总量控制制度　水污染物排放总量控制制度，是指在特定的时间内，综合经济、技术、社会等条件，采取通过向排污源分配水污染物排放量的形式，将一定范围内排污源产生的水污染物的数量控制在水环境质量容许限度内而实行的控制方式及其管理规范的总称。总量控制方法是比浓度控制方法更能满足环境质量要求的一种方法。总量控制适用的范围是实现水污染物达标排放后仍然不能达到国家规定的水环境质量标准的水体。如果尚未实现达标排放，或者实现达标排放后能够达到水环境质量标准，就不能实行总量控制。而且总量控制是针对某一水体实行，而不是在某一个行政区域普遍实行。

总量控制的对象是重点污染物的排放。这里的"重点污染物"应当是造成某一水体污染的主要污染物。由于各个地区的排污情况不同，其重点污染物在全国不可能是统一的。因此，各个地区都有相关的要实行总量控制的重点污染物。

4. 城市污水集中处理制度　城市污水是指城市地区范围内的生活污水、工业废水和径流污水的总称。目前我国城市污水处理率极低，大量污水未经处理而直接排入了江河湖泊。

为了扭转这种状况,《水污染防治法》不仅明确规定"城市污水应当进行集中处理",而且解决了城市污水处理设施的运转费用问题。这就是根据"污染者负担原则",由污水排放者缴纳污水处理费用。为了减轻排污者的负担,同时规定:"向城市污水集中处理设施排放污水、缴纳污水处理费用的,不再缴纳排污费。"

5. 生活饮用水水源保护制度　生活饮用水水源直接关系到人体健康和社会生活的正常运行,是水环境保护工作的重中之重。对此,《水污染防治法》规定:省级以上人民政府可以依法划定生活饮用水地表水源保护区。生活饮用水地表水源保护区分为一级保护区和其他等级保护区;禁止向生活饮用水地表水源一级保护区内的水体排放污水;禁止在生活饮用水地表水源一级保护区从事旅游、游泳和其他可能污染生活饮用水水体的活动;禁止在生活饮用水地表水源一级保护区内新建、扩建与供水设施和保护水源无关的建设项目;在生活饮用水地表水源保护区内已设置的排污口,由县级以上人民政府按照国务院规定的权限责令限期拆除或者限期治理。

6. 限期治理制度、现场检查制度和限期淘汰制度　限期治理制度是指对造成严重污染的企业或事业单位和在特殊保护区域内超标排放水污染物的已有场所或设施,由人民政府或其授权的单位依法决定,环境保护行政主管部门监督其在一定的期限内完成治理任务的制度。限期淘汰制度是指国家以防止环境污染和调整产业结构为目的,定期公布严重污染环境的工艺、设备、产品或项目的名录,并通过行政和法律的强制措施,限期禁止其生产、销售、进口、使用或转让的规定的制度。各级人民政府的环境保护部门和有关的监督管理部门,有权对管辖范围内的排污单位进行现场检查,被检查的单位必须如实反映情况,提供必要的资料。检察机关有责任为被检查的单位保守技术秘密和业务秘密。

7. 水污染事故报告及处理制度　《水污染防治法》将渔业污染事故的调查处理权授予渔政监督管理机构,是因为近年来渔业污染事故明显增加,严重危害渔业生产,而渔政监督管理机构又具有调查处理渔业污染事故的专业条件,比环境行政主管部门调查处理这类事故方便有利。

8. 防止船舶污染水体的规定　船舶对水体的污染,主要是船舶排放的含油污水、生活污水、船舶垃圾倾倒和船舶货物溢流、渗漏等对水体造成的污染。因此,《水污染防治法》规定了防止船舶污染水体的措施:禁止将残油、废油排入水体;禁止向水体倾倒船舶垃圾;船舶装载油类或者有毒货物,必须采取防止溢流和不渗漏的措施,并防止货物落水造成水污染;船舶排放含油污水、生活污水,必须符合船舶污染物排放标准。

三、环境噪声污染防治法的相关规定

环境噪声是指在工业生产、建筑施工、交通运输和社会生活中所产生的干扰周围生活环境的声音。

环境噪声污染是指所产生的环境噪声超过国家规定的环境噪声排放标准,并干扰他人正常生活、工作和学习的现象。

噪声是一种对人体有害的声音,把这种有害的声音扩散到周围环境中去就形成了环境噪声。环境噪声污染会给人们带来很大的危害,强声级噪声会导致人们的听觉疲劳,引起多种疾病,影响正常生活、学习和工作,破坏仪器设备乃至建筑物。

(一) 防治噪声污染的综合性管理的法律规定

1. 环境噪声标准制度　包括环境噪声质量标准和环境噪声排放标准。国家环境噪声质

量标准由国务院环境保护部门制订。我国目前已颁布的国家环境噪声质量标准,主要是《城市区域环境噪声标准》、《机场周围飞机噪声环境标准》、《城市港口及江河两岸区域环境噪声限值》和《铁路边界噪声限值及其测量方法》等。

2. 排污收费制度　产生环境噪声污染的单位,应当采取措施进行治理,并按照国家规定缴纳超标准排污费。

3. 限期治理制度　限期治理的对象是指在诸如学校、居民区、医院等噪声敏感建筑物集中区域内造成严重环境噪声污染的企业事业单位。包括产生工业噪声污染、社会生活噪声污染和建筑施工噪声污染的企事业单位。

4. 强烈偶发性噪声的申请和公告制度　对产生强烈偶发性噪声的单位,不能采取限期治理的措施,其对周围居民的危害性很大,《环境噪声污染防治法》规定,必须事先向当地公安部门提出申请,经批准后该企业方可进行生产,并在产生强烈偶发性噪声活动前,由当地公安部门向社会公告周知,使周围居民和单位及早采取防护措施。

(二)防治环境噪声的专项法律规定

1. 防治工业环境噪声污染的规定　工业环境噪声污染是指工业企业在生产中所产生的噪声超过规定标准,影响周围地区生活环境、危害人体健康的现象。《环境噪声污染防治法》强调了两点要求:一是向周围生活环境排放工业噪声的,必须向当地环境行政主管部门申报登记拥有的造成污染的设备的种类、数量,以及在正常作业条件下所发生的噪声值和防治环境噪声污染的设施情况,并提供防治环境噪声污染的有关资料;二是当噪声源的种类、数量和排放的噪声强度有重大改变时,必须及时申报。

2. 防治建筑施工环境噪声污染的规定

(1)事先申报制度:这是根据建筑施工有一定期限的特点提出的。在城市市区范围内,建筑施工过程使用的机械设备,可能产生环境噪声污染的,施工单位必须在工程开工 15 日前向当地县级以上环境行政主管部门申报。

(2)禁止夜间施工制度:在城市市区噪声敏感建筑物集中区域内,禁止夜间进行产生环境噪声污染的建筑施工作业。但以下 3 种情况除外:抢修、抢险作业;因生产工艺上的要求;因特殊需要必须连续作业,且持有县级以上人民政府或有关主管部门的证明。在夜间作业时,必须公告附近的居民。

3. 防治交通环境噪声污染的规定　禁止制造、销售或者进口超过规定的噪声限值的汽车;机动车船在市区范围内行驶必须按规定使用声响装置,特殊车辆不得任意安装和使用报警器;划定禁止机动车辆行驶和使用声响装置的路段和时间;在噪声敏感建筑物集中区域建设公路,应设置声屏障或采取其他减轻污染的措施;交通枢纽使用广播喇叭应当控制音量;除起飞、降落或者依法规定的情形以外,民用航空器不得飞越城市市区上空。

4. 防治社会生活噪声污染的规定　禁止在商业经营活动中使用高音广播喇叭或采用高噪声的方法招揽顾客;禁止任何单位(包括学校)个人在城市市区噪声敏感建筑物集中区域内使用高音广播喇叭;在公共场所组织娱乐、集会等活动,使用音响器材必须遵守公安机关的规定,以避免干扰他人。规定在使用家用电器、乐器和进行家庭装修活动时,要采取措施避免造成环境噪声污染。

四、固体废物污染环境防治法的相关规定

固体废物是指在生产建设、日常生活和其他活动中产生的污染环境的固态、半固态废弃

物质。可见,环境法所称的固体废物与日常生活中所称的固体废物不尽相同。在日常生活中,往往根据物质的形态来确定固体废物。而在环境法中,则根据对废弃物应采取的管理措施来确定什么是固体废物。因此,在环境法中,将一些被禁止作为废水排入水体的液态(如废油、废酸等)、半液态物质(如阴沟污泥、油底泥等)也作为固体废物对待。但是,对不能作为废水排出的含强放射性物质的液态废弃物,一般不将他们作为固体废物对待,而应按有关防治放射性物质污染的法律管理。

固体废物污染是指不适当的排放、扬弃、贮存、运输、使用、处理和处置固体废弃物而造成的环境污染。

(一)防治固体废物污染的监督管理体制及原则

1. 实行统一监督管理和各部门分工负责监督管理的体制　环境行政主管部门对固体废物污染环境的防治工作实施统一的监督;国务院有关部门或地方政府有关部门如经济综合部门、海关、行业主管部门在各自的职责范围内负责固体废弃物污染环境防治的监督管理工作;建设行政主管部门和环境卫生行政主管部门负责城市建筑垃圾和生活垃圾清扫、收集、贮存、运输和处理的监督管理工作。

2. 减量化、资源化、无害化的"三化"原则　首先,应尽量做到减少废物的产生量;其次,对于减不了的固体废物要充分合理利用和综合利用;最后,对于再利用不了的固体废物进行无害化处置。

3. "全过程控制"原则　《固体废物污染环境防治法》对固体废物的流向,即从生产到收集、贮存、运输、利用、处置各个环节都作了规定,特别是对危险废物实行"从摇篮到坟墓"的环境管理,更体现了"全过程控制"的管理方式。

(二)防治固体废物污染环境的管理制度

1. 污染防治设施、场所停用核准制度　这是指对固体废物污染环境防治设施或场所,禁止擅自关闭、闲置或拆除,确有必要关闭、闲置或拆除的,必须经法定机关核准同意。固体废物污染环境防治设施、场所,包括工业的和处置城市生活垃圾的场所。其核准机关为:属于工业固体废物的,由所在地县级以上环境行政主管部门核准;属于城市生活垃圾的,由所在地县级以上地方人民政府环境卫生行政主管部门和环境保护行政主管部门核准。

2. 特殊保护区管理制度　这是指在国务院和国务院有关主管部门及省级人民政府划定的特别保护区域内,禁止建设工业固体废物集中贮存、处置设施、场所和生活垃圾填埋场的制度。《固体废物污染环境防治法》仅对国务院和国务院有关主管部门及省级人民政府划定特别保护区域作了规定,省级以下人民政府划定的保护区的管理,由地方政府根据当地情况作出规定。特别保护区域是指自然保护区、风景名胜区、生活饮用水源地和其他需要特别保护的区域。

3. 控制固体废物转移的管理制度　这是指为控制固体废物跨区域或越境转移而产生的环境污染,以及防止将治理污染的负担、损失向异地、异国转嫁的环境管理制度。《固体废物污染环境防治法》对此作了如下规定:在国内转移固体废物必须向移出地的省级环境保护行政主管部门报告,并经接受地的省级环境保护行政主管部门许可;由我国境外向境内倾倒、堆放、处置固体废物,必须予以禁止;对经我国过境转移危险物予以禁止;对转移危险废物实行"转移联单"制度管理。凡转移危险废物的,必须按照《危险废物转移联单管理办法》的规定,填写危险废物转移联单,并向其移出地和接受地的县级以上环境行政主管部门报告。

4. 固体废物作为原料进口的管理制度　这是指对可以作为原料的固体废物进口进行严格管理的制度。《固体废物污染环境防治法》明确规定对不能用作原料的固体废物,禁止进口；对可以用做原料的固体废物,限制进口。

5. 排污收费制度 《固体废物污染环境防治法》在排污收费中,从实际出发体现了对新的污染源从严,对原有污染源从宽的原则。

6. 危险废物识别标志制度 为使人们对危险废物引起重视并采取防范措施,《固体废物污染环境防治法》规定,危险废物的容器和包装以及收集、贮存、运输、处置危险废物的设施、场所,必须设置特征明显、易于辨认的标记。

7. 行政代执行制度 行政代执行制度是指为使产生危险废物的单位承担处置危险废物的责任,对其违反规定不处置或处置不符合规定时,由环境行政主管部门指定其他单位代为处置,处置费用由产生危险废物的单位承担。

8. 持证经营管理制度 这是指对从事危险废物经营活动的单位实行许可证管理的制度。需要持证进行其经营活动的范围限定为从事危险废物的收集、贮存和处置的单位和个人。该制度要求：从事此经营活动的单位必须向县级以上环境行政主管部门申请经营许可证,具体办法由国务院规定；禁止无证或不按许可证的要求从事此类活动；禁止将危险废物提供或委托给无证单位进行此类经营活动。

9. 安全性管理制度 安全性管理可分为以下四种：① 分类管理：收集、贮存危险废物必须按其特征分类进行；② 禁混管理：禁止混合收集、贮存、运输、处置性质不相容而未经安全性处置的危险废物；③ 运输管理：运输危险废物必须采取防治污染环境的措施并遵守国家有关运输管理的规定,禁止客货混运（危险废物与旅客在同一运输工具上运输）；④ 无害转用管理：收集、贮存、运输、处置危险废物的场所、设施、设备和容器、包装物及其他物品转运作其他用途时,必须经过消除污染的处理以后才能够使用。

第三节　医疗废物管理法律制度

一、医疗废物法律制度的立法及管理体制

医疗废物是指医疗卫生机构在医疗、预防、保健以及其他相关活动中产生的具有直接或者间接感染性、毒性以及其他危害性的废物。医疗废物主要包括：手术及包扎的残余物,一次性注射器、输液器、生物培养、动物实验残余物,废弃药品、石膏、玻璃器皿等固体废弃物,还有诸如手术截除的人体器官、残肢、伤口敷料、病人的排泄物、呕吐物以及传染病患者使用过的各种生活用品等。

为了加强医疗废物的安全管理,防止疾病传播,保护环境,保障人体健康,根据《中华人民共和国传染病防治法》和《中华人民共和国固体废物污染环境防治法》,国务院于2003年6月27日颁布了《医疗废物管理条例》,简称《条例》。该条例适用于医疗废物的收集、运送、贮存、处置以及监督管理等活动。以及医疗卫生机构收治的传染病病人或者疑似传染病病人产生的生活垃圾,医疗卫生机构废弃的麻醉、精神、放射性、毒性等药品及其相关的废物。

县级以上各级人民政府卫生行政主管部门,对医疗废物收集、运送、贮存、处置活动中的疾病防治工作实施统一监督管理；环境保护行政主管部门,对医疗废物收集、运送、贮存、处置活动中的环境污染防治工作实施统一监督管理。

县级以上各级人民政府其他有关部门在各自的职责范围内负责与医疗废物处置有关的监督管理工作。

任何单位和个人有权对医疗卫生机构、医疗废物集中处置单位和监督管理部门及其工作人员的违法行为进行举报、投诉、检举和控告。

二、医疗废物管理的法律规定

（一）医疗废物管理的一般法律规定

1. 医疗废物管理的一般制度

（1）建立、健全医疗废物管理责任制，其法定代表人为第一责任人，切实履行职责，防止因医疗废物导致传染病传播和环境污染事故。

（2）制定与医疗废物安全处置有关的规章制度和在发生意外事故时的应急方案，设置监控部门或者专（兼）职人员，负责检查、督促、落实本单位医疗废物的管理工作，防止违反本条例的行为发生。

（3）对本单位从事医疗废物收集、运送、贮存、处置等工作的人员和管理人员，进行相关法律和专业技术、安全防护以及紧急处理等知识的培训。

（4）医疗卫生机构应当采取有效的职业卫生防护措施，为从事医疗废物收集、运送、贮存、处置等工作的人员和管理人员，配备必要的防护用品，定期进行健康检查；必要时，对有关人员进行免疫接种，防止其受到健康损害。

（5）执行危险废物转移联单管理制度。对医疗废物进行登记，登记内容应当包括医疗废物的来源、种类、重量或者数量、交接时间、处置方法、最终去向以及经办人签名等项目。登记资料至少保存3年。

（6）采取有效措施，防止医疗废物流失、泄漏、扩散。发生医疗废物流失、泄漏、扩散时，医疗卫生机构和医疗废物集中处置单位应当采取减少危害的紧急处理措施，对致病人员提供医疗救护和现场救援；同时向所在地的县级人民政府卫生行政主管部门、环境保护行政主管部门报告，并向可能受到危害的单位和居民通报。

2. 医疗废物运输的规定

（1）禁止在运送过程中丢弃医疗废物；禁止在非贮存地点倾倒、堆放医疗废物或者将医疗废物混入其他废物和生活垃圾。

（2）禁止邮寄医疗废物；禁止通过铁路、航空运输医疗废物；有陆路通道的，禁止通过水路运输医疗废物；没有陆路通道必须经水路运输医疗废物的，应当经设区的市级以上人民政府环境保护行政主管部门批准，并采取严格的环境保护措施后，方可通过水路运输；禁止将医疗废物与旅客在同一运输工具上载运；禁止在饮用水源保护区的水体上运输医疗废物。

（3）医疗卫生机构应当使用防渗漏、防遗撒的专用运送工具，按照本单位确定的内部医疗废物运送时间、路线，将医疗废物收集、运送至暂时贮存地点。运送工具使用后应当在医疗卫生机构内指定的地点及时消毒和清洁。

（二）医疗卫生机构对医疗废物管理的法律规定

1. 医疗废物的收集与贮存

（1）医疗卫生机构应当及时收集本单位产生的医疗废物，并按照类别分置于防渗漏、防锐器穿透的专用包装物或者密闭的容器内，并有明显的警示标志和警示说明。

（2）医疗卫生机构应当建立医疗废物的暂时贮存设施、设备，不得露天存放医疗废物；医疗废物暂时贮存的时间不得超过2天；贮存设施、设备，应当远离医疗区、食品加工区和人员活动区以及生活垃圾存放场所,并设置明显的警示标志和防渗漏、防鼠、防蚊蝇、防蟑螂、防盗以及预防儿童接触等安全措施,并应当定期消毒和清洁。

2. 医疗废物的处置原则

(1) 医疗卫生机构应当根据就近集中处置的原则,及时将医疗废物交由医疗废物集中处置单位处置。医疗卫生机构按照规定支付的医疗废物处置费用,可以纳入医疗成本。

(2) 医疗废物中病原体的培养基、标本和菌种、毒种保存液等高危险废物,在交医疗废物集中处置单位处置前应当就地消毒。

(3) 医疗卫生机构产生的污水、传染病病人或者疑似传染病病人的排泄物,应当按照国家规定严格消毒;达到国家规定的排放标准后,方可排入污水处理系统。

(4) 不具备集中处置医疗废物条件的农村,医疗卫生机构应当按照县级人民政府卫生行政主管部门、环境保护行政主管部门的要求,自行就地处置其产生的医疗废物。自行处置医疗废物的,应当符合下列基本要求:使用后的一次性医疗器具和容易致人损伤的医疗废物,应当消毒并作毁形处理;能够焚烧的,应当及时焚烧;不能焚烧的,消毒后集中填埋。

(三) 医疗废物集中处置的法律规定

1. 对医疗废物集中处置单位的规定

(1) 从事医疗废物集中处置活动的单位,应当向县级以上人民政府环境保护行政主管部门申请领取经营许可证;未取得经营许可证的单位,不得从事有关医疗废物集中处置的活动。

(2) 医疗废物集中处置单位,应当符合下列条件:具有符合环境保护和卫生要求的医疗废物贮存、处置设施或者设备;具有经过培训的技术人员以及相应的技术工人;具有负责医疗废物处置效果检测、评价工作的机构和人员;具有保证医疗废物安全处置的规章制度。

(3) 贮存、处置设施,应当远离居(村)民居住区、水源保护区和交通干道,与工厂、企业等工作场所有适当的安全防护距离,并符合国务院环境保护行政主管部门的规定。

(4) 医疗废物集中处置单位应当至少每2天到医疗卫生机构收集、运送一次医疗废物,并负责医疗废物的贮存、处置。

(5) 运送医疗废物,应当遵守国家有关危险货物运输管理的规定,使用有明显医疗废物标识的专用车辆。医疗废物专用车辆应当达到防渗漏、防遗散以及其他环境保护和卫生要求,使用后,应当在医疗废物集中处置场所内及时进行消毒和清洁;运送医疗废物的专用车辆不得运送其他物品。

(6) 医疗废物集中处置单位应当安装污染物排放在线监控装置,并确保监控装置经常处于正常运行状态。

(7) 医疗废物集中处置单位处置医疗废物,应当符合国家规定的环境保护、卫生标准、规范。按照环境保护行政主管部门和卫生行政主管部门的规定,定期对医疗废物处置设施的环境污染防治和卫生学效果进行检测、评价。检测、评价结果存入医疗废物集中处置单位档案,每半年向所在地环境保护行政主管部门和卫生行政主管部门报告一次。

(8) 按照国家有关规定向医疗卫生机构收取医疗废物处置费用。

2. 医疗废物集中处置设施建设的要求

(1) 各地区应当利用和改造现有固体废物处置设施和其他设施,对医疗废物集中处置,并达到基本的环境保护和卫生要求。

（2）尚无集中处置设施或者处置能力不足的城市,设区的市级以上城市应当在1年内建成医疗废物集中处置设施;县级市应当在2年内建成医疗废物集中处置设施。县（旗）医疗废物集中处置设施的建设,由省、自治区、直辖市人民政府规定。

（3）在尚未建成医疗废物集中处置设施期间,有关地方人民政府应当组织制定符合环境保护和卫生要求的医疗废物过渡性处置方案,确定医疗废物收集、运送、处置方式和处置单位。

三、监督管理

（一）卫生行政部门的职责

县级以上地方人民政府卫生行政主管部门,应当对医疗卫生机构和医疗废物集中处置单位从事医疗废物的收集、运送、贮存、处置中的疾病防治工作,以及工作人员的卫生防护等情况进行定期监督检查或者不定期的抽查。

（二）环境保护行政部门的职责

县级以上地方人民政府环境保护行政主管部门,应当对医疗卫生机构和医疗废物集中处置单位从事医疗废物收集、运送、贮存、处置中的环境污染防治工作进行定期监督检查或者不定期的抽查。

（三）卫生行政部门和环境保护行政部门的共同职责

1. 卫生行政主管部门、环境保护行政主管部门应当定期交换监督检查和抽查结果。在监督检查或者抽查中发现医疗卫生机构和医疗废物集中处置单位存在隐患时,应当责令立即消除隐患。

2. 接到对医疗卫生机构、医疗废物集中处置单位和监督管理部门及其工作人员违反《条例》行为的举报、投诉、检举和控告后,应当及时核实,依法作出处理,并将处理结果予以公布。

3. 履行监督检查职责时,有权采取下列措施:对有关单位进行实地检查,了解情况,现场监测,调查取证;查阅或者复制医疗废物管理的有关资料,采集样品;责令违反《条例》规定的单位和个人停止违法行为;查封或者暂扣涉嫌违反《条例》规定的场所、设备、运输工具和物品;对违反《条例》规定的行为进行查处。

4. 发生因医疗废物管理不当导致传染病传播或者环境污染事故,或者有证据证明传染病传播或者环境污染的事故有可能发生时,卫生行政主管部门、环境保护行政主管部门应当采取临时控制措施,疏散人员,控制现场,并根据需要责令暂停导致或者可能导致传染病传播或者环境污染事故的作业。

医疗卫生机构和医疗废物集中处置单位,对有关部门的检查、监测、调查取证,应当予以配合,不得拒绝和阻碍,不得提供虚假材料。

四、法律责任

根据环境保护法的规定,对实施违反环境保护法规定的行为,按照行为的性质及其给社会造成的危害程度,可依法追究行为人的行政责任、民事责任或者刑事责任。

（一）行政责任

行政责任是指违反环境保护法者应承担的行政方面的法律责任。在我国的环境保护法中,对承担行政责任者的处罚措施,分为行政处罚和行政处分两种。

(二)民事责任

环境民事法律责任是指公民、法人或者其他组织因破坏或者污染环境而造成他人的人身、财产或其他权益的损害而应承担的民事方面的法律责任。我国环境保护法对环境污染民事责任的追究实行无过错责任原则,即指一切污染危害环境的单位或个人,只要对其他单位或者个人客观上造成了人身财产损失,即使主观上没有故意或者过失,也应承担赔偿损失的责任。

(三)刑事责任

环境刑事责任指公民、法人或者其他组织因违反环境保护法,严重污染或破坏环境,造成人身伤亡或财产重大损失,触犯刑律构成犯罪所应承担的刑事方面的法律责任。

1. 什么是环境污染?
2. 简述环境污染防治的主要原则和基本制度。
3. 违反环境保护法应承担的法律责任有哪几类?
4. 简述医疗废物管理的法律规定。

拓 展 阅 读

八大公害事件

八大公害事件是指在世界范围内,由于环境污染而造成的八次较大的轰动世界的公害事件。

1. 马斯河谷烟雾事件 比利时马斯河谷工业区处于狭窄的河谷中,即马斯峡谷的列日镇和于伊镇之间,两侧山高约 90 m。许多重型工厂分布在那里,包括炼焦、炼钢、电力、玻璃、炼锌、硫酸、化肥等工厂,还有石灰窑炉。12月1—5日时值隆冬,大雾笼罩了整个比利时大地。由于该工业区位于狭长的河谷地带,发生气温逆转,大雾像一层厚厚的棉被覆盖在整个工业区的上空,工厂排出的有害气体在近地层积累,无法扩散,二氧化硫的浓度也高得惊人。3日这一天雾最大,加上工业区内人烟稠密,整个河谷地区的居民有几千人生起病来。病人的症状表现为胸痛、咳嗽、呼吸困难等。一星期内,有60多人死亡,其中以原先患有心脏病和肺病的人死亡率最高。与此同时,许多家畜也患了类似病症,死亡的也不少。据推测,事件发生期间,大气中的二氧化硫浓度竟高达 25 ~ 100 mg/m^3,空气中还含有有害的氟化物。专家们在事后进行分析认为,此次污染事件,几种有害气体与煤烟、粉尘同时对人体产生了毒害。

1930年12月1日开始,整个比利时由于气候反常变化被大雾覆盖。在马斯河谷还出现逆温层,雾层尤其浓厚。在这种气候反常变化的第3天,这一河谷地段的居民有几千人呼吸道发病,有63人死亡,为同期正常死亡人数的10.5倍。发病者包括不同年龄的男女,症状是:流泪、喉痛、声嘶、咳嗽、呼吸短促、胸口窒闷、恶心、呕吐。咳嗽与呼吸短促是主要发病症状。死者大多是年老和有慢性心脏病与肺病的患者。尸体解剖结果证实：刺激性化学物质损害呼吸道内壁是致死的原因。其他组织与器官没有毒物效应。

事件发生以后，虽然有关部门立即进行了调查，但一时不能确证致害物质。有人认为是氟化物，有人认为是硫的氧化物，其说不一。以后，又对当地排入大气的各种气体和烟雾进行了研究分析，排除了氟化物致毒的可能性，认为硫的氧化物——二氧化硫气体和三氧化硫烟雾的混合物是主要致害的物质。据推测，事件发生时工厂排出有害气体在近地表层积累。据费克特博士在1931年对这一事件所写的报告，推测大气中二氧化硫的浓度为 $25 \sim 100 \ mg/m^3$（$9 \sim 37 \ \mu g$）。空气中存在的氧化氮和金属氧化物微粒等污染物会加速二氧化硫向三氧化硫转化，加剧对人体的刺激作用。而且一般认为是具有生理惰性的烟雾，通过把刺激性气体带进肺部深处，也起了一定的致病作用。

在马斯河谷烟雾事件中，地形和气候扮演了重要角色。从地形上看，该地区是一狭窄的盆地；气候反常出现的持续逆温和大雾，使得工业排放的污染物在河谷地区的大气中积累到有毒级的浓度。该地区过去有过类似的气候反常变化，但为时都很短，后果不严重。如1911年的发病情况与这次相似，但没有造成死亡。

值得注意的是，马斯河谷事件发生后的第二年即有人指出："如果这一现象在伦敦发生，伦敦公务局可能要对3 200人的突然死亡负责"。这话不幸言中。22年后，伦敦果然发生了4 000人死亡的严重烟雾事件。这也说明造成以后各次烟雾事件的某些因素是具有共同性的。

这次事件曾轰动一时，虽然日后类似这样的烟雾污染事件在世界很多地方都发生过，但马斯河谷烟雾事件却是20世纪最早记录下的大气污染惨案。

2. 多诺拉大气污染事件　1948年10月26—31日美国宾夕法尼亚州多诺拉镇

该镇处于河谷，10月最后一个星期大部分地区受反气旋和逆温控制，加上26—30日持续有雾，使大气污染物在近地层积累。二氧化硫及其氧化作用的产物与大气中尘粒结合是致害因素，发病者5 911人，占全镇人口43%。症状是眼痛、喉痛、流鼻涕、干咳、头痛、肢体酸乏、呕吐、腹泻，死亡17人。

3. 美国洛杉矶光化学烟雾事件　是世界有名的公害事件之一，20世纪40年代初期发生在美国洛杉矶市。光化学烟雾是大量碳氢化合物在阳光作用下，与空气中其他成分起化学作用而产生的。全市250多万辆汽车每天消耗汽油约1 600万升，向大气排放大量碳氢化合物、氮氧化物、一氧化碳。该市临海依山，处于50千米长的盆地中，汽车排出的废气在日光作用下，形成以臭氧为主的光化学烟雾，这种烟雾中含有臭氧、氧化氮、乙醛和其他氧化剂，滞留市区久久不散。在1952年12月的一次光化学烟雾事件中，洛杉矶市65岁以上的老人死亡400多人。1955年9月，由于大气污染和高温，短短两天之内，65岁以上的老人又死亡400余人，许多人出现眼睛痛、头痛、呼吸困难等症状。直到20世纪70年代，洛杉矶市还被称为"美国的烟雾城"。

4. 伦敦烟雾事件　1952年12月4日至9日，伦敦上空受高压系统控制，大量工厂生产和居民燃煤取暖排出的废气难以扩散，积聚在城市上空。伦敦城被黑暗的迷雾所笼罩，马路上几乎没有车，人们小心翼翼地沿着人行道摸索前进。大街上的电灯在烟雾中若明若暗，犹如黑暗中的点点星光。直至12月10日，强劲的西风吹散了笼罩在伦敦上空的恐怖烟雾。

当时,伦敦空气中的污染物浓度持续上升,许多人出现胸闷、窒息等不适感,发病率和死亡率急剧增加。在大雾持续的5天时间里,据英国官方的统计,丧生者达5 000多人,在大雾过去之后的两个月内有8 000多人相继死亡。此次事件被称为"伦敦烟雾事件"。

5—8日英国几乎全境为浓雾覆盖,四天中死亡人数较常年同期约多4 000人,45岁以上的死亡最多,约为平时3倍;1岁以下死亡的,约为平时2倍。事件发生的一周中因支气管炎死亡是事件前一周同类人数的93倍。

5. 四日市空气污染事件　1955年以来,日本四日市石油冶炼和工业燃油产生的废气,严重污染城市空气。重金属微粒与二氧化硫形成硫酸烟雾。1961年一批患者哮喘病发作,1967年一些患者不堪忍受而自杀。1972年该市共确认哮喘病患者达817人,死亡10多人。

6. 米糠油中毒事件

生产米糠油用多氯联苯作脱臭工艺中的热载体,由于生产管理不善,混入米糠油,食用后中毒。1968年3月日本北九州市、爱知县一带患病者超过1 400人,至七八月份患病者超过5 000人,其中16人死亡,实际受害者约13 000人。

7. 水俣病　1953—1956年日本熊本县水俣市含甲基汞的工业废水污染水体,使水俣湾和不知火海的鱼中毒,人食用毒鱼后受害。1972年日本环境厅公布:水俣湾和新县阿贺野川下游有汞中毒者283人,其中60人死亡。

从1949年起,位于日本熊本县水俣镇的日本氮肥公司开始制造氯乙烯和醋酸乙烯。由于制造过程要使用含汞(Hg)的催化剂,大量的汞便随着工厂未经处理的废水被排放到了水俣湾。1954年,水俣湾开始出现一种病因不明的怪病,叫"水俣病",患病的是猫和人,症状是步态不稳、抽搐、手足变形、精神失常、身体弯弓高叫,直至死亡。经过近十年的分析,科学家才确认:工厂排放的废水中的汞是"水俣病"的起因。汞被水生生物食用后在体内被转化成甲基汞,这种物质通过鱼虾进入人体和动物体内后,会侵害脑部和身体的其他部位,引起脑萎缩、小脑平衡系统被破坏等多种危害,毒性极大。在日本,食用了水俣湾中被甲基汞污染的鱼虾人数达数十万。

8. 骨痛病　1955—1972年日本富山县神通川流域锌、铅冶炼厂等排放的含镉废水污染了神通川水体,两岸居民利用河水灌溉农田,使稻米和饮用水含镉而中毒,1963年至1979年3月共有患者130人,其中死亡81人。

19世纪80年代,日本富山县平原神通川上游的神冈矿山成为从事铅、锌矿的开采、精炼及硫酸生产的大型矿山企业。然而在采矿过程及堆积的矿渣中产生的含有镉等重金属的废水却直接长期流入周围的环境中,在当地的水田土壤、河流底泥中产生了镉等重金属的沉淀堆积。镉通过稻米进入人体,首先引起肾脏障碍,逐渐导致软骨症,在妇女妊娠、哺乳、内分泌不协调、营养性钙不足等诱发原因存在的情况下,使妇女得上一种浑身剧烈疼痛的病,叫痛痛病,也叫骨痛病,重者全身多处骨折,在痛苦中死亡。从1931年到1968年,神通川平原地区被确诊患此病的人数为258人,其中死亡128人,至1977年12月又死亡79人。

(胡义钦)

第十五章 中医药与民族医药法律制度

第一节 中医药法律制度

中医药学具有悠久的历史。几千年来我国人民在同疾病作斗争的过程中,形成的完整的中医药学理论体系是中华民族优秀的传统文化,也是我国卫生事业的重要组成部分。

中医药学独具特色和优势。近年来,随着疾病谱的嬗变以及人们对化学药品毒副作用的深入研究,中医药学正越来越受到世界医学专家的重视。因此,中医药应得到国家法律的保护和规范。但是,由于中医药具有其独特的理论体系和实践方式,所以不能简单地套用西医药的规章制度。中医药的法制应当按照中医药的具体特点和活动规律,在实践中逐步形成和发展。新中国成立后,中医药法制建设经历了曲折的发展过程。党的十一届三中全会以来,中医药事业得到关怀和重视,有关政策逐步得到贯彻落实,中医药事业进入一个新的发展时期。同时,立法工作受到高度重视,中医药法制建设在原有基础上有了长足的发展。我国宪法明确规定"发展现代医药和我国传统医药"。这是制定中医药法律规范的根本法律依据。1988年,国家中医药管理局成立,标志着中医药工作由过去的从属地位转入相对独立发展的新阶段。2003年4月7日,国务院颁布的《中华人民共和国中医药条例》对中医医疗、保健、康复服务和中医药教育、科研等活动进行了规范。中医药管理法规的制定,标志着我国中医药事业的管理正在逐步走上科学化、法制化的轨道。

一、中医医疗机构管理的法律规定

中医医疗机构是指运用中医传统医学理论特色,结合现代医学科技手段,按照《医疗机构管理条例》的规定办理审批手续,取得医疗机构执业许可证,从事中医医疗活动的单位或组织。

(一)中医医院管理

中医医院是以医疗工作为中心,结合医疗进行教学和科学研究,继承和发扬中医药学,培养中医药人才的基地。《全国中医医院工作条例(试行)》《中医医疗机构管理条例(试行)》《中医医院分级管理办法与标准》《全国示范中医医院建设验收标准》《中华人民共和国中医药条例》等法规,对中医医院的管理作了明确的规定。

1. **医疗业务突出中医特色** 中医医院要办成以中医中药为主,体现中医特色和优势的医疗单位。医疗工作必须遵循中医药自身发展规律,以四诊八纲、理法方药、辨证论治为指导,在诊断、治疗、急救、护理、营养、病房管理等一系列问题上,充分发挥中医特长,积极利用现代科学技术,提高医疗技术水平,促进中医事业的发展。

2. 科室设置和编制符合发展要求　中医医院的业务科室设置和病床分配比例,应根据中医专科特色和各自的规模、任务、特长及技术发展情况确定。根据《全国中医医院组织机构及人员编制标准(试行)》的规定,中医医院人员编制应按病床与工作人员的比例为 1∶1.3～1∶1.7 设置。病床数与门诊量的比例按 1∶3 计算,每增减 100 门诊人次,可增减 6 至 8 人,或比同级西医综合医院的编制增加 15%～18%。医生和药剂人员要高于西医综合医院的比例,护理人员可低于西综合医院的比例。在医生和药剂人员中,中医中药人员要占绝对多数。

3. 药剂管理确保安全有效　根据《中药调剂室工作制度(试行)》和《中药库管理制度(试行)》的规定,中医医院的药剂科应科学地管理全院药品,为医疗需要及时、准确地调制和供应质量合格的药品和制剂,建立和健全医院药品监督和检查制度,确保医院用药安全有效。在中药加工炮制、贮藏保管、调剂煎熬配方等方面必须严格遵守操作规程和规章制度,保证药品质量。

4. 制度建设不断完善　中医医院实行院长负责制,科室实行科主任负责制,采取院科两级领导体制。门急诊工作制度方面,要组织有经验的中医参加门诊,并根据医院技术特长开设专科门诊,病房逐步实现住院医生、主治医生、主任医生三级负责制或住院医生、主治医生两级负责制,定期组织有经验的老中医查房、会诊,指导对疑难、危急病症的诊治。护理方面要逐步制定具有中医特色的常见病和急重症的护理常规,提高护理水平。加强中医急症工作,创造条件积极稳妥地收治急、重症病人。不断提高中医医院的业务水平及管理水平。

(二) 中医专科管理

综合医院中的中医专科和专科医院的中医科是中医医疗中的重要组成部分。国务院卫生行政管理部门在《关于加强综合医院、专科医院中医专科工作的意见》及《关于加强中医专科建设的通知》中指出,中医科的地位和作用,在医院内与其他各科同样重要。中医科在诊断、治疗、护理、病历书写、病房管理等各个环节,要保持和发扬中医特色。中医病床,一般应占医院病床总数的 5%～10%。针灸、推拿、骨伤、皮肤、痔疮、耳鼻喉、眼科、气功等中医专科都具有简、便、廉的特点。要认真总结专科老中医的经验和技术特点,通过传、帮、带,培养和造就一批中医专科人才,促进中医技术水平的不断提高。

(三) 中医药从业人员的管理

中医从业人员应当是依照有关法律规定通过中医执业医师资格考试,经注册并取得执业证书的专业人员。以师承方式学习中医学的人员应当按照国务院卫生行政部门的规定,通过执业医师和执业助理医师的资格考核考试。并经注册及取得医师执业证书后方可从事中医医疗活动。

(四) 中医医疗机构仪器设备管理

仪器设备是发展中医药事业的物质基础和技术条件,是中医现代化程度的重要标志。《全国中医医院医疗设备标准(试行草案)》《中医机构仪器设备管理暂行办法》等,对中医机构的仪器设备管理作了明确规定。

1. 装备原则　遵循"充分论证、统筹安排、重点装备、综合平衡"的原则,根据中医机构的任务、规模、技术力量、专业特长和财力,首先装备常规需要的基本设备,然后再考虑高、精、尖设备,做到有计划、有步骤地更新。

2. 设备标准　中医机构的一般医疗设备仪器,原则上不低于同级西医机构仪器设备的标准。

3. 管理方法　实行统一领导,归口进行,分级负责;建立管理档案,保证设备完好运转;对多科重复出现大型、贵重的仪器设备,采取专管共用方法。对仪器设备定期检查。因任务变动或无安装条件而闲置不用超过半年的仪器,由管理部门进行调配,提高设备使用率。

4. 奖惩措施　对仪器设备管理认真,成绩优秀的科室与个人,应给予表扬和奖励;对管理不善、不负责任、违反操作规程而造成仪器设备损坏,应酌情赔偿;情节严重者应给予行政处分,直至追究法律责任。

二、中药管理的法律规定

(一) 中药生产管理

我国中药资源丰富,现有 12 807 种,其中药用植物 11 146 种,药用动物 1 581 种,药用矿物 80 种。因此,搞好中药的生产管理,使中药生产朝着现代化、规模化、标准化迈进,对于提高中医医疗质量,促进中医药事业的发展,具有至关重要的作用。为了改革中药剂型,确保国内常见病、多发病、地方病、老年病和疫情急救以及妇幼保健的需要,1987 年国务院卫生行政管理部门、国家医药管理局制定了《关于加强中药剂型研制工作的意见》,要求中药剂型研制工作必须遵循中医药理论,突出中医特色,克服中药制剂研究套用西药模式的倾向;在对传统剂型的继承基础上研制新剂型,以提高临床疗效,满足治疗危急重症的需要。此外,在中药制剂的研制、人工制成品的配方工艺、饮片的炮制技术方面,凡涉及国家规定的中医药秘密事项的,必须根据《中华人民共和国保守秘密法》《中医药行业国家秘密及其密级的具体的规定》,做好保密工作。

(二) 中药经营管理

中药是我国药品的重要组成部分。中药质量不仅关系到人类的健康和生命,也是衡量我国中医药卫生事业水平的重要标志。国家中医药管理局、国务院卫生行政管理部门先后制定颁布的《中药商业质量管理规范》《核发中药经营企业合格证验收准则(试行)》,对于整顿中药流通秩序、严厉打击制售伪劣中药,保证药材的安全有效起到了重要作用。国务院《关于进一步搞活农产品流通的通知》中规定,麝香、甘草、杜仲、厚朴四种中药材继续由国家指定的部门统一经营,罂粟壳等 28 种毒性中药材、国家重点保护的 42 种野生药材、57 种进口药材、中药饮片、中成药仍然由国有药材公司统一收购经营;对所有经营中药材的企业单位,都必须按《药品管理法》的规定,在所在地中药、卫生、工商行政主管部门申请领取《药品经营企业合格证》《药品经营企业许可证》和《营业执照》,严禁无"证"、无"照"经营。对中药的出口,实行中药出口许可证制度,贯彻先国内,后国外,出口服从内销的原则。

(三) 中药品种保护

为了提高中药品种的质量,保护中药生产企业的合法权益,促进中医药事业的发展,1993 年 1 月,国务院发布了《中药品种保护条例》。条例规定,国家鼓励研制开发临床有效的中药品种(包括中成药、天然药物的提取物及其制剂和中药人工制成品,但不包括依照专利法的规定办理申请专利的中药品种),对质量稳定、疗效确切的中药品种实行分级保护制度。根据《中华人民共和国中医药条例》的规定,国家保护野生中药材资源,扶持濒危动植物中药材人工代用品的研究和开发利用,鼓励中药材种植、培训基地,促进短缺中药材的开发生产。

对特定疾病有特殊疗效的；相当于国家一级保护野生药材物种的人工制成品；用于预防和治疗特殊疾病的中药品种，经批准可分别获得保护期为30年、20年、10年的中药一级保护品种。对特定疾病有显著疗效的；从天然药物中提取的有效物质及特殊制剂；已解除一级保护的中药品种，经批准可获得保护期为7年的中药二级保护品种。中药保护品种的保护期限届满，经申请可以延期。中药保护品种在保护期内向国外申请注册的，须经国务院卫生行政部门批准。对临床用药紧缺的中药保护品种，根据国家中药生产经营主管部门提出的仿制建议，由仿制企业所在地的省级卫生行政部门对生产同一中药保护品种的企业发放批准文号。该企业应当向持有《中药品种保护证书》的企业支付有关处方转让费和使用费。擅自仿制中药保护品种的，由县级以上卫生行政部门以生产假药依法论处。伪造《中药品种保护证书》及有关证明文件进行生产、销售的，由县级以上卫生行政部门没收其有关药品及违法所得，并可处以有关药品正品价格3倍以下的罚款；构成犯罪的，依法追究刑事责任。

第二节 民族医药的法律规定

一、民族医药的法律规定

民族医药是我国传统医学不可分割的组成部分。它包括生理、病理、病因、发病机制、诊断、治疗、药物采收、炮制配方、养生保健等丰富内容，既有其民族特色又自成理论体系。民族医药是广大民族地区不可缺少的重要卫生资源之一。新中国成立以来，民族医药事业得到稳定、全面的发展。目前，全国已建立起民族医医院128所，其中藏医医院52所，蒙医医院41所，维医医院26所，傣医医院1所，其他民族医医院8所。各地还建起了一批民族医专科医院和门诊部，一些综合医院和乡卫生院设置了民族医科。西藏、内蒙古、新疆分别建立了高等藏医、蒙医、维医院校和一批中等民族医药专科学校。一些医学院校也开设了民族医专业。西藏、云南等地相继建立了一批民族医药科研机构。为了促进民族医药事业的发展，1997年11月，全国民族医药学会在北京成立。我国民族医学主要包括藏族医学、蒙古族医学、维吾尔族医学、傣族医学等。

（一）藏族医学

藏族医学已有1 200多年文字记载的历史，其理论体系主要是三元素学说（风、胆、痰）。8世纪末的《四部医典》是藏医学的经典著作。目前，我国的藏医主要分布在西藏以及青海、四川、甘肃、云南等地。

（二）蒙古族医学

蒙古族医学以藏医《四部经典》为基础，结合自己的民族文化和医疗实践，产生了《蒙医正典》等古典医学巨著，形成了具有自己特点的以"三邪"学说（赫衣、希拉、巴达干）为主要理论体系的蒙医理论。目前蒙医主要分布在内蒙古、辽宁、吉林、黑龙江、青海、新疆等地。

（三）维吾尔族医学

维吾尔族医学具有悠久的历史，并且早就与内地的中医有广泛的交流，形成了包括四元素（土、水、火、风）、四津（血津、痰津、胆津、黑胆津）及五行（金、木、水、火、土）等内容的理论体系。目前维医主要分布在乌鲁木齐、喀什、和田、吐鲁番等地。

（四）傣族医学

傣医已有1 000多年的历史，在古老的贝叶经上，就有用傣文刻写的医药、方剂、制剂等内容。目前傣医主要分布在云南西双版纳傣族自治州和德宏傣族、景颇族自治州等地。

二、民族医医院建设

民族医医院是我国民族地区重要的医疗预防保健机构,是发展民族医学、培养民族医药人才的重要基地。为了提高民族地区人民的健康水平,国家中医药管理局于1989年11月发布了《关于加强民族医医院建设的意见》。

(一)民族医医院发展规划

在少数民族聚居地区,要区别情况分类指导,积极稳妥地发展民族医医院。凡有民族医学但未建立民族医医院的地(盟、州)和县(旗),要积极创造条件尽快建立。人口稀少和有特殊情况的县(旗),可先建立民族医门诊部。地、市、县在一起的,可集中力量先建一所民族医医院。没有民族医学的地区,可以建立中医医院。要使每个地(盟、州)、县(旗)有一所民族医医院或门诊部。县级以上的民族医医院应建成综合性民族医医院,各地要将民族医医院与西医医院摆在同等重要位置,并在卫生资源投入上采取倾斜政策。

(二)业务建设

医疗工作要体现民族医疗特色,采用现代科学技术,不断提高医疗护理水平。门诊各科室要建立健全各项工作制度,保证有2/3以上的高年资医师参加门诊,并根据医院技术特长开设专科(病)门诊。创造条件开设急诊室,装备必要的抢救器材和设备,制订急诊抢救常规和抢救措施,提高抢救成功率。加强病房建设,严格执行三级或二级医师查房制度,建立规范的病历考核制度。提高对病房急、危、重症的诊治水平。护理工作要吸取西医护理长处,探索民族医医院护理工作的特点和规律,提高护理工作人员的素质。加强药剂科工作的管理,严格执行民族药炮制规范、配方复核和药品保管制度,提高药品质量,保证临床疗效。

(三)科研工作

民族医医院要逐步开展民族医药的研究工作,从防病治病的实际出发,重点抓好常见病、多发病的研究,发掘民间有效方药和诊疗方法,有条件的医院还可以对民族医药理论和文献进行整理研究。

第三节 医疗气功管理的法律规定

一、医疗气功的概述

医疗气功,是指在中医理论及其临床实践的指导下,对他人传授或运用气功疗法直接治疗疾病的一种医疗活动。

医疗气功是几千年来我国人民在与大自然和疾病斗争过程中,运用意识作用,对自己心身进行锻炼及自我调节的一种经验总结,是一种独特、有效的祛病健身方法。医疗气功在我国源远流长,是我国民族文化中的一朵奇葩,也是祖国医学理论体系的重要组成部分。

据史料记载,"气功"直接产生于华夏祖先的医疗活动,它起源于四千年前的唐尧时期,文字记载于两千年前的春秋战国时期。现代考古学家发现,我国的医疗气功活动早在商代就已出现,马王堆出土的竹简《十问》讲述了多种"治气"之道;《吕氏春秋》也提到"昔陶唐之始……民气郁阏滞着,筋骨瑟缩不达,故作舞而宣守之",说明古代导引(含气功)已用于医疗。18世纪70年代,法国人开始介绍我国古代的坐功。19世纪末,英国人著有《功夫或医疗体操》一书,详细地介绍了我国传统气功及八段锦等,引起西方医学界的重视。20世纪80年代,随着我国中医事业的发展,医疗气功越来越受到人们的重视,使得这一传统的医疗方法得到普及和推广。因此,医疗气功已成为我国乃至世界人民防病保健医疗的手段之一。气功热虽然给我国传统医学的发展带来蓬勃生机,但是由于现代医学科学对气功的作用和机制尚无一致的认识,一时间存在着鱼龙混杂、泥沙俱下的情况,非内行者良莠难分。一些人利用人们对气功的神秘感和对医学科学的无知,把气功吹得神乎其神,用以宣传新的封建迷信,有组织地骗钱骗财,危害社会稳定及民众健康。为了促进医疗气功事业的顺利发展,1989年10月19日,国家中医药管理局制定了《关于加强医疗气功管理的若干规定(试行)》;1996年8月5日,中共中央宣传部、国家体委、国务院卫生行政管理部门、民政部、公安部、国家中医药管理局、国家工商行政管理局联合发布了《关于加强社会气功管理的通知》。2000年7月10日国家国务院卫生行政管理部门颁发的《医疗气功管理暂行规定》,对于维护医疗气功活动的正常秩序,保障医疗气功活动有法可依,惩治违法犯罪活动,规范医疗气功队伍,保证气功科学健康发展起到了重要作用。

二、医疗气功管理的法律规定

(一)主管部门

医疗气功是一种独特的临床诊疗活动,因此,为了保持医学科学的严肃性,维护公民的健康利益,医疗气功由中医药卫生行政部门负责管理。国家中医药管理局是负责医疗气功的政府主管部门,县级以上人民政府中医药行政管理机构负责对医疗气功的日常监督检查,武术气功、杂技气功、特异功能,虽然不属于国家中医药管理局的管理范围,但是一旦有人借助气功功力为他人治病,构成医疗行为的时候,国家中医药管理局就要根据有关规定对其进行必要管理。

(二)审批程序与事项

医疗气功活动涉及人体健康,关系到祖国传统医学的整体发展,因此,对运用气功治病的医疗单位和人员必须纳入医疗管理的范畴。开展医疗气功活动必须经过法定的审批程序并在医疗机构内进行。现阶段根据我国实际情况立法中应当明确县级以上中医医院、中西医结合医院、民族医医院、康复医院,疗养院和设有中医科的综合医院可以申请开展医疗气功活动。

申请开展医疗气功活动的机构,向其登记执业的卫生行政部门或者中医药行政管理机构提出申请。经初审同意后,报设区的市级以上地方人民政府中医药行政管理机构审批。对审核合格的,签发同意意见;审核不合格的,书面通知申请单位告知不予批准的理由。

对未经设区的市级以上地方人民政府中医药行政管理机构审批同意,以及未向卫生行政部门或者中医药行政管理机构申请办理诊疗科目登记或者变更登记手续的,不得开展医疗气功活动。

凡运用气功进行治疗的病例,必须有完整的病历,一切非医疗卫生单位(含部队)不得擅自开展医疗气功活动;医疗卫生单位不得聘用不符合规定的人员从事医疗气功活动;凡出国对他人传授或使用气功疗法进行医疗活动者,应具备气功医疗行医资格,并按出国审批权限报经国家、省、自治区、直辖市中医药、卫生行政部门批准。

(三)广告宣传与收费

医疗气功的对外宣传应当实事求是。医疗机构和医疗气功人员,不得借医疗气功之名,损害公民身心健康、宣扬迷信、骗人敛财。

报纸杂志等新闻媒体对医疗气功的广告宣传,必须尊重科学,实事求是,正确引导,不得夸大猎奇,更不能带有迷信色彩,同时必须符合《广告法》的有关规定并报经中医药、卫生行政部门批准。医疗机构和医疗气功人员,不得使用、制作、经营或者散发宣称具有医疗气功效力的物品。组织开展大型医疗气功讲座、大型现场性医疗气功活动及其他国家中医药管理局规定必须严格管理的医疗气功活动的,应当经省级以上人民政府中医药行政管理机构审核批准。

医疗气功活动的收费应当实行统一管理。主管部门应当组织有关专家对不同种类疾病的治疗方案、功法、内容、形式和手段制定诊疗常规,实施统一定价,报工商、物价等相关管理部门审批,决不允许医疗机构或非医疗机构擅自定价,扰乱医疗气功市场。

(四)气功医师的权利和义务

气功医师根据《执业医师法》《医疗气功管理暂行规定》的规定享有资格评定、学习培训,根据气功医疗的技术常规行使医疗手段的权利,对尝试其他医疗方法未果而求助于气功的患者应当尽心尽责,根据治疗常规,实施辨证施治。发现患者有"禁忌证"或发生气功偏差,应当及时采取相应的医疗措施,避免损害人体健康的不良结果发生。

(五)法律责任

医疗气功机构违反规定使用非医疗气功人员开展医疗气功活动,医疗气功人员未按其医师执业注册的执业地点开展医疗气功活动的,以及医疗气功人员在医疗气功活动中违反医学常规或医疗气功基本操作规范,造成严重后果的,按照《医疗机构管理条例》《执业医师法》《医疗机构管理条例实施细则》以及《医疗气功管理暂行规定》,由中医药、卫生行政部门,会同工商、公安等部门根据情节轻重处以警告、罚款、停业整顿、取缔等行政处罚;构成犯罪的,依法追究刑事责任。对于非医疗机构或非医师开展医疗气功活动的,参照《医疗机构管理条例》《执业医师法》《医疗机构管理条例实施细则》以及《医疗气功管理暂行规定》进行处罚;构成犯罪的,依法追究刑事责任。

1. 简述中药管理的法律规定。
2. 简述民族医药管理的法律规定。
3. 医疗气功管理的法律规定有哪些?

拓 展 阅 读

程序法

法理学在研究法律和法律现象的过程中,依据不同的标准,将法律分为不同的种类。根据法律规定内容的不同来进行划分,可以分为实体法与程序法。实体法是规定和确认权利和义务以及职权和责任为主要内容的法律,如宪法、行政法、民法、商法、刑法等等。而程序法是规定以保证权利和职权得以实现或行使,义务和责任得以履行的有关程序为主要内容的法律,如行政诉讼法、行政程序法、民事诉讼法、刑事诉讼法、立法程序法等等。程序法是正确实施实体法的保障,审判活动则是实体法和程序法的综合运用。作为实体法的对称,不能简单地把程序法与诉讼法或者审判法相等同,因为程序法是一个大概念,既包括行政程序法、立法程序法和选举规则、议事规则等非诉讼程序法,也包括行政诉讼法、刑事诉讼法、民事诉讼法等。

1. 分类 一般情况下,程序法是指实体法以外,法院或者行政机关如何进行各种司法程序或行政程序的实证法。在大陆法系国家,程序法基本上可以分为民事程序法、刑事程序法以及行政程序法。

民事实体法所规范的实体权利(所有权、债权等等)必须经由审判的过程才能加以实现,而民事程序法就是在安排民事审判程序的法律,表现在实证法上,就是各国的民事诉讼法律或非讼事件法律等等。刑事程序法就是国家为确定对于刑事审判程序所应适用的法律,它所规范的是刑事审判程序的进行,而非如刑法(刑事实体法)是对于人的行为的直接禁止。行政程序法则是规范行政机关在从事行政行为时,所应遵守的正当法律程序,例如:比例原则、禁止差别待遇、信赖保护等原则。

程序法在过去被认为仅仅是各种程序进行方式的规范,纯粹为技术性、工具性的法律安排,并不涉及人民的实体权利,因此在法学研究中并不具有独立的地位。然而正当法律程序等法律学说陆续出现,程序法即脱离以往仅仅依附于实体法的地位,而成为一门专业法学领域。甚至刑事程序法,由于必然涉及刑事被告的人权及审判的公平公正性、罪罚的不可回复性,有法律学者认为,刑事程序法具有宪法的高度,国家机关是否遵守刑事程序法即为该国"宪法的测震仪"。

2. 功能 程序法的主要功能在于及时、恰当地为实现权利和行使职权提供必要的规则、方式和秩序。为了描述程序的重要性和公正性,美国当代著名伦理学家罗尔斯在《正义论》一书中形象地把公正程序喻为"切蛋糕"的规则。蛋糕是权利和利益的象征,一个人负责分配蛋糕,如果程序性规则允许他在为别人分配蛋糕时也可以不加限制地为自己留一块,则他将有可能尽量少地分给别人,而尽可能多地留给自己;如果程序性规则规定只有在把蛋糕均等地分配给其他人以后,切蛋糕者本人才能最后领取到自己的那一份蛋糕,那么他就会尽最大努力来均分蛋糕。可见,程序性规则对于实现实体性权利是至关重要的。

3. 发展 普通法系(即英美法系)和大陆法系对于实体法和程序法的倾向性态度不尽一致。在以英国和美国为代表的普通法系,比较注重程序法规则,以致于提出了诸如"法律即程序"、"无程序即无救济"等著名法律格言,认为实体法上所规定的权利义务如果不经过具体的判决程序就只不过是一种主张或者"权利义务的假象",只是在一定程序过程产生出来的确定性判决中,权利义务才得以实现真正意义上的实体化。这种传统的形成,是因为英国历史上实行令状制度。令状是1066年诺曼人征服英国以后,由私人申请的可以向皇家法院起诉并以国王名义发布的成文命令或批准令,私人得到令状意味着他的诉权得到了法院确认。根据这种制度,产生了"无令状就无权利"的诉讼原则。由于每种令状都有相应的诉讼程序,不同的诉讼请求适用不同的诉讼程序,经常导致当事人因选择令状错误而被法院驳回诉讼请求,因此当事人要获得权利必须先经由正确的程序,这就产生了"程序先于权利"的原则。英国重视程序的传统由此形成,即使在成文法盛行的今天,程序先于权利的观念也没有多少改变。这种重视程序的传统亦被美国所接受。

在我国长期的法律传统中,普遍存在着重实体法轻程序法的观念。即使在今天,我国法律体系中的程序性法律规范也没有受到应有重视,表现为至今立法程序法、行政程序法、违宪监督程序法等重要程序法尚未出台,已有的程序法,即使像刑事诉讼法那样被修改过不长时间的法律,以依法治国、建设社会主义法治国家的标准和要求来看,一些内容也需要进行修改完善。在执法和司法实践中,把程序置于不顾的现象也时有发生。例如,法院公开审判早已是我国诉讼法治的一项基本原则,但直到现在,还需要呼吁落实公开审判制度。又如,在一些地方,以刑讯逼供方式非法获取证据的做法仍屡禁不绝。种种实例表明,忽视程序法的现象普遍存在,应当进一步有针对性地加强法治宣传教育,尽快转变人们重实体法轻程序法的观念,努力强化人们的程序法意识。

(陶高清)

第十六章 现代医学发展中的法律问题

第一节 生殖技术

一、人类辅助生殖技术产生的法律问题

（一）人类辅助生殖技术概述

人类辅助生殖技术是指运用医学技术和方法对配子、合子、胚胎进行人工操作，以达到受孕目的的技术方法，分为人工授精和体外受精-胚胎移植及其各种衍生技术。

1. 人工授精　人工授精是指用人工方式将精液注入女性体内以取代性交途径使其妊娠的一种方法。根据精液来源不同，分为丈夫精液人工授精和供精人精液人工授精。1953年美国阿肯色大学医学中心利用干冰冷冻精子复温后用于人工授精并获得成功。20世纪60年代以来，美国、法国、英国、意大利等国纷纷建立人类冷冻精子库，人工授精作为治疗男性不育的技术被广泛运用。

2. 体外受精　体外受精-胚胎移植技术及其各种衍生技术是指从女性体内取出卵子，在器皿内培养后，加入经技术处理的精子，待卵子受精后，继续培养，到形成早期胚胎时，再转移到子宫内着床，发育成胎儿直至分娩的技术。用这种技术生育的婴儿称为"试管婴儿"。自1978年7月25日世界上第一个试管婴儿诞生以来，随着医学技术的不断进步，体外受精技术已成为一种广泛应用的方法。体外受精技术主要适用于妇女因输卵管阻塞或男子精子数量很低等不孕症，同时对开展人类胚胎学和遗传工程学的研究具有重要意义。

3. 代理母亲　代理母亲是指代人妊娠的妇女，其方法是将他人的受精卵植入子宫或用人工授精方法使该妇女怀孕妊娠，分娩后婴儿由委托人收养，并支付一定报酬。这种代理生育的契约最早出现于20世纪70年代的美国，现在西方已成为一种职业即"代理母亲"。由于代理生育总是以金钱交易为基础，容易使代理母亲与因此而出生的婴儿被视为商品，从而引发法律问题和社会伦理问题。

4. 无性生殖　无性生殖也称克隆，是指生物体并不是通过性细胞的受精，而是从一个共同的细胞、组织或器官繁殖而得到一群遗传结构完全相同的细胞或生物，即无性繁殖。高等生物繁衍生命的自然规律本是有性生殖，即通过精子和卵子两性细胞的结合而达成。克隆技术却改变了这种自然规律，以无性繁殖代替有性繁殖。1997年2月英国克隆羊"多利"的

出生标志着高级哺乳动物的繁殖研究取得重大进步，这为解决因当前世界各国人口问题而愈显严峻的粮食和资源的缺乏提供了崭新的途径和方法。但因其成果应用到人类并不难，由此而引发了一场如何看待克隆技术及如何应用克隆技术的全球性争论。目前国际上普遍禁止克隆人的研究。

（二）人类辅助生殖技术对传统法律的冲击

现代生殖技术的问世和应用，既给不育夫妇带来福音，给患有遗传性疾病或有遗传性家族史的夫妇杜绝了其后代再患此病的危险，同时也给人类带来了许多社会伦理和法律问题。如：提供精液（或卵子）的人是否是婴儿的父亲（或母亲），他们去世后婴儿是否有权继承其遗产，受精卵和胚胎的生命权与法律地位，代理母亲与婴儿的关系等等。

自从人类进入文明时代，人类的两性关系及生育繁衍就与婚姻家庭不可割裂地联系在一起，社会也据此确立了亲子身份的推定原则：一个人在血缘上只有一父一母，除非有法律特别规定，父母子女关系自然形成，权利义务终身相随；"谁分娩谁为母"原则；子女于婚姻关系中孕育者，父的身份根据其与母的婚姻关系所确定。但是，人工生殖技术的推广，成千上万的人工生殖人口来到人世，打破了这些自然法则。对一个采用现代生殖技术而出生的婴儿来说，有可能存在5个父母：精子赠与人、卵子赠与人、孕育胎儿的代理母亲、抚育该婴儿的夫妇。那么究竟谁才是婴儿的父母？法律应该如何规范他们的权利和义务？

二、国外相关法律规定

（一）如何确定生殖技术婴儿的法律地位

1. 夫精人工授精　夫精人工授精所生子女与生母之夫存在着自然血亲关系，被视为婚生子女一般没有问题。但在丈夫已经法律宣布死亡之后，利用亡夫生前存于"精子银行"的冷冻精液怀孕的新生子女是否具有同等的权利，现行的继承法中有两项原则：第一，继承人与被继承人存在配偶、子女、父母关系的，享有同等的继承权。第二，继承的时间从被继承人死亡时开始，如果遗产分割时被继承人的遗腹子尚未出生的，当保留胎儿的继承份额。按照继承法的第一项原则用亡夫精子怀孕分娩的子女应具有同样的继承权，而按照第二项原则，他们在其父死亡时根本不存在，不可能有继承权。传统的继承法已经无法判定。

2. 供精人工授精　20世纪50年代，当供精人工授精技术首次应用时，美国法院曾裁定妇女犯有通奸罪（即使经过丈夫同意），该婴儿是非法的。随着供精人工授精的广泛使用，法律也发生了相应的变化。从多数国家的发展趋势看，都主张经过夫妻合意后出生的人工授精子女应推定为婚生子女，与母之夫的关系视为亲生父子关系。采用供精人工授精方法出生的婴儿可以说存在两个父亲，一个是生物学（遗传学）父亲，即供精者，一个是社会学（养育者）父亲，即生母之夫。从许多国家的有关立法来看，大都认定后者为合法的父亲，承担相应的权利和义务，有的法律还规定合意进行人工授精的夫妇离婚后，养育父亲不能拒绝对供精人工授精出生子女提供经济上的支持，也不能拒绝其会见子女和受赡养的权利。

3. 体外受精　英国1990年的《人工授精和胚胎学》法案中规定："一个由植入体内的胚胎或精子和卵子而孕育孩子的妇女应被视为该名孩子的母亲，而非其他妇女。"所以，即便采用体外受精技术出生的孩子与准备充当孩子养育父母的夫妇双方毫无遗传和血缘关系，仍应确定这对夫妇为孩子的合法父母。通过体外受精技术所生子女是他们的婚生子女，享有婚生子女的一切权利。因为孩子的遗传学父母仅仅是分别提供了精子和卵子而已。

4. 代理母亲　在解决卵子提供者与体外受精婴儿法律关系的问题上，法律确定了"孕育母亲在母权确定中比遗传母亲处于优势"的原则,同时推定该妇女的丈夫为该孩子的父亲,从而解决了谁是体外受精婴儿父亲的问题。但随着代理母亲的出现和职业化,这一原则又行不通了。关于"谁是代理母亲所生婴儿的父母"的确定,世界各国法律规定不尽相同,主要有三种情况:第一个原则:以遗传学为根据确定亲子关系。这是人类在漫长的历史中一直适用的最基本原则。随着供精人工授精和体外受精技术的应用,遗传母亲与孕育母亲不为同一人时,则遵循第二个原则:生者为母。第三个原则:按契约约定确定亲子关系。但是,由于"代理母亲"会引发很多法律上和伦理上的问题,所以,许多国家如法国、英国、瑞典等都明文禁止代孕行为,代生协议视为无效。

(二)受精卵和胚胎的处置

胚胎冷藏技术的发展为体外受精的临床应用拓展了空间,但也引发出如何确定胚胎和受精卵的法律地位及相关的一系列法律问题。

1. 受精卵和胚胎是不是人,其权利与归属如何 目前存在两种截然不同的意见:一种意见认为是人,应尊重之,不应伤害,未经主人同意也不能随意处置。另一种意见则认为不是人,不具有与人相同的法律地位,因为世界各国的民法一般都规定自然人的权利能力始于出生,终于死亡。如果认定其只是具有财产的价值,那么应归谁有?是否能被后代继承?尽管英、美和欧洲一些国家的生育技术法律改革委员会取得了某些一致意见,认为存在于人体之外的胚胎不具有法律上人的地位,但也未明确移植后或出生前是否具有法律上人的地位。大多数法律改革委员会建议男女捐献者对其精子和卵子结合形成的受精卵享有完全的控制权。

2. 胚胎研究并将多余的胚胎销毁或丢弃是否构成杀人 美、英、澳等国家专门组织班子或委托专家委员会对胚胎冷藏的法律问题提出咨询。美国有多个州禁止胚胎研究。德国1990年颁布《胚胎保护法》禁止人胚胎研究,不允许用已死亡的人的精子或卵子进行体外受精,而且决不允许提前鉴定胎儿性别(有严重遗传性连锁疾病危险的例外)。英国《人工授精和胚胎学》法案、法国《生命科学与人权》法律草案还规定胚胎的冷藏保管期为五年,保管期满后可任之死去。

3. 是否允许商业性获取人类胚胎 体外受精容易导致一胎多生,同时,试管婴儿的孕育者出于优生的考虑,希望后代具有优异的智力和体魄,这就可能使那些拥有优质人类胚胎的人或机构将其出售而获取利益。有的商人甚至准备筹建"婴儿工厂",从事婴儿的批量生产和买卖。许多国家都担心通过商业性获取胚胎会导致人口买卖和人口贩子粗制滥造婴儿,影响人口素质。因此,世界各国均禁止商业性获取人类胚胎。

三、我国人类辅助生殖技术应用的法律管理

为保证我国人类辅助生殖技术安全、有效和健康发展,国务院卫生行政管理部门发布了《人类辅助生殖技术管理办法》并自2001年8月1日起施行。2003年10月1日,国务院卫生行政管理部门又颁布了《人类辅助生殖技术规范》《人类精子库基本标准和技术规范》和《人类辅助生殖技术和人类精子库伦理原则》,原国务院卫生行政管理部门颁布的《人类生殖技术规范》《人类精子库基本标准》《人类精子库技术规范》和《实施人类辅助生殖技术的伦理原则》同时废止。

管理办法确立了我国对人类辅助生殖技术和精子库技术实行的严格准入制度,明确规定由国务院卫生行政管理部门主管全国人类辅助生殖技术应用和全国人类精子库的监督管理工作。县级以上地方人民政府卫生行政部门负责本行政区域内人类辅助生殖技术和人类

精子库的日常监督管理。

（一）开展人类辅助生殖技术的审批

1. 国务院卫生行政管理部门根据区域卫生规划、医疗需求和技术条件等实际情况，制订人类辅助生殖技术应用规划。

2. 申请开展人类辅助生殖技术的医疗机构应当符合下列条件：具有与开展技术相适应的卫生专业技术人员和其他专业技术人员；具有与开展技术相适应的技术和设备；设有医学伦理委员会；符合国务院卫生行政管理部门制定的《人类辅助生殖技术规范》的要求。

3. 申请开展丈夫精液人工授精技术的医疗机构，由省、自治区、直辖市人民政府卫生行政部门审查批准。申请开展供精人工授精和体外受精-胚胎移植技术及其衍生技术的医疗机构，由省、自治区、直辖市人民政府卫生行政部门提出初审意见，国务院卫生行政部门审批。

4. 批准开展人类辅助生殖技术的医疗机构应当按照《医疗机构管理条例》的有关规定，持省、自治区、直辖市人民政府卫生行政部门或者国务院卫生行政管理部门的批准证书到核发其医疗机构执业许可证的卫生行政部门办理变更登记手续。人类辅助生殖技术批准证书每2年校验一次，校验由原审批机关办理。校验合格的，可以继续开展人类辅助生殖技术；校验不合格的，收回其批准证书。

（二）我国人类辅助生殖技术的应用原则

1. 人类辅助生殖技术的应用应当在医疗机构中进行，以医疗为目的，并符合国家计划生育政策、伦理原则和有关法律规定。

2. 人类辅助生殖技术必须在经过批准开展此项技术并进行登记的医疗机构中实施，未经卫生行政部门批准，任何单位和个人不得实施人类辅助生殖技术。

3. 实施人类辅助生殖技术应当符合国务院卫生行政管理部门制定的《人类辅助生殖技术规范》的规定。

4. 禁止以任何形式买卖配子、合子、胚胎。

5. 医疗机构和医务人员不得实施任何形式的代孕技术。

6. 应当遵循知情同意原则，并签署知情同意书。涉及伦理问题的，应当提交医学伦理委员会讨论。

7. 实施供精人工授精和体外受精-胚胎移植技术及其各种衍生技术的医疗机构应当与国务院卫生行政管理部门批准的人类精子库签订供精协议。严禁私自采精。医疗机构在实施人类辅助生殖技术时应当索取精子检验合格证明。

8. 实施人类辅助生殖技术的医疗机构应当为当事人保密，不得泄漏有关信息。

9. 实施人类辅助生殖技术的医疗机构不得进行性别选择。法律法规另有规定的除外。

10. 实施人类辅助生殖技术的医疗机构应当建立健全技术档案管理制度。供精人工授精医疗行为方面的医疗技术档案和法律文书应当永久保存。

11. 实施人类辅助生殖技术的医疗机构应当对实施人类辅助生殖技术的人员进行医学业务和伦理学知识的培训。

（三）人类精子库的管理

人类精子库是以治疗不孕症及预防遗传病和提供生殖保险等为目的，利用超低温冷冻技术，采集、检测、保存和提供精子的机构。

1. 精子的采集与提供应当在经过批准的人类精子库中进行，未经批准，任何单位和个人不得从事精子的采集与提供活动。我国的人类精子库必须设置在持有《医疗机构执业许可证》的综合性医院、专科医院或持有《计划生育技术服务执业许可证》的省级以上（含省级）计划生育服务机构内，其设置必须符合《人类精子库管理办法》的规定。中国人民解放军医疗机构中设置人类精子库的，根据有关规定，由所在省、自治区、直辖市卫生厅（局）或总后国务院卫生行政管理部门科技部门组织专家论证评审、审核，报国家国务院卫生行政管理部门审批。中外合资、合作医疗机构，必须同时持有国务院卫生行政管理部门批准证书和商务部颁发的《外商投资企业批准证书》。

2. 人类精子库必须具有安全、可靠、有效的精子来源；机构内如同时设有人类精子库和开展人类辅助生殖技术，必须严格分开管理。

3. 人类精子库必须对精液的采供进行严格管理，必须按《供精者健康检查标准》和供精者基本条件进行严格筛查，保证所提供精子的质量；建立供精者、用精机构反馈的受精者妊娠结局及子代信息的计算机管理档案库，控制使用同一供精者的精液获得成功妊娠的数量，防止血亲通婚。

4. 人类精子库必须具备完善、健全的规章制度，包括业务和档案管理规范、技术操作手册及人类精子采供计划书（包括采集和供应范围等）等；必须定期或不定期对人类精子库进行自查，检查人类精子库规章制度执行情况、精液质量、服务质量及档案资料管理情况等，并随时接受审批部门的检查或抽查。

5. 人类精子库必须贯彻保密原则，除精子库负责人外，其他任何工作人员不得查阅有关供精者身份的资料和详细地址。工作人员应尊重供精和受精当事人的隐私权并严格保密；除司法机关出具公函或相关当事人具有充分理由同意查阅外，其他任何单位和个人一律谢绝查阅供精者的档案。确因工作需要及其他特殊原因非得查阅档案时，则必须经人类精子库机构负责人批准，并隐去供精者的社会身份资料。

6. 人类精子库不得开展以下工作：不得向未取得国务院卫生行政管理部门人类辅助生殖技术批准证书的机构提供精液；不得提供未经检验或检验不合格的精液；不得提供新鲜精液进行供精人工授精，精液冷冻保存需经半年检疫期并经复检合格后，才能提供临床使用；不得实施非医学指征的、以性别选择生育为目的的精子分离技术；不得提供2人或2人以上的混合精液；不得采集、保存和使用未签署供精知情同意书者的精液；人类精子库工作人员及其家属不得供精；设置人类精子库的科室不得开展人类辅助生殖技术，其专职人员不得参与实施人类辅助生殖技术。

第二节 器官移植

一、器官移植的概念及意义

（一）器官移植的概念

从理论上讲，器官移植分为三大类：自体移植、同种移植和异种移植。从临床上看，则包括脏器移植，组织移植和细胞移植三种类型。这三种类型不仅实施条件与难度相差甚远，而且在涉及伦理、法律问题上也有重大差别。现今一般所指移植实际仅指脏器移植，而且是同种异体器官移植，即用手术方法，切取另一人体（活体或尸体）内的脏器，移植到另一人体内，替换其已损伤的病态的或衰竭的器官，以救治其疾病。由于脏器移植代表了当今器官移植的主体，且由于自体移植和异种移植不涉及供体权利的转移，一般不发生法律问题。所以这里所讨论的器官移植仅指同种异体移植。

器官移植的设想早在古希腊时代已产生,但直到20世纪才成为现实。1954年,第一例同卵双生子之间肾移植在美国波士顿一家医院获得成功,从而为器官移植带来新的曙光。此后几十年间,由于新的免疫抑制药物的研制和应用,组织配型能力的提高以及外科手术的改进,器官移植取得很大成就。1963年首例肝移植、1967年首例心脏移植等,一次次轰动世界。目前对人体内除了神经系统以外的所有器官和组织都可以移植,但肾脏移植的应用最广泛,存活率也最高。据统计肾移植5年以上存活率已接近90%,许多病人已存活20余年。

(二)器官移植的意义

一方面,器官移植技术使许多本来难以恢复健康的病人得以康复,使患有不治之症的患者有了生的希望和可能。现在全世界由于器官移植手术而获得第二次生命的人已有50余万人。为了肯定这一新成就给人类带来的贡献,1990年诺贝尔生理学和医学奖授予了1954年首例肾移植医生默里和60年代中期首例骨髓移植医生托马斯。此后又有两位从事人体器官移植研究的科学家获奖。另一方面,器官移植可以使有限的卫生资源发挥更大效益。以肾移植为例,目前费用虽然较高,但与维持晚期肾衰病人生命的长期透析相比则经济得多,而且病人又可在相当程度上恢复正常的工作和生活,继续为社会创造财富,其社会意义显而易见。

二、国外相关法律规定

对于器官移植手术而言,最重要的莫过于供体器官的获得。而人体器官来源的不足已成为阻碍器官移植的关键。而围绕如何解决器官来源,产生了许多复杂的法律问题:如公民是否有提供器官的义务;什么情况下采集器官是合法的;能否采取强制措施获取尸体器官;人体器官是否可以买卖等等。为了解决供体来源,国外许多国家制定了一些相应的法律规定。

(一)自愿捐献

自愿捐献即由死者生前自愿或其家属自愿将死者器官捐献给他人。它强调鼓励自愿和知情同意的两大基本原则。死者生前同意捐献则可切除其遗体的器官。如果死者生前明确表示死后不愿捐献器官,则他人无权摘除其器官。美国1968年通过的《统一组织捐献法》中规定:超过18岁的个人可以捐献他身体的全部或一部分用于教学、研究、治疗或移植的器官;如果个人死前未作捐献表示的,他的近亲有权作出捐赠表示,除非已知死者反对;如果个人已作出捐赠表示的不能被亲属取消。

对于采集活体器官,许多国家的法律规定:必须优先考虑供体利益,并预料对供体的健康不会发生损害;该器官的移植足以挽救受体的生命或足以恢复或改善受体的健康状况;没有任何第三者压力,保证同意是在真实自愿的基础上作出的,知情同意是必经程序;供体必须是已达法定年龄的成年人。

(二)推定同意

推定同意是指法律规定公民在生前未作出不愿意捐出器官的表示,都可被认为是自愿的器官捐献者。推定同意原则是针对人口中大多数既未表示同意,又未表示反对的人提出的。有以下两种:

1. 医师推定同意　只要死者生前未表示反对,医生就可推定其同意而不必考虑亲属的意愿。法国、匈牙利、奥地利、瑞士、丹麦、新加坡等国采取了这种做法。采取这种方式既能大大增加可用于移植的器官的数量,又可避免因征求家属意见延误时间而影响移植的质量。但因其具有强制处理死者尸体的性质,因而难以为一些国家所接受和采用。

2. 亲属推定同意　要求医师在明确家属无反对意见,同意捐献时才可。其优点是避免死者家属诉讼,芬兰、希腊、瑞典、挪威等国的法律采用了这种形式。

(三) 关于器官商业化

由于移植用器官严重供不应求,出现器官捐赠者变相收费和医生收取介绍器官捐献者费用的事件。1983年美国一名医生曾建设成立"国际肾脏交易所"购买穷人的肾脏。这些买卖或变相买卖人体器官的做法受到公众舆论的普遍谴责。因为器官市场必然会出现有钱人买器官,移植受益;穷人迫于贫困出卖器官,甚至损害生命。因此,世界卫生组织呼吁制定一个有关人体器官交易的全球性禁令,并敦促其成员国制定限制买卖人体器官的法律。美国、加拿大、法国、印度等越来越多的国家通过法律明文禁止人体器官买卖。

三、我国器官移植立法

(一) 我国器官移植立法现状

我国临床器官移植较国际上晚,但发展较快,迄今已开展了28种同种异体器官移植。肾移植已达世界先进水平,胰岛移植、血管全脾移植、胎器官移植等位居国际领先地位。尽管如此,我国器官移植特别是大器官移植与发达国家相比,在移植例数、存活时间、生存质量上都有较大差距。究其原因,并不完全在于技术、药物等条件方面,而关键在于供体的匮乏与质量低下。导致这种状况的一个重要原因在于缺乏法律保障。我国至今尚未公开颁布有关的法律法规,也未实行脑死亡标准,使器官移植技术得不到法律保障。全国人大代表在人代会上多次呼吁,必须加快器官移植的立法工作,否则,无序的器官移植将带来众多法律、伦理等难题。同时,我国关于遗体捐赠方面的立法也不完善,对于违反协议的人也没有明确具体的责任,协议的执行在很大程度上要依赖于道德的力量。遗体捐赠体系的不健全,又使许多愿意在死后捐赠遗体的人捐赠无门,加剧了供体的缺乏。

1999年,第九次全国医学伦理学术年会讨论通过的《器官移植伦理原则》成为我国关于器官移植的第一个伦理性文件。该文件明确提出了我国器官移植的基本原则。规范了有关器官移植的道德行为。

《人体器官移植条例》已经2007年3月21日国务院第171次常务会议通过,自2007年5月1日起施行。

(二)《人体器官移植条例》的主要内容

1. 人体器官移植及监督管理机构　我国人体器官移植条例规定,在中华人民共和国境内从事人体器官移植,适用本条例;从事人体细胞和角膜、骨髓等人体组织移植,不适用本条例。本条例所称人体器官移植,是指摘取人体器官捐献人具有特定功能的心脏、肺脏、肝脏、肾脏或者胰腺等器官的全部或者部分,将其植入接受人身体以代替其病损器官的过程。任何组织或者个人不得以任何形式买卖人体器官,不得从事与买卖人体器官有关的活动。国务院卫生主管部门负责全国人体器官移植的监督管理工作。县级以上地方人民政府卫生主管部门负责本行政区域人体器官移植的监督管理工作。

2. 人体器官的捐献　人体器官捐献应当遵循自愿、无偿的原则。捐献人体器官的公民应当具有完全民事行为能力。公民捐献其人体器官应当有书面形式的捐献意愿,对已经表示捐献其人体器官的意愿,有权予以撤销。公民生前表示不同意捐献其人体器官的,任何组织或者个人不得捐献、摘取该公民的人体器官;公民生前未表示不同意捐献其人体器官的,该公民死亡后,其配偶、成年子女、父母可以以书面形式共同表示同意捐献该公民人体器官的意愿。任何组织或者个人不得摘取未满18周岁公民的活体器官用于移植。活体器官的接受人限于活体器官捐献人的配偶、直系血亲或者三代以内旁系血亲,或者有证据证明与活体器官捐献人存在因帮扶等形成亲情关系的人员。

3. 医疗机构从事人体器官移植应具备的条件

(1) 有与从事人体器官移植相适应的执业医师和其他医务人员。

(2) 有满足人体器官移植所需要的设备、设施。

(3) 有由医学、法学、伦理学等方面专家组成的人体器官移植技术临床应用与伦理委员会,该委员会中从事人体器官移植的医学专家不超过委员人数的1/4。

(4) 有完善的人体器官移植质量监控等管理制度。

4. 人体器官移植技术临床应用与伦理委员会根据申请应当对下列事项进行审查,并出具同意或者不同意的书面意见。经2/3以上委员同意,人体器官移植技术临床应用与伦理委员会方可出具同意摘取人体器官的书面意见。

(1) 人体器官捐献人的捐献意愿是否真实。

(2) 有无买卖或者变相买卖人体器官的情形。

(3) 人体器官的配型和接受人的适应证是否符合伦理原则和人体器官移植技术管理规范。

5. 法律责任　违反本条例规定,有下列情形之一,构成犯罪的,依法追究刑事责任:

(1) 未经公民本人同意摘取其活体器官的。

(2) 公民生前表示不同意捐献其人体器官而摘取其尸体器官的。

(3) 摘取未满18周岁公民的活体器官的。

医务人员有下列情形之一的,依法给予处分;情节严重的,由县级以上地方人民政府卫生主管部门依照职责分工暂停其6个月以上1年以下执业活动;情节特别严重的,由原发证部门吊销其执业证书:

(1) 未经人体器官移植技术临床应用与伦理委员会审查同意摘取人体器官的。

(2) 摘取活体器官前未依照本条例第十九条的规定履行说明、查验、确认义务的。

(3) 对摘取器官完毕的尸体未进行符合伦理原则的医学处理,恢复尸体原貌的。

医疗机构有下列情形之一的,对负有责任的主管人员和其他直接责任人员依法给予处分;情节严重的,由原登记部门撤销该医疗机构人体器官移植诊疗科目登记,该医疗机构3年内不得再申请人体器官移植诊疗科目登记:

(1) 不再具备本条例第十一条规定条件,仍从事人体器官移植的。

(2) 未经人体器官移植技术临床应用与伦理委员会审查同意,做出摘取人体器官的决定,或者胁迫医务人员违反本条例规定摘取人体器官的。

(3) 有本条例第二十八条第(二)项、第(三)项列举的情形的。

(三) 器官移植涉及的刑法问题

1. 活体器官移植与故意伤害罪　活体器官移植,是指医生摘取活人的器官,移植给其他急需救治的患者的情形。由于医生摘取某人的器官,不是为了治疗其自身的疾病,而是为了用来救治其他人,所以,不是刑法理论上所说的阻却违法性(或无社会危害性)的"治疗行为",而是一种"治疗援助"行为。 在德、日等国,刑法理论上的通说认为,为移植而摘取活体器官不构成犯罪的前提条件是：

（1）必须向移植器官供者充分说明，摘取其器官可能对其身体健康带来危险性；

（2）必须有移植器官供者基于真实意愿的承诺，即真诚同意捐献器官；

（3）必须考虑移植器官供者自身的健康状况，只有在摘取器官对其不会有生命危险的条件下才能实行。

如果采用欺骗、胁迫手段，使移植器官供者作出承诺，或者没有移植器官供者的承诺而摘取其器官，或者在对移植器官供者有重大生命危险的情况下摘取其器官，则有可能构成伤害罪或杀人罪。

2. 尸体器官移植与盗窃、侮辱尸体罪　一般认为，医生为移植而摘取尸体器官，应该以自愿捐赠为原则，不能违背死者本人或其近亲属的意愿，否则就是非法的，应承担相应的法律责任。在通常情况下，医生摘取尸体器官前，必须充分考虑死者生前是否有捐献器官的意思表示，死者近亲属现在是否同意捐献死者的器官。对此，各国器官移植法往往都有明文规定，只不过具体规定有所不同。概括起来，主要有以下几种形式：

（1）"反对意思表示方式"，即死者本人生前如果没有表示反对的意思，就可以摘取器官；

（2）"承诺意思表示方式"，这又分为两种：一是所谓"狭义的承诺意思表示方式"，即仅仅只有本人作出承诺，表示愿意死后捐献器官，才能为移植而摘取尸体器官；二是所谓"广义的承诺意思表示方式"，即不仅有死者生前捐献器官的承诺，可以摘取尸体器官，而且在没有死者生前承诺的场合，如果有近亲属的承诺，也可以摘取尸体器官。其中，"狭义的承诺意思表示方式"又可分为"本来的狭义承诺意思表示方式"与"特殊的狭义承诺意思表示方式"，前者是指通常的只有死者本人生前作出承诺，才能摘取尸体器官的情形；后者则是指既要有死者本人生前的承诺，又要有近亲属现在的承诺，才能摘取尸体器官的情形。并且，前者还可分为"书面的狭义承诺意思表示方式"（以书面形式为限）与"不问形式的狭义承诺意思表示方式"两种。

（3）"通知方式"，这是指即使死者生前无承诺，也并不一定就不能摘取尸体器官，只是医生必须将摘取尸体器官之事通知死者的近亲属。"通知方式"也包括两种类型：一是"北欧的通知方式"，即死者生前虽无捐献器官的承诺，但如果死者的近亲属没有表示反对的意思，或者摘取器官并不违反死者及其近亲属的信仰，那就可以摘取死者的器官，只是摘取之前必须尽可能告诉死者的近亲属；二是"德国的通知方式"，即死者没有作出是同意还是不同意捐献器官的意思表示时，医生先要将意图摘取死者器官之事通知死者的近亲属，在近亲属不反对的条件下，可以摘取死者的器官。

3. 器官移植诱发的新型犯罪

（1）买卖人体器官的犯罪。

（2）非法摘取人体器官的犯罪。

（3）进行人体试验的犯罪。

第三节　基因工程

一、基因和基因工程的概念

基因是 DNA 上有遗传意义的片段，基因包含一定数量的碱基。基因是基础的遗传单位，它决定着生物的性状、生长与发育。更重要的是，基因与许多疾病有关。

基因工程,又称基因拼接技术或DNA重组技术,是指采取类似工程设计的方法,按照人们的需要,通过一定的程序将具有遗传信息的基因,在离体条件下进行剪接、组合、拼接,再把经过人工重组的基因转入宿主细胞大量复制,并使遗传信息在新的宿主细胞或个体中高速表达,产生出人类需要的基因产物,或者改造、创造新的生物类型。

二、国外基因工程立法

基因工程诞生于20世纪70年代。当时,由于对DNA重组技术的前途难以预测,过高地估计了它的风险以至于达到了恐怖的程度,担心终有一天人类会因为此项技术而毁灭人类自己。因此,美国首先制定了控制基因工程发展的法规。1976年6月,美国国立卫生研究院被授权制定并公布了世界上第一个实验室基因工程应用法规《重组DNA分子实验准则》。此后,法国、英国、日本、前苏联等20多个国家也陆续制定了这类法规。1978年开始,人们逐渐认识到基因工程技术的危险在最初被过分夸大了,已制定的准则显得过于严厉不利于技术发展,所以,有必要修改实验准则。1980年1月,美国政府公布了修正后的《重组DNA分子实验准则》,至今该准则已进行了多次修改。各国政府也在实践的基础上,审慎地一次又一次修改、放宽实验准则。

1982年以来,随着基因工程的产业化、商业化的进展,在美国、日本和一些西欧国家,相继运用基因工程商业化生产胰岛素之后,用基因工程合成的人生长激素、乙型肝炎疫苗、组织血纤维蛋白溶酶原激活因子,以及各种干扰素相继进入临床试验。这意味着重组DNA这项新技术将走出实验室进入工厂、医院、社会,从而使所谓的潜在性危害发生的可能性明显增长。为了防止重组DNA所导致的危险和灾害性事故的发生,一些西方国家和国际组织在重组DNA安全操作和有关领域中运用的技术方面制定了法规。1986年通过了《国际生物技术产业化准则》,日本、澳大利亚等国制定了更为具体的《重组DNA技术工业化准则》《重组DNA技术制造药品的准则》等。

1997年2月24日,克隆羊"多利"的降生,标志着20世纪又出现一项重大科技成果,震撼了世界。同时也引起了人们的忧虑:将来有人利用克隆技术复制人类自己,有可能给人类社会带来毁灭性的灾难。因此,尽管就目前的克隆技术而言,人体克隆只是一种可能,但欧美许多国家不约而同地对人体克隆采取了强烈的禁止措施。他们或者通过颁布禁令,或者制定法律阻止研究人体克隆。

1997年11月,联合国教科文组织在巴黎通过了指导基因研究的道德准则性文件《世界人类基因组与人权宣言》,要求禁止克隆人等"损害人类权利和尊严的科研行为"。世界卫生组织表示,利用克隆技术制造完全相同的人的做法是不能接受的。世界卫生组织认为,这种试验违背医学要保护人类尊严和从遗传角度保证人类安全的基本准则。世界卫生组织同时强调,禁止克隆人并不意味着禁止利用克隆技术,因为该项技术能够为人类战胜癌症等疾病"生产"出所需的抗体。1998年1月,法国、丹麦、芬兰等19个欧洲国家在巴黎签署了人类第一份禁止克隆人的法律文件《禁止克隆人协议》,禁止用任何技术创造与任何生者或死者基因相似的人。

2001年12月联合国大会通过决议,决定设立禁止人的生殖性克隆国际公约特别委员会,专门对与制定这一公约的有关问题进行研究。但是,迄今为止,《禁止生殖性克隆人国际公约》仍未达成。究其原因,主要是各国再怎么个禁法、禁到什么程度两方面存在分歧。美国、意大利等60个国家主张禁止包括生殖性和治疗性克隆人在内的一切行为。英国、俄罗斯、中国、日本、法国、德国等20多个国家赞同禁止生殖性的克隆人的行为,但强调是否禁止治疗性的克隆人行为可由各国自主立法决定。

英国政府于2001年1月宣布,允许科学家进行克隆人类早期胚胎的"治疗性克隆"研究,以培育用于治疗疾病的人体细胞和组织。英国一专家委员会也在给政府的报告中建议政府修改法律,允许进行克隆人类早期胚胎的研究。法国政府2001年6月批准一项法律草案,禁止以医学研究为目的克隆人体胚胎,总理表示政府允许将人体器官克隆技术进行用于医疗目的的研究,但严禁进行克隆人的研究。澳大利亚政府表示仍将禁止对人类进行克隆,但是"治疗性克隆"将是可能的。日本2001年实施的《克隆技术限制法》严禁克隆人,人类克隆胚胎也在禁止之列,但对后者并没有彻底封杀,而是要在3年内重新决定是否解禁。美国众议院2003年2月再次通过一项全面禁止克隆人研究的法案。根据这项法案,无论是生殖性克隆还是以医学研究为宗旨的治疗性克隆,在美国都将属于犯罪行为。但该法案至今还搁浅在参议院。

三、我国基因工程立法

我国是生物技术发展较快的国家之一。但我国的生物技术立法工作却很滞后,仅在专利法、环境保护法等法律中涉及一些生物技术的法律问题。为了促进我国生物技术的研究和开发,加强基因工程工作的安全管理,保障公众和基因工程工作人员的健康,防止环境污染,维护生态平衡,国家科委于1993年12月发布了《基因工程安全管理办法》,就适用范围、安全性评价、申报、审批和安全控制措施等方面作了规定。

在基因治疗方面,我国目前仅同意体细胞基因治疗。1993年,国务院卫生行政管理部门制定了《人的体细胞治疗和基因治疗临床研究质控要点》,强调对基因治疗的临床试验要在运作之前进行安全性论证、有效性评价和免疫学考虑,同时注意社会伦理影响。

1999年9月,中国获准加入人类基因组计划,负责测定人类基因组全部序列的1%,也就是3号染色体上的3 000万个碱基对。中国是继美、英、日、德、法之后第6个国际人类基因组计划参与国,也是参与这一计划的唯一发展中国家。为了防止人类基因组计划引发的伦理、法律和社会等方面的问题,国家人类基因组南方、北方两个中心成立了伦理、法律、社会问题工作组,对有关问题进行研究,提出相应伦理和法律对策。其目的是在认识人类与其他生物基因的基础上,重新认识社会成员之间、家庭之间、个人、家庭与社会之间的关系,认识人类与生命世界及整个自然的关系,保证人类基因组计划沿着健康轨道进行,重建人类社会更加和睦、人类与自然界更为和谐的新文明。

中国是人口众多的国家,有56个民族和诸多遗传隔离人群,形成了丰富的人类遗传资源,是研究人类基因组多样性和疾病易感性/抗性的不可多得的材料。但由于管理上的问题,在这一珍贵资源的采集、研究、开发中存在盲目、无序、流失的现象。为了有效保护和合理利用我国的人类遗传资源,加强人类基因的研究与开发,促进平等互利的国际合作和交流,1998年9月,经国务院批准,科学技术部、国务院卫生行政管理部门共同制定了《人类遗传资源管理暂行办法》。

"克隆羊"的出现在我国也引起了社会各界的重视,应保护科学家采用克隆技术探讨医学领域中的重大课题。但是,在中国境内禁止开展克隆人的研究。目前,克隆哺乳动物试验还很不成熟,盲目开展会造成不可估量的后果。即使技术成熟后,也不可能解决法律上和伦理上的问题。中国对克隆人的政策是:坚决反对克隆人,不赞成、不支持、不允许、也不接受任何克隆人试验,同时,要大力普及有关克隆的知识,引导人们正确理解克隆的概念,以更好地支持科学技术的发展。

第四节 脑死亡立法

一、脑死亡的概念

《中国大百科全书》中死亡的定义是:自然人生命的终止,人体生理机能逐渐衰减以至完全停止的过程。20世纪50年代美国著名的《布莱克法律词典》将死亡定义为:血液循环完全停止,呼吸、脉搏停止。然而,自20世纪五六十年代以来,现代医学在抢救心跳、呼吸骤停以及心脏移植技术方面有了突飞猛进的发展。人工心脏救护设备和人工呼吸机的使用,可以使那些心跳、呼吸停止数小时乃至10余小时的病人起死回生。因此,把心肺功能作为生命最本质的特征和死亡惟一的判断标准受到了现代生物医学的挑战。于是,人们开始对死亡的定义和标准重新认识,一种被医学界认为更加科学的脑死亡概念和脑死亡标准应运而生。

脑死亡是指包括大脑、小脑、脑干在内的全部机能完全而不可逆地停止,即全脑死亡。脑死亡原发于脑组织严重外伤或脑的原发性疾病,其特征是脑功能不可逆地全部丧失,它同心跳和呼吸停止一样,是自然人生命现象的终止,是个体死亡的一种类型。

现代医学研究表明:死亡并不是瞬间来临的事件,而是一个物质变化的过程,同样也有着从量变到质变的规律。在脑死亡的过程中,人的机体的新陈代谢分解大于合成,组织细胞的破坏大于修复,各种脏器功能的丧失大于重建。一旦脑死亡确定,决定了机体各种器官在不久的将来必定出现死亡。并且,这种现象是不可逆转的。脑死亡后即使心跳、血压仍可维持,但作为人所特有的意识、信念、感情、认知均已消失。因此,作为社会意义上的人也就不复存在。

二、国外脑死亡的法律规定

脑死亡的标准最早出现于1968年美国哈佛医学院死亡定义审查特别委员会发表的一份报告,该报告第一次正式把脑死亡作为判断死亡的又一标准。其主要内容是:不可逆深度昏迷,无感应性和反应性;自主运动和呼吸停止;脑干反射消失;脑电波平直。上述状况在24小时内反复测试结果无变化,就可宣告该人死亡。但有两种情况除外:体温过低(低于32.2℃);刚服过巴比妥药物等中枢神经系统抑制剂的病例。目前世界上大多数国家基本采用哈佛医学院的诊断标准。

芬兰是世界上第一个在法律上确立脑死亡的国家。此后,美国的堪萨斯州在1970年通过了《死亡和死亡定义法》。1983年,美国医学会、美国律师协会、统一州法律督察全国会议以及医学和生物学行为研究伦理学问题总统委员建议各州采纳以下条款:"任何人患有呼吸和循环不可逆停止或大脑全部功能不可逆丧失就是死人。死亡的确定必须符合公认的医学标准。"上述条款实际上是让传统死亡概念、标准和脑死亡概念、标准并存,避免了人们对死亡定义可能产生的误会。随后,加拿大、阿根廷、瑞典、澳大利亚、奥地利、希腊、意大利、英国、法国、西班牙、波多黎各等10多个国家也先后制定了脑死亡法律,承认脑死亡是宣布死亡的依据。比利时、德国、印度、荷兰、新西兰、南非、韩国、瑞士和泰国等国家和地区虽然法律没有明文规定,但临床上已经承认脑死亡状态并用来作为宣布死亡的依据。

为了保证和提高脑死亡诊断的准确性,防止偏差,有的国家规定,脑死亡诊断应由两名内科医生作出,且同器官移植无关联。也有的国家规定,脑死亡的确定,应由两名医生独立进行检查,得出相同结论,或需经上级医生的核准;必要时,还需神经内科、神经外科、麻醉科以及脑电图专家会诊,无异议时方可确定脑死亡。

三、我国脑死亡立法的思考

我国目前尚未制定出一部统一的、正式的、具有法律效力的脑死亡标准。由于我国文化传统的影响,医学技术的发展状况不平衡,人们对脑死亡的认识还很模糊,在短期内,要使全社会对脑死亡标准达成共识是不可能的。但是,随着医学科学的发展,通过法律确定脑死亡的标准,已成为十分现实和迫切的需要。为此,我们建议在脑死亡立法时注意以下几个方面:

(一)两种死亡标准并存

根据我国的具体国情,根深蒂固的传统观念,在现有各级医疗单位在技术、设备、诊疗水平上存在较大差异的情况下,借鉴国外、我国香港、台湾地区的脑死亡立法经验,可以采用传统死亡标准和脑死亡标准同时并存的制度。

(二)严格确定脑死亡诊断标准

判定脑死亡除了检测各种神经反射活动是否消失外,还可以通过脑电图、脑超声图等测定方法来认定。将脑死亡作为确定死亡的标志之一,其鉴定标准必须具备以下条件:人陷入不可逆深度昏迷;反射全部消失,脑循环停止,脑电图平坦无曲线;无自主呼吸,仅靠呼吸机等人工方法维持;病因(昏迷原因)已查明等。

(三)确定脑死亡的程序

脑死亡的确定必须在具备一定的医疗条件的医院,通过必要的检测手段后,由两名以上具备相应资格的医师独立作出书面认定,在确定病人脑死亡时,病人的原诊治医师应当回避。病人脑死亡事实一旦确定,由确定脑死亡的医疗组织签发死亡诊断书。

(四)法律责任

脑死亡立法应当明确规定违反脑死亡法律法规者所应承担的法律后果。对于不符合脑死亡标准的病人,因确定医师的过错而导致事故的,应追究责任人的民事责任或行政责任,构成犯罪的,依法追究刑事责任。

第五节　安乐死

一、安乐死的概念、历史与现状

"安乐死"一词源自希腊语,原意是无痛苦死亡。现代意义上的安乐死是指为结束不治之症患者无法忍受的肉体痛苦,采用科学方法对人的死亡过程进行调节,使死亡状态安乐化,以维护人的死亡尊严。安乐死是一种死亡过程中的良好状态和为达到这种状态而采取的方法,它并不是死亡的原因。

安乐死的实践早在史前时代就已存在。古代游牧部落在迁移时,常常把病人、老人留下来,加速他们死亡。在古希腊罗马,允许病人结束自己生命,并可请外人助死。17世纪,英国哲学家弗兰西斯·培根在他的著作中多次提到"无痛致死术"。到20世纪30年代,欧美许多国家都有人积极提倡安乐死,只是由于德国纳粹的介入,使得安乐死声名狼藉。到了20世纪60、70年代,随着医学生物科学技术的发展,销声匿迹的安乐死又成为医学界、法律界以及公众关注的热点。

二、国外安乐死立法

由于安乐死不仅涉及伦理、哲学、医学等方面的问题,还涉及人们对死亡的理解,更会引发一系列的法律后果。因此,迄今为止,人们对安乐死仍褒贬不一。支持安乐死的人看重生命的内容和方式,认为安乐死可以减轻病人痛苦,当病人因垂死而遭受病痛的折磨,感到生不如死时,死亡比生存对他们更加人道。这样,既可以减轻病人家属的精神痛苦和经济负担,又可以节省有限的医药资源,使之发挥更大的效用。他们提倡医学的根本任务是提升人的生存质量,在基本实现优生的前提下,医学也必须实现人的优死。而反对安乐死的人则认为,安乐死不仅与医生的职责相冲突,而且还可能被滥用,成为病人配偶、子女等亲属为了减轻自己的负担,或为了瓜分遗产等其他原因变相杀人的借口。但经过半个多世纪的争论,时至今日,赞成安乐死的呼声越来越高。尽管如此,对于安乐死是否要制定法律予以保护,绝大多数国家持慎重态度。目前,在立法上有一定进展的国家,大多是对消极安乐死的认可。1993年2月9日,荷兰议会通过了关于安乐死的法律,允许医生在严格的条件下,可以对病人实施安乐死。荷兰是世界上就安乐死问题制定法律的第一个国家。

三、我国安乐死现状及立法思考

我国关于安乐死的讨论始于20世纪80年代,我国现行的法律未对安乐死加以认可。然而,安乐死案件却多次出现,在发生纠纷无相关法律调整的情况下,全国人民代表大会的部分代表先后数次提出议案,建议制定安乐死法。由于安乐死是一种具有特殊意义的死亡类型,它既是一个复杂的医学、法学问题,又是一个极为敏感的社会、伦理问题。因此,全国人民代表大会法制工作委员会及国务院卫生行政管理部门在经过反复研究后认为,目前,我国制定安乐死法规的条件尚不成熟,但可以促请有关部门积极研究这一课题,为安乐死立法作准备。为此,有学者认为在安乐死立法时,应当注意以下问题:

(一)安乐死的必备条件

适用安乐死必须符合以下条件:自愿要求,即病人要有安乐死的真诚意愿,并亲自主动提出安乐死的要求;严重痛苦,即病情导致病人肉体上、精神上无法抑制的严重痛苦;濒临死亡;施行方法正当,即执行安乐死的技术与方法必须是科学的、文明的、人道的。

(二)安乐死的申请、受理和执行

1. 申请　申请安乐死应当由本人亲自以书面形式主动提出,并附有身患绝症的医疗证明。特殊情况下,口头(包括录音)申请者必须由两名无利害关系的证人出具书面证明。对于陷入永久性昏迷状态、不能表达意愿的病人,可由其法定监护人代为提出。

2. 受理　安乐死的受理机关必须是符合安乐死施行条件的医疗机构。县级以上的医疗单位应当设立安乐科,负责对安乐死申请的审查和批准。对不符合安乐死条件的申请者,审查单位应当在法定期限内以书面形式告知,并说明理由。对符合条件的申请者,应当批准申请,并经公证机关公证后,安排施行。

3. 执行　安乐死申请经批准并公证后,病人所在医院应当按照批准的时间和地点指定医生执行安乐死。执行前,病人撤回申请或表示反悔的,应当立即停止执行。主管医生反对

施行安乐死的,应当暂缓施行安乐死。

(三) 法律责任

违反安乐死规定的行为主要有:对不符合安乐死条件的病人施行安乐死;擅自执行安乐死的;不履行或不认真履行职责,造成重大医疗事故的;采用诱惑、欺骗、胁迫或其他手段强制病人施行安乐死的;在申请、代理、审查、执行中弄虚作假的;违反有关保密规定的。凡违反安乐死规定的直接责任人员,要承担相应的民事责任或行政责任,构成犯罪的应当依法追究其刑事责任。

1. 简述国外关于生殖技术的法律规定。
2. 简述器官移植的概念及意义。
3. 简述基因和基因工程的概念。
4. 什么是脑死亡?
5. 什么是安乐死?安乐死的历史和现状怎样?

拓 展 阅 读

中国安乐死立法现状

安乐死的问题在中国尚未正式讨论,但促使安乐死问题激化的那些先进的医疗技术,在中国已大量引进并推广。1988年7月5日,中华医学会、中国自然辩证法研究会、中国社会科学院哲学研究所、中国法学会、上海医科大学以及其他有关单位,联合发起召开了"安乐死"学术讨论会。与会的各界代表一致认为,尽管中国在实际工作中,安乐死,特别是消极的安乐死几乎经常可以遇到,通常并不引起法律纠纷,但是考虑到中国的具体情况,还不存在为安乐死立法的条件。讨论中出现的分歧意见与国外大体相同。

自1994年始,全国人民代表大会提案组每年都会收到一份要求为安乐死立法的提案。在1997年首次全国性的"安乐死"学术讨论会上,多数代表拥护安乐死,个别代表认为就此立法迫在眉睫。看来安乐死立法已不能回避了。但法律实现的是大多数人的意志,安乐死是否符合大多数人的意志,眼下尚无科学性的调查结果。而且法律付诸实践,就有极大的强迫性,一旦安乐死立法,它就像横在病人面前的一把双面刃,用得好,就可以真正解除病人的痛苦;用得不好,就可能成为剥夺病人选择生命权利的借口,被不法不义之徒滥用。

因此,在我国,虽然上海等地有悄悄实施安乐死的案例,但安乐死并未获得合法地位。据现行刑法解释,安乐死属故意杀人罪。对于其法律后果,一直有两种争论。一方认为,安乐死不能阻止行为的违法性,仍构成刑法上的杀人罪,但处罚可以从轻。

另一方认为,安乐死虽然在形式上具备故意杀人罪的要件,但安乐死是在病人极度痛苦、不堪忍受的情况下提前结束其生命的医疗行为,而医疗行为是正常行为,因而可以阻却其违法性,不构成杀人罪。

1986年发生在陕西汉中的我国首例安乐死案件,曾历经6年艰难诉讼。医生蒲连升应患者儿女的要求,为患者实施了安乐死,后被检察院以涉嫌"故意杀人罪"批准逮捕。案件审理了6年后,蒲终获无罪释放。但这并不意味着安乐死的合法性,安乐死仍是违法的,只不过由于蒲连升给患者开具的氯丙嗪不是患者致死的主要原因,危害不大,才不构成犯罪。

在民间,也许是人们对医学预防死亡、延长生命的印象太深了,因此很多人认为医生的道德责任是救死扶伤,任何安乐死都被认为是不道德的。有人说,我国的国情是,很多人向往和追求的不是"死"的权利,而是需要保卫"生"的神圣权利。

但这并不能阻止要求安乐死合法化的呼声。病人应有尊严死去的自主权,这是拥护安乐死的人很充分的理由。著名作家史铁生在《安乐死》一文中说:与其让他们(植物人)无辜地,在无法表达自己的意愿无从行使自己的权利的状态下屈辱地呼吸,不如帮他们凛然并庄严地结束生命。这才是对他们以往人格的尊重,才是人道。曾是安乐死合法化提案的发起人之一的北京儿童医院儿科专家胡亚美说,安乐死可以节约我国有限的卫生资源,把它用于更有治疗希望的病人身上。

在我国,在法律未允许实行积极安乐死的情况下,实行积极安乐死的行为,仍然构成故意杀人罪;既不能认为这种行为不符合故意杀人罪的犯罪构成,也不宜以刑法第13条为根据宣告无罪。当然,量刑时可以从宽处罚。

对实施积极的安乐死的行为,应以故意杀人罪论处。所谓安乐死,通常是指为免除患有不治之症、濒临死亡的患者的痛苦,受患者嘱托而使其无痛苦地死亡。安乐死分为不作为的安乐死与作为的安乐死。不作为的安乐死(消极的安乐死),是指对濒临死亡的患者,经其承诺,不采取治疗措施(包括撤除人工的生命维持装置)任其死亡的安乐死。这种行为不构成故意杀人罪。

现在世界上只有个别国家对积极的安乐死实行了非犯罪化。而我国对于安乐死还是持反对态度的。

由于安乐死的问题比较复杂,涉及道德、伦理、法律、医学等诸多方面,中国尚未为之立法。

在1988年七届人大会议上,最早在全国人大提出安乐死议案的是严仁英和胡亚美,两人分别是中国妇产科学和儿科专业的泰斗。严仁英在议案中写下这么短短几句话:"生老病死是自然规律,但与其让一些绝症病人痛苦地受折磨,还不如让他们合法地安宁地结束他们的生命。"

1994年全国两会期间,广东32名人大代表联名提出"要求结合中国国情尽快制定'安乐死'立法"议案。

1995年八届人大三次会议上,有170位人大代表递交了4份有关安乐死立法的议案。

1996年,上海市人大代表再次提出相关议案,呼吁国家在上海首先进行安乐死立法尝试。在随后于1997年首次举行的全国性"安乐死"学术讨论会上,多数代表拥护安乐死,个别代表认为就此立法迫在眉睫。

2003年3月9日，全国人大代表、中国工程院院士、著名的神经外科专家王忠诚，受中国工程院院士、北京儿童医院院长胡亚美教授的委托，向大会提交了在北京率先试行"安乐死"并建立相关法规的建议。

2003年7月22日媒体报道称，广东省人大教育科学文化卫生委员会在会办本省政协委员该提案时指出，立法实行"安乐死"有违宪法。有关负责人说："不管实行'安乐死'是自愿与否，实际上是对生存权的剥夺，而生存权是宪法直接保护的权利。"

典型案例：

（1）1986年到2003年17年中，陕西第三印染厂的一名普通职工王明成两度因为安乐死问题成为全国媒体关注的新闻人物。1986年，王明成的母亲夏素文病危，王明成不愿母亲忍受临终前的病痛，要求大夫对母亲实行了安乐死。1987年，陕西汉中市检察院以故意杀人罪将王明成和大夫蒲连升刑事拘留，这是我国的第一例安乐死案件。1992年，最高人民法院批示，安乐死的定性问题有待立法解决，就本案的具体情节，对蒲、王行为不作犯罪处理。2003年6月，王明成被诊断为胃癌晚期。王明成正式提出安乐死的请求，但被西安交大第二医院以我国尚未立法为由拒绝。

（2）2001年4月，西安市9名尿毒症病人联名写信给当地媒体，要求安乐死。消息见报后，又有40名尿毒症患者公开提出了相同的要求。

（3）2010年11月23日下午2点45分许，广州第十六届亚运会的现代五项马术赛场上，哈萨克斯坦女选手加琳娜·多尔古申娜在广州亚运会现代五项马术障碍赛场坠马受伤，被紧急送医救治。她的赛马也在比赛中严重受伤，最后被迫实行了安乐死。

（4）2011年5月16日，70多岁的李阿婆因中风患病二十多年，被儿子邓某送食农药后死亡。因涉嫌故意杀人，番禺区检察院于2011年5月31日批准逮捕邓某。邓某交代，自己是应母亲要求为其实施安乐死。邓某现年41岁，小学文化，四川人，来广州务工，租住在番禺区石基镇石普村。2011年5月16日14时许，邓某向石基派出所报案，称其母亲李某某在出租屋内自然死亡。但公安人员到场后，经初步检验发现其母并非自然死亡，而是有机磷中毒死亡，于是邓某被带回公安机关接受审查。

（方龙山）

主要参考文献

1. 达庆东,田侃.卫生法学纲要[M].第5版.上海:复旦大学出版社,2014
2. 黎东生.卫生法学[M].北京:人民卫生出版社,2013
3. 樊立华.卫生法学概论[M].第3版.北京:人民卫生出版社,2013
4. 孙东东.卫生法学[M].第2版.北京:高等教育出版社,2011
5. 吕秋香,杨捷.卫生法学[M].北京:北京大学出版社,2011
6. 吴崇其,张静.卫生法学[M].第2版.北京:法律出版社,2010
7. 张璐.环境与资源保护法学[M].北京:北京大学出版社,2010
8. 赵同刚.卫生法[M].第3版.北京:人民卫生出版社,2008
9. 达庆东,戴金增.卫生监督[M].上海:复旦大学出版社,2003